Christian Kuhn

UX Design für Tablets

Christian Kuhn

UX Design für Tablets

entwickler.press

Christian Kuhn
UX Design für Tablets
ISBN: 978-3-86802-087-8

© 2013 entwickler.press
Ein Imprint der Software & Support Media GmbH

Bibliografische Information Der Deutschen Bibliothek
Die Deutsche Bibliothek verzeichnet diese Publikation in der Deutschen
Nationalbibliografie; detaillierte bibliografische Daten sind im Internet
über *http://dnb.ddb.de* abrufbar.

Ihr Kontakt zum Verlag und Lektorat:
Software & Support Media GmbH
entwickler.press
Darmstädter Landstraße 108
60598 Frankfurt am Main
Tel.: +49 (0)69 630089-0
Fax: +49 (0)69 630089-89
lektorat@entwickler-press.de
http://www.entwickler-press.de

Lektorat: Theresa Vögle
Korrektorat: Frauke Pesch
Satz: Dominique Kalbassi
Belichtung, Druck & Bindung: Elbepartner Breitschuh & Kock GmbH,
Hamburg

Cover: © Filograph | Dreamstime.com

Für Julia. Jeder Tag ist wie ein ganzes Leben.

Inhaltsverzeichnis

Ein Vorwort: Warum Zen für Tablets?   **11**

Vorwort von Prof. Wolfgang Henseler   14

**1   User Experience Design –
Die Welt der absoluten Zufriedenheit**   **23**

1.1   Grundlage: Was ist UX Design?   23

1.2   Warum wir UX Design brauchen?   28

1.3   Wie man einen UX-Designer in sich findet   32

1.4   Umdenken bitte: Der UX-Prozess   37

1.5   Zen-Meetings   56

1.6   Content-Strategie   58

1.7   Transmedial, Tablet Usage in der Multiscreen Experience   63

1.8   Die sechs wahrscheinlichsten Multiscreen-Pattern   65

1.9   Geräteübergreifend wörtlich nehmen. Connected Products   70

1.10 Planung ist alles: Mock-ups/Sketching, Wireframes, Prototyping   72

1.11 Simplify or die   86

1.12 Paradigmenwandel im Interface Design: von GUI zu NUI   97

2   Der User – Fremde Wesen unter uns   **109**

2.1   Selbstmitgefühl – ein Weg zur User Experience   110

2.2   UX Freud – User Psychology   111

2.3   Userwelten und Nutzungsmodi   117

2.4   User Journey. Costumer Journey Mapping   121

2.5   Customer Journey Mapping Game   128

2.6   Einer Persona Leben einhauchen   131

2.7   Intuition und Bauchgefühl   131

2.8   Streben Sie einen „Flow" an   134

2.9   Userverhalten heute und morgen   135

2.10 Checkliste   139

3   Hardware UX – Tablets, die neue Gattung   141

3.1   Größe   143

3.2   Screen-Fragmentierung   144

3.3   Geräte   146

3.4   Eingabemethoden   148

3.5   Was können Tablets?   150

4   Betriebssysteme   153

4.1   Apps   155

4.2   Software UX – Betriebssysteme   156

4.3   Touch und Gesten   160

4.4   Totgesagte leben länger. Flash don't go   163

5   Die App-/Website-UX   165

5.1   HTML5, die Dampfmaschine (HTML, JS, CSS3, Polyfills)   168

    5.1.1   Darüber hinaus fragen Sie sich, wie optimal Ihr Content inhaltlich strukturiert ist   192

    5.1.2   Responsive Layout Pattern   193

5.2   UI/UX Screendesign   212

5.3   UX-Typografie   220

5.4   Digital Publishing mit HTML5   232

5.5 UX Design und SEO   235

5.6 Von den Anderen lernen   240

5.7 Checkliste   254

6 Warum Testing so wichtig ist   257

6.1 Usability Testing mit Menschen   259

6.2 Usability Testing mit Maschinen   262

6.3 Prototyping, Testmethoden   265

6.4 User Experience Analytics   268

    6.4.1 Anwendungsfelder von User Experience Analytics   273

    6.4.2 Mobile Monitoring   274

6.5 Kano-Analyse   275

6.6 Checkliste   277

7 Future UX – Die Zukunft wird heute entschieden   279

7.1 The Long Nose of Innovation   280

7.2 Gartner Hype Cycle   282

7.3 Singularity University   285

7.4 :zukunfts | institut   286

7.5 Digital Life Design   287

7.6 Akademische internationale Konferenzen   287

7.7 Web Trend Map   289

7.8 Science Fiction   289

7.9 Webseiten   291

7.10 Checkliste   291

Epilog   293

Gastautoren   294

Ein Vorwort: Warum Zen für Tablets?

Zen ist ein Zustand fließender Lebendigkeit, Einfachheit, Intuition und Vollkommenheit. Das sind eben auch die Merkmale von Produkten und Anwendungen mit einem bemerkenswerten und allumfassenden Nutzererlebnis, der „User Experience". Produkte, die überraschen, involvieren und den User ernst nehmen. Wie also designt, wie gestaltet man nun einen solchen, empfindlichen Prozess der „User Experience"? Eine Anleitung zu diesem ganzheitlichen Prozess soll dieses Buch sein.

Die Post-PC-Ära erfordert ein Umdenken. Struktur, Strategie, Webdesign und Funktion von Content muss in dem mobilen Anwendungsszenario ganzheitlich und aus Sicht des Users betrachtet werden. Die Vielfalt an neuen Tablets mit unterschiedlichen Eigenschaften, Bildschirmgrößen und -auflösungen stellt Screendesigner vor neue Herausforderungen. Auch das Nutzungsverhalten der nächsten Anwender-/Kundengeneration verlangt, dass Webdesign und -entwicklung an die Anwendungssituation angepasst sind.

Der japanische Begriff Zen bedeutet „zum Besseren" (改善), und ein nach den Zen-philosophischen Prinzipien umgesetztes Projekt (jeder Art) bildet das Fundament für positive Erfahrungen: für den Designer, den Entwickler und vor allem für den User. Laut einer Compuware-Studie [1] werden 46 Prozent aller Websites auf einem Tablet mangels Funktionalität, Usability und fehlerhafter Darstellung kein zweites Mal besucht. Insgesamt schneiden Websites auf dem Tablet in ihrer UX schlecht ab. Die Post-PC-Ära erfordert also ein Umdenken. Struktur, Strategie, Design und Funktion von Content müssen in dem mobilen Anwendungsszenario ganzheitlich und aus Sicht des Users betrachtet werden. Das Nutzungsverhalten der nächsten Anwender-/Kunden-generation verlangt, dass Kommunikation digital und an die Anwendungssituation angepasst ist. Sie wird im Web stattfinden. Sie wird mobil, sozial und intuitiv nutzbar sein und daher sicher auch auf einem Tablet stattfinden. Dieses Buch soll mit Zen für Tablets der Auslöser sein! Auslöser für Ihre Entwicklung zum „User Experience Designer". Damit Ihre User ein positives Erlebnis bei der Nutzung Ihrer Website auf einem Tablet erfahren. Der Garant für wiederkehrende User, die Ihr Angebot schätzen und es weiterempfehlen werden.

Die Lehren des Zen besitzen in vielen Teilen universelle Gültigkeit. Sie können somit für jeden Anwender zur Quelle der Einsichten werden, aus denen man Freude, Kraft und Zufriedenheit für den Alltag gewinnen kann. Zustände, die bei der Benutzung Ihrer Website durch den User auf einem Tablet eintreten sollten. Diese Zustände werden Sie nicht alleine mit spezifischem Coder-Wissen erreichen. Um wirklich ganzheitliche und somit auch nachhaltige User Experience zu erlangen, was Sie immer als absolute Zufriedenheit bei Nutzung Ihres Projekts auf einem Tablet verstehen sollten, benutzen Sie dieses Buch als Anleitung. Lernen Sie, welche Struktur Sie benötigen, welche User-Betrachtungswinkel, Techniken und Werkzeuge. Der Schwerpunkt ist User Experience Design für Websites und HTML5 Web-Apps. Für Native Apps gelten im Allgemeinen die gleichen Grundsätze, Regeln und Empfehlungen, jedoch haben Sie aufgrund der technischen Möglichkeiten, wie stärkeren Zugriff auf Hardware Features, noch andere Gesichtspunkte zu betrachten und beachten. Aber das wäre ein anderes Buch.

Ich werde ausgewählte universelle Zen-Weisheiten auf den UX- und IT-Prozess umformulieren und gezielt ein bis zwei Mal pro Kapitel einsetzen. Tiefer werde ich in die Lehren des Zen nicht eintauchen. Eine kleine Liste mit Buch- und Linkempfehlungen wartet im Anhang auf Sie.

One Wort zu Denglish. WTF UX

Ich nutze in diesem Buch bevorzugt die englischen Fachbegriffe. „Nutzererlebnisgestaltung für Tablet-Komputer" liest sich umständlich, und es gibt meiner Meinung nach durchaus Bereiche, in denen eine Übersetzung nicht das Mittel der Wahl ist. Fast alles, was ich in diesem Buch beschreiben werde, hat seinen Ursprung nicht in Deutschland. Die Produkte, Technologien und Prozesse sind allesamt aus den USA, China und Japan importiert. Daher spreche ich in diesem Buch vom „User" statt vom „Nutzer". „User Research", „Usage Case" u. v. m. sind Bestandteile der „User Experience". Auch bei einer deutschen Suchanfrage werden Sie mit den (d)englischen Begriffen eher fündig werden.

User Experience wird mit UX abgekürzt und gerne an andere Begriffe angehängt, um Sie als Teil des gesamten Aha-Erlebnisses hervorzuheben.

Viel Spaß beim Lesen, Lernen und Anwenden.

Ihr Christian Kuhn

Links

[1] *http://www.gomez.com/engaging-the-tablet-user/*

Vorwort von Prof. **Wolfgang Henseler**

„It's all about people and changing their minds." *Steve Jobs*

Wir leben in einer spannenden Zeit. Überall finden Paradigmen- und Perspektivenwechsel statt. Der Computer wird vom dreidimensionalen Objekt zur schwarzen Scheibe, der Finger löst sukzessive die Maus ab und die Spracherkennung hat ein Stadium erreicht, wo der Computer endlich auch einmal versteht, was ein Nutzer sagt. Smartphones und die Omnipräsenz des Internets verändern die Art und Weise, wie wir uns verhalten, handeln und leben. Mittlerweile scheinen sie sogar fast schon ein künstliches Organ unserer selbst geworden zu sein, deren An- und Ausschalter eigentlich weggelassen werden könnte. Neue Technologien und Dienste, die vormals lediglich James Bond vorbehalten waren, funktionieren dank smarter Hardware, mobilem Web und kooperativen Apps heutzutage für jeden von uns. Die grafische Benutzungsoberfläche (GUI) mit ihrer Desktopmetapher, die wir seit Jahrzehnten auf unseren Rechnern mit Maus und Cursor benutzen, wird durch wesentlich direktere und intuitivere Designprinzipien des Natural User Interface Designs (NUI) abgelöst. Touch ersetzt Klick und unsere Finger ersetzen die Maus. Auf einmal wird die Gestaltung des Verhaltens einer Applikation (Feel) wichtiger als die des Aussehens (Look). Gesten-, Sprach- und Touch-Steuerung werden zur Normalität. Schon heute sehen wir Menschen jeglichen Alters, die Bildschirme berühren oder mit Geräten sprechen und enttäuscht sind, wenn diese nicht adäquat reagieren. Zeitgleich werden Funktionen und Applikationen von kontextsensitiven Diensten verdrängt. Programme werden nicht mehr mittels einer CD ROM auf den Computer installiert, sondern streamen aus der Cloud, wenn sie benötigt werden. Und nicht erst seit dem globalen Erfolg von Google wissen wir, dass situative Relevanz und Location-based-Services die obersten Gebote sind, wenn man wirtschaftlich erfolgreich sein will. Die User Experience, also die Gesamtheit aller sinnlichen Eindrücke und deren mentale und physische Auswirkung auf uns, wird immer distinktiver und erlebnisreicher. Reichte es bis dato in der Regel schon aus, eine Anwendung oder Website unter

entwickler.press

dem Gesichtspunkt guter Usability benutzungsfreundlich zu entwickeln (Ease-of-Use), so spielt der Faktor Joy-of-Use bei der Gestaltung und in der Nutzung eine zunehmend wichtigere Rolle. Gute Entwickler und Designer denken daher seit jeher in Wirkungsweisen und Handlungen und nicht in Funktionen und festen Strukturen. Die seit Jahren angekündigte homogene Verknüpfung der analogen mit der digitalen Welt scheint dank Smartphones, PC-Brillen und Augmented Reality unmittelbar bevorzustehen. Die Entwicklung integrativer Systeme, bei denen beide, analog und digital, lückenlos miteinander verwoben sind, lösen additiv gedachte Multichannel-Lösungen sukzessive ab. Intermediales Design – die integrative Konzeption, Gestaltung und Entwicklung von smarten Lösungen – erfährt eine immer höhere Bedeutung. So wundert es denn auch kaum, dass ganzheitliches Denken mehr denn je zu einer zentralen Schlüsselkompetenz unserer heutigen Gesellschaft und Arbeitswelt geworden ist. Das Denken in vernetzten Produktsystemen und nicht mehr in einzelnen Produkten ist für erfolgreiche Unternehmen längst Normalität geworden. Was wäre ein Tablet-PC ohne Apps und App-Store, ohne Anbindung an digitale Medien und analoge Dienste? Er wäre nach sehr kurzer Zeit extrem langweilig. Unsere heutigen und vor allem zukünftigen Produkte sind immer häufiger Komponenten smarter Systeme (Smart Grid). Dank virtueller Assistenten führen diese neben Kommunikations- und Informationsdiensten auch zunehmend Assistenzdienste für uns aus. Latent könnte man denken, dass der Computer zum Partner und Helfer für jegliche Lebensphasen mutiert. Fachliches Wissen ist dabei längst aus unseren Köpfen zu Google und Wikipedia gewandert. Böse ausgedrückt, denken wir nicht mehr, wir googeln. Was zunehmend zählt, ist die methodische Lösungskompetenz, so wie wir es in Design-Thinking-Ansätzen oder kreativ geprägtem Denken vorfinden. Innovationen entstehen durch eine andere Art des Denkens. Im Zeitalter des Umdenkens tun sich Unternehmen, die diese Entwicklung nicht erkannt haben und auch nicht gewillt sind, diese neuen Perspektiven einzunehmen, schwer, zu existieren. Wie hatte Albert Einstein es vor Jahren schon erkannt: „The problems we are facing can't be solved by the same thinking that created them".

Aber nicht nur der Computer und das Internet verändern sich, auch die Gesellschaft befindet sich zurzeit im Wandel. So bewegen wir uns gerade von der dritten Gesellschaftsform – der modernen Gesellschaft – hin zur nächsten gesellschaftlichen Form, der Computergesellschaft. Wurde erstere noch durch ein reines Denken in analogen Medien wie dem Buch geprägt, so zeichnet sich die neue Gesellschaftsform mit ihrem Primärmedium „Internet" durch ein intermediales Denken ohne digital:analoge Trennung aus. Und wie sagte Steve Jobs am Anfang dieses Vorworts noch: „It's all about people and changing their minds."

Zum Autor

Wolfgang Henseler ist Professor für intermediales Design und Digitale Medien Hochschule Pforzheim und Managing Creative Director des Designstudios für neue Medien und innovative Technologien SENSORY-MINDS.

Einleitung

Alle zehn Jahre macht Technologie einen tiefgreifenden, umfassenden Entwicklungssprung. Sicher haben Sie schon einen solchen miterlebt. Ihr erster Home-PC, Ihr erstes Modem, Ihr erstes Smartphone. Herzlichen Glückwunsch: Sie haben die Ehre, einen solchen mitzugestalten. Tablets, eine neue Gattung Endgerät. Fälschlicher Weise zu Beginn seiner Markeinführung als erweitertes, großes Smartphone oder Touch-Netbook interpretiert. Tablets werden unseren Alltag stärker beeinflussen, als die meisten es sich im Moment vorstellen. Ob beim Hausarztbesuch, beim Beratungsgespräch in der Bank oder als In-Seat-Entertainment im Flugzeug: Die dünnen, leichten Tablets mit Multitouch-Interface werden Druckprodukten, technischen Interfaces und Arbeitsgeräten wie Netbooks immer mehr Anteile streitig machen. Sie halten das für überzogen? Fakt ist: Das Mediennutzungsverhalten verändert sich seit Jahren hin zum Web, auf Kosten von Druck und TV. Die ersten Airlines führen WiFi ein, Tablets und Mobile werden in der Economy Class aus Raumgründen die Vorreiter werden. Der Kinderspielzeughersteller Toys-r-Us veröffentlichte ein stoßfestes Android-Touchpad (geeignet für Kinder ab drei Jahren) für die nächste Nutzergeneration [1]. Eben, kein Spielzeughandy aus billigem Plastik und mit quietschenden Klingeltönen, sondern ein vollwertiges Touch Device. Waren auch Sie schon einmal begeistert, wie spielend einfach ein zweijähriges Kind ein iPhone nutzen kann? Die nächste Generation wächst also endlich mit technischen Wundergeräten auf, die noch vor zwei Dekaden Science-Fiction-Liebhaber begeisterten. Und für sie werden diese Geräte vor allem eines sein: ein normaler Gebrauchsgegenstand. Das direkte Interface mit Gesten legen wir dieser Generation in die Wiege – so, wie uns eben Tastatur,

Maus und Farbmonitor in die Wiege gelegt worden sind. Und weil wir alle im Alter wieder zu Kindern werden, hat die Firma Memo Touch LLC ein Paket aus Android-Tablet-PC und -Software herausgebracht, das Familien bei der Pflege von dementen Personen helfen und selbigen mehr Sicherheit in ihrem Alltag geben soll [2]. Die Software „Memo" erinnert die Senioren beispielsweise an ihre täglichen Termine und Medikamente. Deswegen brennen wir für Tablet-PCs.

Ist es nicht aufregend, von Anfang an dabei sein zu dürfen? So wie vor wenigen Jahren mit dem iPhone. Doch halt, mit dem Tablet ist es dann doch etwas anders. Diverse Touch Apps machen vor, wie einfach und intuitiv produktive Softwarenutzung mit Multigesten sein kann. Da entsteht der Wunsch, es am Desktoprechner ebenso leicht zu haben. Das Apple Trackpad (Multitouch-Eingabe) hat so manchen OS-X-Schreibtisch bereits erreicht. Dabei ist es Windows, das die meisten Touch-Gesten unterstützt. Es fehlt noch an den richtigen Apps und Interfaces, doch ich sehe mich in absehbarer Zeit „mouseless". Tablet-optimierte Onlinestores zeigen, wie einfach, intuitiv, übersichtlich und welch ein Erlebnis Einkaufen ganz ohne Maus und Content-Überladung sein kann. Der lang ersehnte Amazon Relaunch verfolgt die Strategie „Tablet first". Als größter Content-Lieferant neben Apple sind das Kindle Fire und die passend optimierte Website zu diesem Kassenschlager eine logische Entwicklung. Das Amazon Tablet ist der erfolgreichste Android-Konkurrent von Apples iPad, obwohl erst seit November 2011 in den USA erhältlich. Das Kindle Fire wird mutmaßlich unter Herstellerpreis verkauft, um den Markt zu durchdringen. Die Rechnung wird am Ende des Tages voraussichtlich für Amazon aufgehen – durch den stärkeren Abverkauf von Büchern, Musik und Filmen – Content, der dann nicht von Apple verkauft wurde. Alle Desktopuser werden von der neuen Website profitieren, denn bei der Befolgung der grundsätzlichsten Screendesign- und Usability-Regeln für Tablet-Websites wird diese dadurch aufgeräumter, übersichtlicher, einfacher und intuitiver nutzbar sein. Immer stärker werden nun die Tablets beim Endverbraucher ankommen. Sie erobern die Kinderzimmer, Schulen, sogar Altersheime und immer mehr Arbeitsplätze. Das Tablet ist ein Hoffnungsbringer für Verlage geworden, die ihre Inhalte, den Content, digital und möglichst nicht kostenfrei zur Verfügung stellen möchten. Ebenso wie sich der neue Markt um die App Stores blitzartig entwickelte, so entsteht eine neue Branche für Zubehör, Anwendungen, Websites und Digital Publishing für Tablets.

 Ein japanischer Zen-Spruch heißt: „Ein Tag ist wie ein ganzes Leben" und steht dafür als Stellvertreter für mehrere Grundsätze der Zen-Philosophie.

Nimm alles als Ganzes wahr und nutze es im Hier und Jetzt mit voller Aufmerksamkeit. Im Zen strebt man immer nach dem Einfachen, Ganzheitlichen, Vollkommenen. Klare Strukturen, Formen, dezente Farben, der Kreis als perfekte ganzheitliche Form dominieren in dieser Philosophie. Wahrscheinlich können Sie sich schon denken, welcher Hard- und Softwarehersteller sich schon vor vielen Jahren zu nutzen gemacht hat? Richtig, es ist Apple Inc., Revoluzzer der PC- und Mobile-Industrie mit den wohl am einfachsten zu benutzenden Produkten für Freizeit, Arbeit, Mobile und natürlich dem ersten massentauglichen Tablet. Er ist der Marktführer für Produkte mit herausragender Usability, beispielloser User Experience, Taktgeber für vollendete Designs und Nutzererlebnisse. Steve Jobs hatte schon früh die Zen-Philospohie für sich und seine Produkte übernommen und stets versucht, seine Ideen und Entwicklungen nach den Zen-Prinzipien zu gestalten. Keine Angst, das ist kein Apple-Fanboy-Buch. Ich nutze mit Begeisterung alle Tablets und beleuchte sie in diesem Buch als Ganzes. Von der Hardware bis zum Browser, in dem Ihre Tablet-optimierte Website dargestellt wird. Nur kommen wir nicht darum, im Moment das Apple iPad für einige Themen als Blaupause zu nehmen. Es war das erste kassenschlagertaugliche Tablet, hat einen bis jetzt noch dominierenden Marktanteil, was sich aber in absehbarer Zeit ändern wird. Apple zeigt uns auch die Empfindlichkeit von UX Design auf: „Antenna Gate", der Skandal um die schlechte Empfangsleistung des iPhone 4, das bei einem ungünstigen Halten des Geräts einsetzte, und auch die jüngsten Kritiken an der Hitzeentwicklung beim iPad 3 sind Beispiele mit großem Medieninteresse. Auch die starken Einschränkungen von einigen Softwarefunktionen zugunsten der Apple „End to End"-Verkaufsstrategie können auf der einen Seite für Frustrationen, also zu einer schlechten UX, führen. Auf der anderen Seite sind auch eben diese Einschränkungen ein wichtiger Grund für die gute UX auf Apple-Produkten.

Die anderen Hersteller haben erkannt, dass sie nur mit UX eine Chance haben, gegen das iPad konkurrieren zu können. Selbst mit sehr guter Hardware, einer großen Auswahl an Apps und einem attraktiven Preis reichen die Erfolge aller Mitstreiter bisher nicht aus, Apple vom Thron zu holen. Grund für Apples Erfolg sind nicht allein der zeitliche Entwicklungsvorsprung und die harte Verteidigung des Marktes durch Patentklagen. Es ist die herausragende UX. Die extrem einfache und intuitive Nutzung. Die Konkurrenten dagegen sind allgemein für ihre offenen Systeme bekannt, daher auch attraktiv für technisch sehr versierte Nutzer, jedoch auch für eine schlechte UX für „normale" Endverbraucher.

Google Android, Microsoft Windows 8 und RIM haben zu Beginn des Jahres 2012 ihre Ressourcen für Entwickler und Designer stark erweitert und überarbeitet. Auffällig sind die ausführlichen Hilfestellungen zu User Interface (UI) Design, Usability und UX. Zum Beispiel wird Android ab Version 4 (Ice Cream Sandwich) das Graphical User Interface (GUI) mehr Vereinheitlichung für den UI Designer erfahren. Ein einheitliches GUI wird, ähnlich iOS, angestrebt. Das soll zu einer Verbesserung der intuitiven Nutzung führen. [3] Google betont, dass es sich immer noch um eine Option für Designer und Entwickler handelt und man diesen nichts vorschreiben oder gar verbieten möchte. Ganz anders ist das bei Apple, wer sich hier nicht an die GUI-Richtlinien hält, bekommt keine Zulassung für seine App im App Store.

Die Erkenntnis: Nur die vollendete positive User Expericence wird durch die daraus automatisch resultierende Mund-zu-Mund-Weiterempfehlungen das Image verbessern und den Abverkauf steigern. Auch Sie können durch Ihre Websites, die auf die Eigenschaften, einen Bestandteil der Projekt-DNA, der unterschiedlichen Endgeräte eingehen.

Berücksichtigen Sie das Tablet Ihres Users. Für Ihren User ist es nicht sein Tablet, das Ihre Website nicht richtig interpretiert. Es ist Ihre Site, Ihr Produkt, Ihr Markenname, der als „schlechte Erfahrung" in seiner Erinnerung bleiben wird.

Der Prozess der UX ist nur unter intensiver Einbeziehung Ihrer User möglich. Deren Erfahrungen mit Ihrer Website müssen in die Projekt-DNA einfließen. Sich in seine Persona einzudenken, seine Anwendungsszenarien zu beachten, das gehört zu Ihren Aufgaben als UX Designer.

Daher bitte ich Sie:

Geben Sie mir ein Feedback. Ihre Meinung zählt!

Fehler sind ein Bestandteil des Prozesses (Leben), und die technische Entwicklung schreitet rasend voran. Senden Sie mir eine E-Mail mit Ihren Anmerkungen, ihrer Kritik und am liebsten Lob, damit auch ich das Wissen in diesem Buch und die damit verbundenen Aha-Erlebnisse mit Ihnen und durch Sie verbessern kann. Vielen Dank.

E-Mail: *ux@nuisol.com*

Abbildung E.1: Das NUISOL-Grundprinzip zur Erreichung einer erfolgreichen UX durch das Erstellen einer Projekt-DNA, die stetig durch Einbeziehung der User mit neuen Werten erweitert wird

Links

[1]   *http://www.toysrus.com/product/index.jsp?productId=
12351154&prodFindSrc=rv*

[2]   *http://www.memotouch.com*

[3]   *http://developer.android.com/design/*

entwickler.press

1 User Experience Design – Die Welt der absoluten Zufriedenheit

Ein Tag ist wie ein ganzes Leben. Jeden Tag sollst du dienen, um anderen zu helfen. Liebe den Fokus zur Einfachheit, dann findest du deine Intuition.

1.1 Grundlage: Was ist UX Design?

Es gibt viele Beschreibungen des Begriffs der User Experience und auch Vertreter der Meinung, dass man die UX nicht gestalten kann. Oft ist zu beobachten, dass UX mit Usability gleichgestellt wird. Usability ist jedoch ein Bestandteil der UX. Usability ist der englische Begriff für Gebrauchstauglichkeit. Die DIN EN ISO 9241-11 definiert die Gebrauchstauglichkeit als den Grad, in dem Nutzer in einem bestimmten Kontext ihre Ziele auf einer Website, einem Onlineangebot oder Softwareprodukt effizient, effektiv und zufriedenstellend erreichen können [2]. Anhand eines Szenarios lässt sich Usability gut verdeutlichen: Der User findet sich nur schwer bei dem Webangebot zurecht, es gibt sehr viele Unterseiten mit nicht eindeutigen oder irreführenden Bezeichnungen. Er muss sich mit der Navigationsstruktur auseinandersetzen und erst erlernen, wie man die Site nutzen kann. Einige Inhalte werden aufgrund fehlender oder nicht aktueller Plug-ins nicht dargestellt. Viele Links führen auf neue, externe Websites. Der User wird durch schlecht beschriebene oder nicht korrekt funktionierende Bestandteile frustriert. Er verlässt die Website, bevor er sein Bedürfnis, z. B. das Auffinden einer Information oder das Kaufen eines Produkts, befriedigen konnte. Und? Haben Sie sich auch schon einmal in einem solchen Szenario befunden? Fazit: Eine Website mit schlechter Usability führt zum Verprellen des Users. Matthias C. Schroeder, Geschäftsführer einer Agentur für UI Design und Usability, UCDplus, und zudem Vorstandsmitglied der German Usability Professionals Association, beschrieb den Unterschied zwischen Usability und UX treffend auf der Webinale Konferenz 2012 anhand von folgendem Beispiel: Usability ist wie eine Kantine, praktisch, effizient, schmeckt und einfach zu gebrauchen. Sie werden schnell und günstig satt. UX ist wie ein perfektes Dinner. In einer sehr angenehmen Atmosphäre speisen Sie bei überragendem Service. Der Abend ist ein Erlebnis, an das Sie noch lange mit Freude zurückdenken werden.

80-zu-20-Regel

Ich vertrete in diesem Buch die Auffassung, dass man für die Mehrheit der User einen optimalen Zustand der UX gestalten kann. Frei nach der 80-zu-20-Regel, dem Pareto-Prinzip. Benannt nach Vilfredo Pareto (1848–1923), besagt das Prinzip, dass in unserem Fall 80 Prozent der User eine positive UX wahrnehmen werden. Die verbleibenden 20 Prozent werden keine vollkommene UX wahrnehmen und benötigen 80 Prozent des Gesamtaufwands, um auch das gleiche Erlebnis zu erhalten. [1] Das

Pareto-Prinzip wird bei vielen – auch alltäglichen – Fragestellungen verwendet. Zum Beispiel, dass 80 Prozent aller Supportanfragen im Internet sich immer wieder auf die gleichen 20 Prozent (oder weniger) der Problemstellungen beziehen.

Die Diskussionen darüber, was UX-Design jetzt eigentlich ist und wie es sich erzielen lässt, sind absolut gerechtfertigt. Es ist immer ein Zusammenspiel von mehreren Fachbereichen wie der Usability, Design, Strategie, Webentwicklung und viele mehr. User Experience Design prägt unseren täglichen Mensch-Maschine-Kontakt. Es ist das Interface zwischen uns und der digitalen Welt: Touch-Technologie, Gesten, Websites, App- GUIs und Digital Publishing für Tablets sorgen für eine intuitivere Nutzbarkeit der Geräte in unserem Alltag. Es ist dafür verantwortlich, wie gerne wir die Website oder die Web-App aufrufen und wie intensiv wir uns mit den Inhalten auseinandersetzen. Diese Punkte sollten von jedem Auftraggeber für seine Kunden, den Nutzern der Endgeräte und Websites, berücksichtigt werden. Denn eine gute User Experience sorgt für wiederkehrende Anwender, intensive Nutzung und damit den Erfolg des Onlineangebots.

User Experience (UX) ist:

Die Einheit aus

- Nutzwert (Look)

- Nutzererlebnis (Joy of Use, Feel)

- Usability (einfache, intuitive Bedienbarkeit)

Erfolgreiche (Mobile-)Produkte stehen in einem starken Abhängigkeitsverhältnis zum Zusammenspiel dieser drei Eigenschaften einer User Experience (Abb. 1.1). Die drei Faktoren beeinflussen, wie stark das optimale Erlebnis (Joy of Use) erzielt wird. Es werden Faktoren wie die wahrgenommene Ästhetik, Glaubwürdigkeit, Einfachheit, Intuitivität, Innovationsgrad, Interaktion ebenso wie Funktionalität im Gesamtkonzept berücksichtigt.

Im Vergleich zu den Hard- und Softwareprodukten von Desktopcomputern der letzten Dekade wurde die Bedeutung von User Experience durch Touch Devices und Tablets in neue Sphären gehoben. Die intuitive, kinderleichte Bedienung eines komplexen Geräts, ohne Anleitung und Einweisung, ist spätestens seit Einführung des iPhones der gesetzte Maßstab.

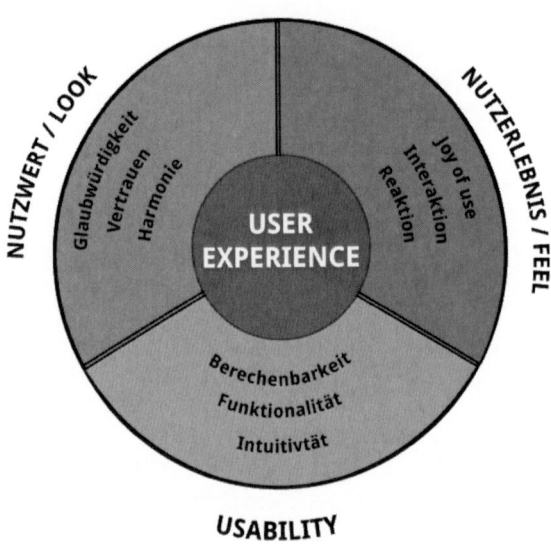

Abbildung 1.1: Die drei Eigenschaften der User Experience

HINWEIS: User Experience Design beschreibt den allumfassenden Prozess, den Zustand des positiven Nutzererlebnisses zu gestalten. Es setzt die Einbindung des Users voraus, ist userzentriert. Um Nachhaltigkeit und Verstärkung zu erhalten, sind Testing und das Einarbeiten der Resultate daraus erforderlich.

Abbildung 1.2: Gelungenes UX Design bedeutet, ein Lächeln beim User hervorzuzaubern

Ich möchte Ihnen UX Design auch noch auf eine andere Weise beschreiben:

Gelungenes UX Design übertrifft die Erwartungen des Nutzers, zaubert ihm ein Leuchten in die Augen. Es begeistert ihn, sodass er die Anwendung, die Site, weiterempfehlen wird. Er fühlt sich abgeholt, aufgehoben und wird wiederkehren. Erfüllen Sie seine Bedürfnisse auf eine unterhaltende, emotionale Art und Weise. Erkennen Sie seine Bedürfnisse, bevor er sie kennt. Seien Sie emphatisch, persönlich und verbindlich. Sie haben dem User einen großen Gefallen getan: Sie haben sein Leben für eine Weile vereinfacht. Und das sollte als UX-Designer immer Ihr Ziel sein.

1.2   Warum wir UX Design brauchen?

 Im Zen heißt es: „Wir sind hier, um anderen zu dienen"

Das Leben überfordert uns, zumindest einen Teil von uns. Und das ist auch gut so. Nur so denken wir über Einfachheit nach, fokussieren uns auf Lösungen, um den Überforderungen zu begegnen. Wir suchen von Natur aus den Weg des geringsten Widerstands. Der Informationsfluss der Gegenwart, die Verfügbarkeit von Nachrichten, digitalen Inhalten jeder Art, das Überangebot an Konsum überall und zu jeder Zeit, synchron, live und mit Kollaboration verlangen von uns ein hohes Maß an Konzentration. Auch Sie haben sicher schon in Ihrer Umgebung jemanden sagen hören, dass ihm das alles zu viel wird. Selbstdisziplin, Organisation und Filtertaktiken lassen uns diesen Überfluss bewältigen. Und Selektion. Als mündiger User entscheiden wir uns schnell um. Die Website mit dem einfachsten und für mich, individuell betrachtet, wertvollsten Informations- oder Unterhaltungsgehalt wird genutzt. Wird der User auf einen anderen Service aufmerksam, wird er ihn ausprobieren. Wenn die UX höher ist, wird diese „treulose Tomate" sich auch nicht scheuen, zu wechseln. So ist das mit den Usern. Sie sind wie streunende Katzen. Eben noch da und auch schon wieder weg auf der Suche nach etwas Besserem. Alle User suchen nach Entlastung, Einfachheit und der Möglichkeit, ihre Bedürfnisse schnell zu befriedigen.

Abgesehen von wenigen Ausnahmen geht es bei Onlineangeboten immer auch um Wertschöpfung, Verkauf und Konsum. Eine schlechte Usability, eine nicht optimale Gebrauchstauglichkeit verringern die Konversion auf Ihrer Website. Es wird schlichtweg weniger gekauft, gelesen und genutzt. Umgekehrt ist eine hohe Usability kein Garant für eine hohe Konversionsrate. „Das habe ich in den letzten zehn Jahren in hunderten Nutzertests erlebt, bei denen ich Nutzer im Labor bei der Bedienung von Websites live und direkt beobachtet habe. Es zeigt sich vor allem, dass die Usability einer Website oder eines Shops kein besonders hoch wirksames Differenzierungsmerkmal ist. Bei ähnlich guter Usability unterschiedlicher Wettbewerber entscheiden sich die Nutzer aufgrund anderer Faktoren für oder gegen einen Anbieter. Die Usability scheint in der Entscheidung keine große Rolle zu spielen", beschreibt André Morys, Dozent für Usability und User Centered Design an der Fachhochschule Gießen-Friedberg in seinem Buch Conversion-Optimierung [3].

Es scheint, dass viele Anbieter von Websites jeder Art nichts aus den Jugendsünden im Internet gelernt haben. Seitenweise wurden Printinhalte eins zu eins auf Websites geschaufelt. Ganze Kataloge, Magazine, Anleitungen und Flyer wurden ungekürzt übernommen. Anschließend wunderten sich viele, warum keiner das alles lesen wollte. Dennoch ist es heute für die meisten Medienhäuser und Unternehmen Usus, die Inhalte der Onlineausgaben und Corporate Websites 1:1 in das Mobile Web zu spiegeln. Der Scrollbalken feiert in so manchen digitalen Magazinen sein Comeback. Dabei war er früher in kleinen Flash-Websites schon ein Usability-Killer. Mehrspaltige Printlayouts werden einfach auf das Tablet übertragen. Jedem User, der mit einer Edge-Verbindung ein solches Angebot nutzen möchte, vergeht der Spaß beim Betrachten einer Fotoshow oder dem Lesen eines Beitrags über mehrere Seiten. Es macht keine Freude, einen Artikel zu lesen, der nach drei bis vier Wörtern einen Zeilenumbruch hat. Da erübrigt sich die Frage, ob der User bereit ist, für Medieninhalte, Reportagen und Nachrichten zusätzlich Geld auszugeben. Er bezahlt doch bereits einen teuren Mobilfunkvertrag mit Datenflatrate. Viel Geld, das ihm noch nicht einmal ein nahtloses „Always on"-Erlebnis ermöglicht.

Oft ist der Onlinedienstleister nur der Bauer, denn der Kunde ist König und er entscheidet. Egal, was seine Leser möchten oder bräuchten. Wenn es Kritik hagelt, hat der Dienstleister nicht gut genug beraten. Oder der Kunde nicht zugehört.

Fazit: Für inhaltliche Zweitverwertung mit einer drittklassigen User Experience werden Sie Ihre Zielgruppe, Ihre Kunden, Ihre Leser nicht halten können. Sie werden sich dem Angebot mit erstklassiger User Experience zuwenden. Weil es der einfachste Weg ist.

Wie messe ich die Rendite von User Experience?

User Experience umfasst alle Aspekte des Nutzererlebnisses bei der Interaktion mit einem Produkt. Doch wie lässt sich bei einem so abstrakten Begriff messen, ob sich die Investition in aufwändige UX-Verbesserungsmaßnahmen tatsächlich bezahlt macht? Das so genannte Return-of-Investment-Modell (ROI) soll Auskunft darüber geben. Folgendes YouTube-Video von Humanfactors[1] zeigt, wie sich das ROI-Modell konkret auf UX-Maßnahmen anwenden lässt: *http://youtu.be/O94kYyzqvTc* .

Die Essenz: Wie Sie sich bereits durch die Einleitung denken können, ist richtig angewendetes UX Design aufwändiger und daher teurer als der herkömmliche Weg. Doch durch die intensivere Analyse, Planung und vor allem das Testing mit Usern werden Sie in der Summe mehr verdienen. UX führt zur besseren Konversion, zu wiederkehrenden Usern, stärkerem Marken-/Produktbewusstsein und dadurch auch zur gesteigerten Weiterempfehlung.

Grundlage: Die fünf Ebenen der Projekt-DNA

Bei genauerer Betrachtung dessen, was erfolgreiche Tablet User Experience beeinflusst, sind fünf Ebenen zu identifizieren, die ich „Projekt-DNA" nenne. Allen Projekten gemein ist die individuelle Zusammenstellung der DNA. Das Ziel ist die Herstellung eines optimalen Arrangements aller Projektbestandteile wie in einem Orchester. Das Ergebnis ist das allumfassende, hervorragende Nutzererlebnis: Die erfolgreiche User Experience.

---

1   *http://www.humanfactors.com/home/usability.asp*

---

entwickler.press

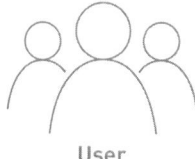

User

Ebene 1: Der User
Was möchte er? Nutzt er das Tablet privat oder beruflich? Was ist der Mehrwert für ihn? Wie kann man ihm Spaß bei der Nutzung bieten? Welcher Zielgruppe gehört er an? Die Belange des Users gehören in den Vordergrund!

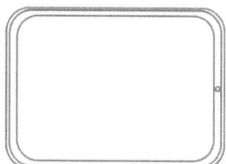

Hardware

Ebene 2: Die Hardware
Welche Bildschirmgröße und -auflösung? Leistungseinschränkungen (CPU)? Multitouch-fähig? Sind Sensoren, GPS, Accelerator, Kamera vorhanden? Wie gut kann man Videos abspielen? Hat es (nur) WiFi? Hardware ermöglicht den Prozess, diktiert ihn aber nicht!

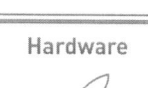

Software/OS

Ebene 3: Das Betriebssystem/die Software
Welche betriebssystemspezifischen Eigenschaften sind zu beachten? Ist das Zwischenspeichern von Daten möglich? Welche Browser? Hardwarezugriff? Multitouch-fähig? Software unterstützt den Prozess, diktiert ihn aber nicht!

Website/Web-App

Ebene 4: Website, HTML5-Web-App
Ist das Screendesign auf diesem Gerät und Betriebssystem optimiert? Ist die Website für das Tablet erstellt? Offlinefähig? Landscape und Portrait? Touch-fähig? Funktionieren die Formulare? Design und Herstellung agieren im Prozess entscheidend!

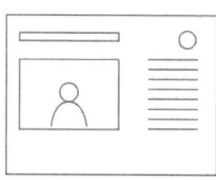

Testing

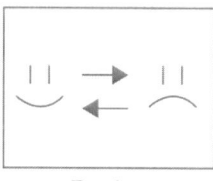

Ebene 5: Testing
Wurde die Website, die HTML5-App, mit den Bedürfnissen des Users und den durch gerät- und betriebssystemabhängigen Parametern in einer definierten Umgebung und Situation ausreichend getestet? Welche Erkenntnisse ergeben sich aus dem Test und werden in das nächste Update einfließen? Nur ein sich stetig wiederholender (iterativer) Prozess erzeugt nachhaltige UX!

Abbildung 1.3: Die fünf Ebenen der Projekt-DNA

UX Design für Tablets

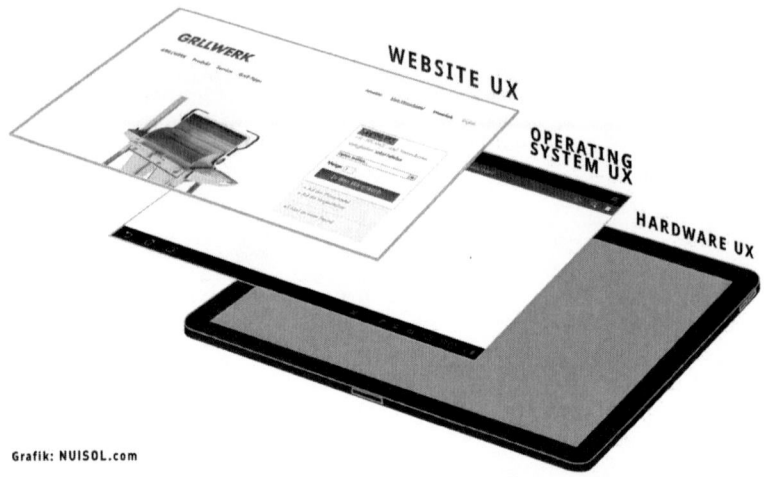

Grafik: NUISOL.com

Abbildung 1.4: Aufbauende Ebenen: Hardware-DNA-Ebene 2 (unten), Betriebssystem-DNA-Ebene 3 (Mitte) und Website/Web-App-DNA-Ebene 4 (oben)

1.3 Wie man einen UX-Designer in sich findet

Dieses Buch ist für Marketingverantwortliche, Webdesigner und -entwickler, Mediengestalter, Publisher und E-Commerce-Betreiber geschrieben. Sie müssen nicht zwingend eine gestalterische Ausbildung in Ihrer Vita haben, sind es doch umfassendere Kenntnisse, die einen UX-Designer ausmachen. Design ist bekanntlich Geschmacksache. Die gestalterische Voraussetzung ist, dass Sie an Design und Kunst interessiert sind. Sie haben ein Faible für schöne Dinge und können sich sehr dafür begeistern. Was UX-Designer auszeichnet, ist ihre Leidenschaft für gute Produkte. Was sie gemeinsam haben, ist das Bestreben, emphatisch zu sein. Produkte und ihre User zu verstehen, ist ihnen ein Verlangen. Sie streben nach Balance.

Bin ich ein UX-Designer?

Einige haben sich diese Fragen schon einmal gestellt. Bin ich glücklich in meinem aktuellen Job? Fühlt es sich gut an, was ich mache? Bei diesen Fragen kann ich Ihnen möglicherweise helfen. Ich habe den Selbsttest des Information Architecture Institute, in dem ich Mitglied bin, für dieses Buch auf die Frage hin überarbeitet: „Bin ich ein UX-Designer?". Der folgende Selbsttest steht unter *www.entwickler-press.de/ux_design* als Download für Sie bereit. Also, sind Sie ein UX-Designer?

Inzwischen sollten Sie ein wenig Ahnung davon haben, ob Sie vielleicht ein UX-Designer sind. Sie denken über Ihren Job hinweg weiter, einfach weil es Ihnen Spaß macht. Das, was Sie tun möchten, was Sie bezahlt bekommen und so mancher „Arbeit" nennt, ist die stetige Verbesserung. Kurz: Das Steigern von Produkten, die begeistern. Einen Ausbildungsberuf gibt es (bisher) dafür nicht. UX-Designer und Consultants kommen aus naheliegenden Berufsfeldern und werden von ihrer Affinität zu ästhetischen Produkten, einfachen Interfaces und Informationsstrukturen getrieben.

Mehr Informationen:
Besuchen Sie die Website des Information Architecture Institutes. Das internationale Institut unterstützt Sie und Organisationen, die auf die Entwicklung und Umsetzung von gemeinsam genutzten Informationslandschaften spezialisiert sind. Es verfügt über eine Reihe sehr nützlicher Ressourcen zu den Themen UX, Usability und IA. Eine Vielzahl an Bibliotheken mit Templates für Sitemaps, Wireframes, Anleitung und vieles mehr: *iainstitute.org/de/*.

Auch auf der Website des Berufsverbands der Usability und User Experience Professionals werden Sie fündig. Die German UPA ist eine unabhängige nationale Vertretung der Usability Professionals' Association: *www.upassoc.org/*. Zentrales Anliegen des Verbands ist die Definition und Weiterentwicklung des Berufsfeldes „Usability/UX Professional". Weiterhin unterstützt der Verband Berufstätige in Fragen zur menschzentrierten Gestaltung von Technologie, bietet ein Netzwerk zum Erfahrungsaustausch und fördert die öffentliche Meinungsbildung zu Usability und UX: *germanupa.de*.

Können Sie sich hier wiederfinden?

Um ein nachhaltiges und begeisterndes Aha-Erlebnis zu gestalten, muss der UX-Designer verstehen, wie er eine logische und durchführbare Struktur dafür erzeugen kann. Er muss verstehen, welche Komponenten dazu führen und wichtig sind. Nur so kann er eine emotionale Verbindung mit dem User des Produkts herstellen. Er muss sich in den User emotional hineinversetzen können und seine Bedürfnisse erkennen, bevor er sie verspürt. Das Produkt, das sie kreieren, muss zuvorkommend sein, ein Freund und Helfer.

Das erfordert ein hohes Maß an Empathie, die jedem von Hause aus in die Wiege gelegt worden ist. Jeder gesunde Mensch ist glücklicherweise in der Lage, seine Empathie auszubilden. UX-Designer empfinden Marktforschung, Zielgruppenanalysen, User Research, Analytics und das Bilden von Personas nicht als notwendiges Übel. Sie finden es spannend, die Perspektive der User einzunehmen.

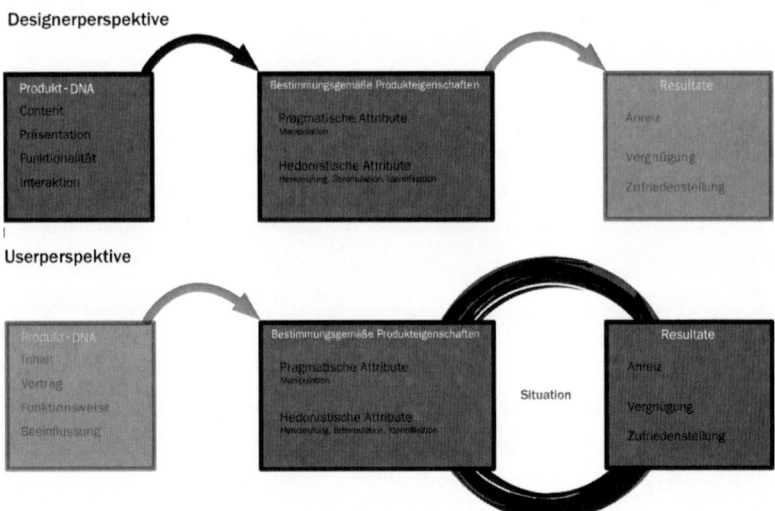

Abbildung 1.5: Kernelemente von Hassenzahls „Model of User Experience" aus der Perspektive des Designers und des Users

Das Hassenzahl-UX-Modell

Einige Modelle zur User Experience sind in den letzten Jahren vorgeschlagen worden, die auf dem Modell von Prof. Marc Hassenzahl von der Universität Essen basieren [4]. Dieses Modell (Abb. 1.5) nimmt an, dass jeder Benutzer einem Produkt oder einem Service gewisse Attribute zuweist, wenn er es verwendet. Jedoch sind diese Attribute für jeden einzelnen Benutzer unterschiedlich. UX bildet sich aus den Konsequenzen dieser Attribute innerhalb einer Situation, in der das Produkt benutzt wird. Die Attribute können in vier Hauptkategorien gruppiert werden: Handhabung, Kennzeichnung, Anregung und Hervorrufung. Diese Kategorien können in pragmatische und hedonistische Attribute unterteilt werden. Während sich die pragmatischen Attribute auf den praktischen Verbrauch und die Funktionen des Produkts beziehen, beziehen sich die hedonistischen Attribute auf das psychologische Wohl des Benutzers. Das Verständnis der Verteilung kann uns helfen zu verstehen, wie man Produkte in Bezug auf UX gestaltet und warum es absolut notwendig ist, die Perspektiven des Users einzunehmen [5].

UX-Designer bleiben Anfänger

 Im Zen heißt es, dass der Geist eines Anfängers rein ist. Unvoreingenommen erforscht er seine Umwelt. Die Erlebnisse eines Anfängers sind ungefiltert und erfassen ihn, leiten ihn mit unverfälschter Kraft.

Sie kennen das auch. Der Ausspruch „Anfängerglück" belegt diese Zen-Weisheit immer dann, wenn ein blutiger Anfänger gleich beim ersten Mal ins Schwarze trifft. Das erste Mal ist nun einmal am schönsten. Bei Experten nimmt die Begeisterung ab und die Vorgänge werden Routine. In der Regel ist dann zu beobachten, wie Begeisterung und Emotionen abnehmen und sich sogar Fehler einschleichen. Der Grund ist, dass es an Aufmerksamkeit mangelt, während sich der Anfänger voll reiner Aufmerksamkeit den Dingen widmet.

Fragen Sie sich, welches Wissen Sie über die Dienstleistung oder das Produkt haben. Originalität entsteht dort, wo bisher voneinander getrennte

Themen oder Inhalte verknüpft oder vermischt werden. Nehmen wir zum Beispiel einen Onlinestore, bei dem digitale Produkte nur auf einer speziellen Festplatte gespeichert werden können (iPod), Kuchengebäck mit Speiseeis (Eiswaffel), einen Sportschuh in Verbindung mit einen Sensor (Nike+), Papier in Verbindung mit Tee (Teebeutel), Morsecode auf Produkten jeder Art (Barcode).

Um eine solche besondere Perspektive einzunehmen, benötigen Sie einen großen Wissenshintergrund. Nehmen wir an, Sie sollen eine Website/Web-App für einen Wasserfilter erstellen. Was können Sie über diesen Filter erzählen? Sehr wahrscheinlich nur die Dinge, die Sie irgendwann einmal darüber gelesen, gehört, gesehen oder selbst in der Anwendung erfahren haben. Können Sie beschreiben, wie ein solcher Filter funktioniert? Aus welchen Materialien er aufgebaut ist? Welche Substanzen er genau filtert? Wie lange er benutzt werden kann? Sie müssen das Produkt also auf allen Ebenen durchdringen, wie ein Anfänger. Nur mit Wissensbreite und Wissenstiefe können Sie neue, originelle Ideen entwickeln.

HINWEIS: Erhalten Sie sich Ihren Anfängergeist!

Diese Fragen sollten Sie sich zu dem Produkt oder der Dienstleistung stellen:

- Wie ist seine Geschichte?

- Welchen Gesetzen (physikalisch, natürlich) folgt es?

- Woher kommen seine Bestandteile und Materialien?

- Wie reagiert es unter extremer Belastung?

- Welche Probleme und welche Chancen birgt das Produkt?

- Aus welcher Perspektive hat es Vorteile, aus welcher Nachteile?

- Gibt es Nachteile, die vor der Öffentlichkeit geheim gehalten werden?

- Gibt es Vorteile, die vor der Öffentlichkeit heruntergespielt werden?
- Was denkt der User, wenn er es benutzt?
- Was erlebt der User mit dem Produkt, über das er nie sprechen würde?
- Was macht der User mit dem Produkt, wenn er sich nicht beobachtet fühlt?
- Wie kann das Produkt mit einem Tablet (seinen Fähigkeiten) verknüpft werden?

1.4   Umdenken bitte: Der UX-Prozess

Um eine nachhaltige, positive UX zu erzeugen, ist die Bereitschaft zu deren stetiger Pflege und Verstärkung absolut notwendig. Ausgenommen sind kurzweilige Marketingaktionen wie Micropages oder Produkteinführungen. Diese sollten und müssen beim Launch mit ihrer UX ins Schwarze treffen. Doch eben auch für diese zählt eine klare Zielsetzung. Neurowissenschaften erklären, warum Ziele so wirkungsvoll motivieren. Wenn wir uns Ziele setzen, schaffen wir uns geistige Wunschbilder. Dann versuchen wir, diese Wunschbilder durch unser tägliches Handeln Realität werden zu lassen. Kommt es dann zu einer Übereinstimmung der inneren Wunschbilder und der Realität, werden Endorphine in unserem Gehirn ausgeschüttet. Das macht uns glücklich. Wichtig ist zu verstehen, dass dieser Effekt nur dann auftritt, wenn wir uns die Ziele selbst gesetzt haben. Nur dann erfahren wir eine intrinsische (nach innen gewendete) Belohnung. Wenn Sie sich motivierte Kollegen und Mitarbeiter wünschen, sollten Sie darauf achten, dass die Ziele nicht nur von oben nach unten diktieren werden, sondern dass ein Dialog über gemeinsam zu erreichende Ziele gepflegt wird.

Am Anfang steht immer eine Idee, und diese sollten Sie mit einer Zielformulierung untermauern. Zielformulierungen reduzieren komplexe Aufgaben und Kundenbriefings auf eine „Single-Minded Proposition", eine klare strategische Formel. Offene Fragen, z. B. „Wie-Fragen" erweisen sich als sehr nützlich: „Wie können wir die Zielgruppe erreichen?", „Wie stellt sich die Information am einfachsten dar?", „Wie kann ich den User überraschen?". Sie zwingen alle Beteiligten in einen inspirierenden Suchprozess und verhindern auch, dass ein Team im Meeting den Faden verliert. Der größte Feind einer Zielformulierung ist die offene Aussage, das Gegenteil der Single-Minded Proposition. Die Zielgruppe Ihrer Website als „alle" zu definieren, ist Blödsinn, denn es bedeutet, dass eigentlich niemand angesprochen wird. Ihre Website ist für Tablet User. Das ist eine klar einzugrenzende Zielgruppe. Ihre Website wird mit den Fingern navigiert und kann Dinge, die eine stationäre Site nicht bieten kann. Mehr dazu in Kapitel 2.

Fragen Sie sich:

- Was wollen Sie erreichen?

- Was ist Ihre Kernidee, die Vision?

- Was ist Ihre Zielsetzung?

Quellen

[1]   *de.wikipedia.org/w/index.php?title=Intrinsisch&oldid=117302739*

[2]   *de.wikipedia.org/w/index.php?title=Motivation&oldid=116075093Goalscale.com*

[3]   Mario Pricken, Christine Klell: „Kribbeln im Kopf", Schmidt Hermann Verlag

Kaizen – Das Prinzip stetiger Verbesserung

Das aus dem Zen abgeleitete Kaizen (jap. Kai = Veränderung, Wandel; Zen = zum Besseren 改善; „Veränderung zum Besseren") bezeichnet die japanische Lebens- und Arbeitsphilosophie, in deren Zentrum das Streben nach ständiger Verbesserung steht.

Quelle: *de.wikipedia.org/w/index.php?title=Kaizen&oldid=116916751*

Ich bin der Meinung, dass eine erfolgreiche UX nur durch den stetigen, iterativen (siehe Kasten „Iteratives Vorgehen") Prozess der Verbesserung zum lang anhaltenden Erfolg Ihrer Site führen wird. Gleich der japanischen Kaizen-Philosophie.

Iteratives Vorgehen

Mit dem Wort „iterativ" sind nicht Iterationen fester Länge gemeint, wie sie in Scrum unter dem Namen Sprints obligatorisch sind (in Kanban werden diese eher selten verwendet).

Stattdessen bedeutet „iterativ" zunächst nur, dass derselbe Anteil des Prozesses potenziell mehrfach überarbeitet wird, dass das Team also über die Strategie, Design und Code iteriert.

Das Einbeziehen des Kunden und vor allem des Users führt zwangsläufig zu einem iterativen Vorgehen. Existierende Funktionalität wird angepasst, geplante Funktionalität wird geändert, entfernt oder neu hinzugefügt. Das bedeutet, dass existierende Definitionen immer wieder geändert werden müssen, wenn eine hohe externe Qualität erreicht werden will.

Das lässt sich, wie ich meine, wunderbar an einem siebenteiligen Prozess demonstrieren. Ganz unabhängig von den Arbeitsmethoden zeigt er Ihnen die Verzahnung der Elemente und die Abhängigkeit auf.

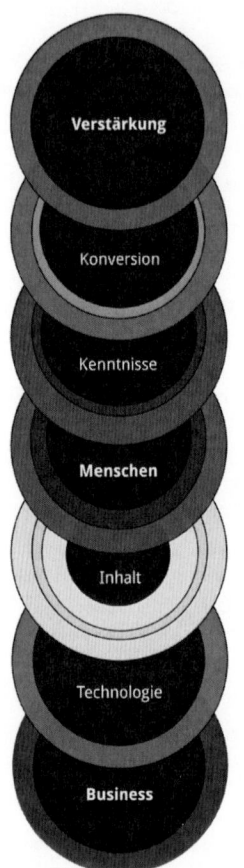

Verstärkung: Welche Maßnahmen zur Verbesserung in den vorangegangen Ebenen muss ich ergreifen, um meine Ziele zu erreichen? Zum Beispiel: Mehr positives Feedback, mehr Konversion, mehr Umsatz.

Konversion: In welchem Kontext nutzt mein User mein Produkt? Wie ist die Costumer Journey?

Kenntnisse: Kommunizieren meine User über mein Produkt? Wie finden Sie meine Site? Geben Sie mir Feedback?

Menschen: Habe ich meine User ausreichend einbezogen? Kenne ich meine User ausreichend?

Inhalt: Wie muss mein Content optimal geplant und kommuniziert werden?

Technologie: Welche Technik benötige ich, um die Idee umzusetzen?

Business: die eigentliche Geschäftsidee, Modell, Ihr (wirtschaftliches) Ziel?

Abbildung 1.6: Durch einen siebenteiligen Prozess kann sich das Resultat nachhaltig produzieren lassen und verstärken

HINWEIS: Die Schwierigkeit liegt darin, den Kaizen-Gedanken der kontinuierlichen Verbesserung in die Köpfe der Menschen zu bringen. Veränderung muss nicht am Menschen, sondern immer durch die Menschen passieren.

Was ich sehen kann, kann ich auch verändern

Ziel ist es, einen kontinuierlichen Arbeitsfluss zu etablieren, der am Ende einen Mehrwert beim Auftraggeber und User generiert. Bei der Fertigung physischer Produkte ist meist offensichtlich, wo es hakt. Anders in der digitalen User Experience: Ob es Probleme gibt und wo sie genau liegen, lässt sich oft schwer sagen. Das erschwert Optimierungen und wirkliche Veränderungen. Arbeitsmethoden wie Kanban und Scrum helfen, die Abläufe in der User Experience und die Probleme, die den Arbeitsfluss behindern, sichtbar zu machen. Die Einführung mengenmäßiger Beschränkungen der Arbeit (WiP-Limits, Begrenzungen des „Work in Progress") macht deutlich, was den Prozess ins Stocken bringt und Mitarbeiter daran hindert, Arbeiten abzuschließen.

Kanban, Scrum .... Wie bitte?

Kanban ist in der IT ein Vorgehen, das bei der Softwareentwicklung die Anzahl paralleler Arbeiten, den Work in Progress (WiP), reduziert und somit schnellere Durchlaufzeiten erreicht und Probleme – insbesondere Engpässe schnell sichtbar macht. Das japanische Wort Kanban bedeutet ursprünglich „Signalkart"' (kan „Signal", ban „Karte") und ist eine Technik aus dem Toyota-Produktionssystem, mit der Lagerbestände reduziert werden und ein gleichmäßiger Fluss (Flow) in der Fertigung sichergestellt werden soll. Kanban in der IT übernimmt zwar den Namen, versucht aber keine direkte Übertragung einzelner Techniken aus der Produktion auf die IT. Als „Begründer" von Kanban in der IT gilt David Anderson, der das Gesamtkonzept erstmals 2007 der Öffentlichkeit vorstellte.

Die Vorteile von Kanban sind:

- Schafft schnell eine hohe Transparenz bezüglich Projektfortschritt und akuter Probleme

- Beleuchtet auch Bereiche wie Testing, Wartung und Rechnungsstellung

- Gut geeignet für Organisationen mit starker Arbeitsteilung und Spezialisierung

- Lässt sich einfach in bestehende Prozesse (gleichgültig, ob agiler oder Kaskadenprozess) integrieren und schrittweise anpassen

- Fördert eine gleichmäßige und nachhaltige Produktion

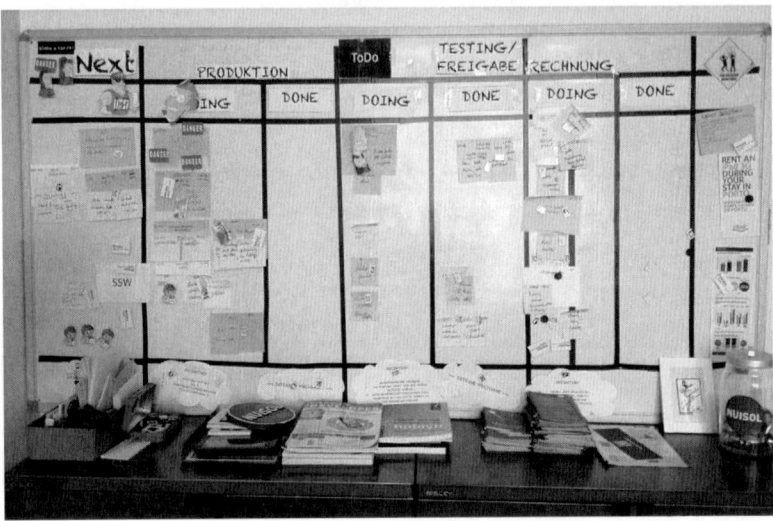

Abbildung 1.7: Kanban ist sehr einfach umzusetzen: eine Wand, Post-its und ein paar Trennlinien – los gehts!

Der Comic „Ein Tag im Kanban-Land" auf *www.it-agile.de/kanban-comic. html* zeigt, wie Kanban dazu beitragen kann, dass Probleme schnell von einem Team erkannt und beseitigt werden. Beachtenswert ist meiner Meinung nach auch das Jimflow-Projekt. Ein kurzes Video dazu zeigt nicht nur, wie Kanban funktioniert, sondern auch, wie sich dies digital weiter nutzen lässt (*jimflow.jimdo.com*). Mehr zu Kanban und seine ideale Anwendung finden Sie auch auf der von Anderson gegründeten Lean Kanban University (*www.leankanbanuniversity.com/using-lean-kanban*)

Quelle: *de.wikipedia.org/w/index.php?title=Kanban_%28Softwareentwicklung %29&oldid=117360668*

Scrum (engl. „Gedränge") ist ein Vorgehensmodell der Softwaretechnik. Der Ansatz von Scrum ist empirisch, inkrementell und iterativ. Er beruht auf der Ansicht, dass die meisten modernen Entwicklungsprojekte zu komplex sind, um durchgängig planbar zu sein. Der Einsatz von Scrum ist eher für große Projekte zu empfehlen, da Sie dort die Vorteile richtig ausnutzen können. Neben festgelegten Abstimmungsmeetings, dem „Sprint" (täglich, wöchentlich usw.) benötigt dieses Modell mehrere verantwortliche Mitarbeiterrollen. Scrum versucht, die Komplexität durch drei Prinzipien zu reduzieren:

- Transparenz: Der Fortschritt und die Hindernisse eines Projekts werden täglich und für alle sichtbar festgehalten

- Überprüfung: In regelmäßigen Abständen werden Produktfunktionalitäten geliefert und beurteilt

- Anpassung: Die Anforderungen an das Produkt werden nicht ein für alle Mal festgelegt, sondern nach jeder Lieferung neu bewertet und bei Bedarf angepasst

- Scrum ist zwar ein einfaches Framework für die agile Websiteentwicklung, dennoch ist es mitunter schwer einzuführen. Die Praxis hat gezeigt, dass Unternehmen, die Scrum in ihren Entwicklungsabteilungen umsetzen wollen, stets vor denselben Herausforderungen stehen. entwickler.press bietet hier Abhilfe mit dem Buch von Andreas Wintersteiger: „Scrum-Schnelleinstieg". Mehr Informationen unter: *entwickler-press.de/scrum*

Erstellen Sie Ihre Projekt-DNA

Nun, da Sie Ihre Projektziele gefestigt, den Kaizen-Gedanken verinnerlicht und ein Verständnis für UX gewonnen haben, beginnen wir mit der primären Arbeit in der Definierphase: Dem Sammeln von Anforderungen, dem Zusammenstellen Ihrer individuellen Projekt-DNA. Ein Projekt besteht bekanntlich immer aus vielen Bestandteilen, die ich als Gene eines Projekts sehe. Die individuelle Zusammenstellung dieser Gene ergibt die Projekt-DNA. Diese DNA wird zu Beginn des Projekts definiert und stetig im fortlaufenden Prozess optimierend ergänzt. Das Wissen über die Gesamtanforderung, die Bestandteile und die Methodik eines Projekts ist ein wichtiger Teil des grundlegenden UX-Verständnisses. Vor allem wann und wie Sie einbezogen werden und wie Sie andere Teilnehmer einbeziehen – wie z. B. Ihr Projektteam und die Interessenvertreter.

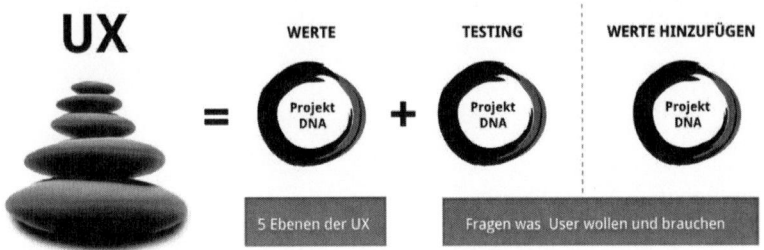

Abbildung 1.8: Das NUISOL-Grundprinzip zur Erreichung einer erfolgreichen UX durch das Erstellen einer Projekt-DNA, die stetig durch Einbeziehung der User mit neuen Werten erweitert wird

Drei Schritte zur Vorbereitung:

- Sondierung: Alle verstehen, was benötigt wird

- Engagement: Gemeinsam entwickelt man eine Vision, die Kernidee, und vereinbart Aufgaben und messbare Ziele für das Projekt

- Durchführung: Die Vision, die Kernidee, wird in Schritten umgesetzt und nach den vereinbarten Zielkriterien beurteilt

In der Praxis überspringt man häufig die ersten beiden Phasen, was zu nicht zufriedenstellenden Projekten führt. Denn dem Initiator ist meistens klar, was er warum und wie haben möchte – allen anderen nicht. Kommt Ihnen das bekannt vor? Manchmal scheint es, als seien genauso viele Projektanforderungen wie Projekte vorhanden. Wie man die richtigen Bestandteile für ein Projekt auswählt, ist an sich ein großes Thema. Die Methodik zum Auswählen solcher Bestandteile kann von vielen Dingen abhängig sein. Diese beinhalten die Informationsstruktur und Lage des Projektteams, die Idee, Technologien, die für das Projekt verwendet werden und selbstverständlich die Art der Zusammenarbeit, die auch wichtiger Teil der Unternehmenskultur ist. Ich habe für unsere Arbeit ein Ringdiagramm mit gängigen Arbeitsschritten erstellt. Diese Segmente können Sie beliebig mit Ihren projekt- und unternehmensspezifischen Anforderungen erweitern. Dieses Beispiel können Sie als Grundlage für Ihre Projekt-DNA nehmen. Entwickeln Sie Ihr Ringdiagramm. Stimmen Sie es auf Ihr Unternehmen und Ihre Projekte ab.

Es gibt bekanntlich sehr viele Projektmanagementtools. Die meisten davon bilden Inhalte linear ab oder arbeiten mit den klassischen Mindmapping- und Brainstorming-Anwendungen. Ein komplett anderes optisches Ergebnis bietet dagegen die kostenpflichtige Software Goalscape (*www.goalscape.com/de*). Hier werden unterschiedliche Aspekte in Ringen beziehungsweise Ringsegmenten dargestellt, die sich um das Innere Ihres definierten Ziels gruppieren. Sie lassen sich größer und kleiner ziehen und zwingen Sie so dazu, sich über die Wichtigkeit aller Aspekte im Klaren zu sein.

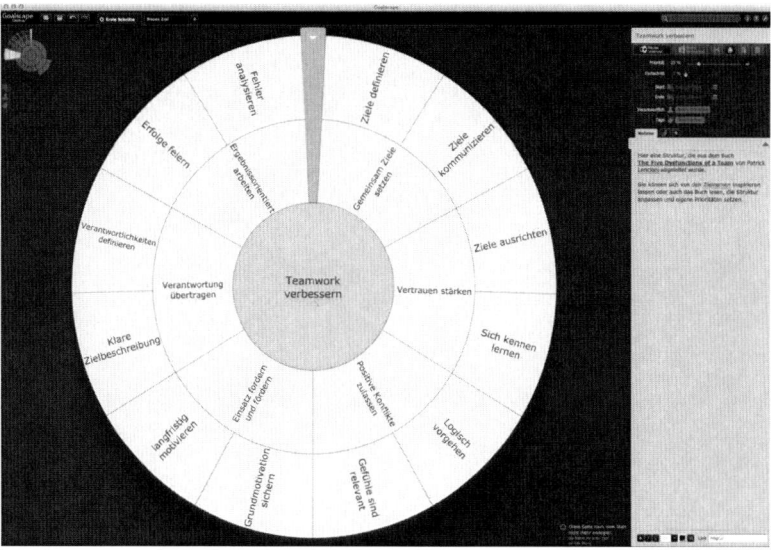

Abbildung 1.9: Besser strukturieren und Überblick bewahren mit Ringdiagrammen in der Software Goalscale

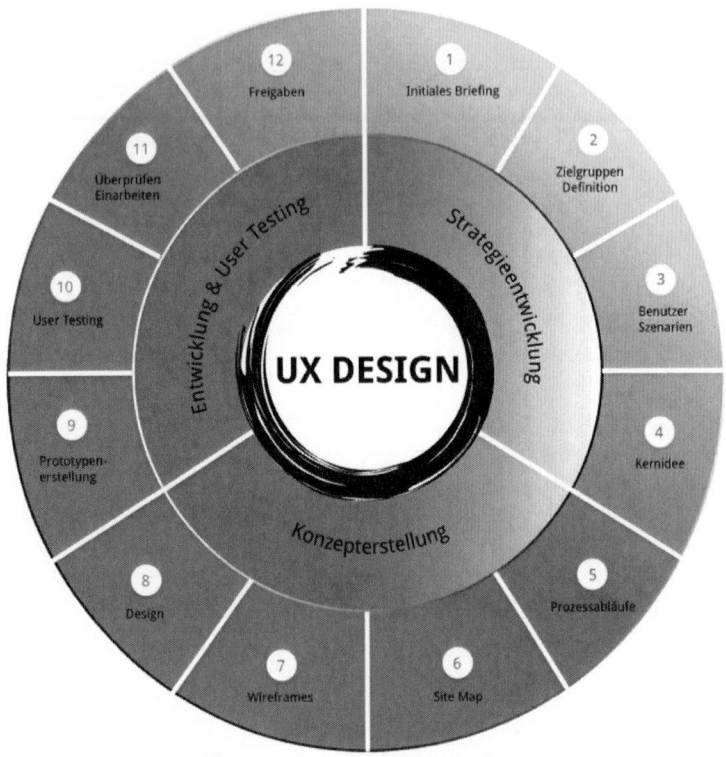

Abbildung 1.10: Typische Arbeitsschritte (Bestandteile) eines UX-Kreislaufs

12 typische UX-Arbeitsschritte

Strategieentwicklung

1. Initiales Briefing
2. Zielgruppendefinition
3. Benutzerszenarien
4. Kernidee, Vision

Konzepterstellung

5. Prozessabläufe

6. Sitemap

7. Wireframes

8. Design

Entwicklung und User Testing

9. Prototypenerstellung

10. User Testing

11. Überprüfen und Einarbeiten

12. Freigaben

In einer perfekten Arbeitswelt sollten Projekte mit dem Großteil dieser Arbeitsschritte einen Flow bekommen. In einer perfekten Welt. Jedoch wird oft schon im ersten Drittel (Punkt 1 bis 4) nicht ausreichend vom Auftraggeber geliefert bzw. von uns eingefordert. Aus meiner Erfahrung rächen sich alle Versäumnisse aus der ersten Hälfte des Kreises (Punkt 1 bis 6) umso stärker, desto früher sie vernachlässigt wurden. Die Folge sind stark überschrittene Aufwandschätzungen, insbesondere bei weniger komplexen Arbeitspaketen, ein unsauberer oder schlecht faktorierter Code und auch unklares Design. Wenn also beim initialen Briefing schon an Zeit, Mühe, Fragen und Informationen gespart wird, ist es nicht verwunderlich, dass am Ende des Projekts der Auftraggeber nicht vollkommen zufrieden ist und schlimmer noch – der User. Klar, der Auftraggeber wusste zu Beginn nicht, was er eigentlich wollte. Die ersten vier Punkte dienen dazu, genau das zu klären. So wird gerne bei der Zielgruppendefinition vom Auftraggeber geantwortet: „Alle". Was soviel bedeutet wie: „Keine Ahnung!". Auch die Versäumnisse in der Vorbereitung der Prozessabläufe, Sitemap etc. rächen sich bei den letzten Punkten. Wenn es dann zur Freigabe kommen soll, werden diese Punkte zum falschen Zeitpunkt als Change Request oder Korrektur wieder zurückkommen. Gerne kurz vorm Wochenende. Persönlich empfinde ich es am schlimmsten, wenn an Punkt 10 gespart wird, was leider öfter der Fall ist. Das Resultat sind in der Regel lange Debugging-Sessions in Kombination mit schwer lokalisier- und nachstellbaren Fehlerfällen. Die Quittung für eine geringe Unit-Test-Abdeckung. Das finde ich besonders schade, denn eine andere Herangehensweise könnte nicht nur besser funktionieren, sondern auch zu mehr Konversion führen, was mehr Erfolg für die Kampagne, mehr Verkauf und mehr Aha-Erlebnis bedeutet.

Legen Sie in Ihrer Projekt-DNA Wert auf:

- Planen der Gesamtstrategie, der Anforderungen und der Teamstruktur

- Definieren der Projektbedingungen (Projektbedarf)

- Designen einer Interaktion und eines visuellen Konzepts, die zu detaillierten Spezifikationen (Wireframes, Task Flows) entwickelt werden

- Entwickeln, testen und verbessern (verfeinern) der Lösung

- Testversionen der Lösung über gesicherte Staging-Systeme

Erweitern des Projekts, indem Sie Vorschläge für Verbesserungen erstellen, prüfen und einarbeiten.

Ich möchte Ihnen gerne drei Modelle vorstellen, wie sich der Prozess gestalten kann. Es gibt diverse Bezeichnungen und Modebegriffe für diese Prozesse. Aber die allgemeinen Aktivitäten in diesen Prozessen sind sehr ähnlich.

Der Kaskadenprozess

Ein Kaskadenprozess behandelt die Schritte, individuelle Phasen, bei der die Abfertigung der davor fälligen Phase benötigt wird, bevor die nächste Phase beginnt. Also eins nach dem anderen. Ein Beispiel: Die Designphase beginnt erst, wenn die Bedingungen, das Briefing, von den Auftraggebern genehmigt (freigegeben) werden. Der Entwicklungsprozess beginnt erst, wenn der Auftraggeber das Design freigegeben hat und so weiter.

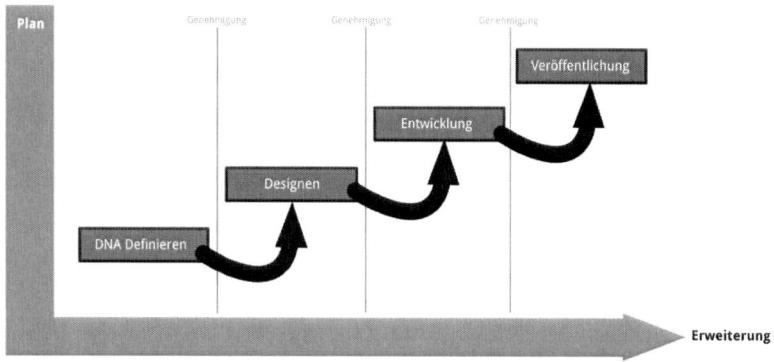

Abbildung 1.11: Beispiel eines Kaskadenprozesses, bei dem jede Phase in die Nächste aufsteigt

Das Problem mit dem Kaskadenprozess ist, dass angenommen wird, dass jede Phase nur mit einer minimalen Veränderung, einer kleinen Korrekturphase, fertig gestellt werden kann. In der Praxis gestaltet sich dies leider oft anders. Der Auftraggeber entscheidet sich um, weicht von seinem Briefing ab oder interne Gegebenheiten bei Ihnen oder den Kunden führen zu „Bearbeitungsschleifen". Oft ist der Auftraggeber nicht der Auffassung, dass dies erneut kalkuliert werden sollte. Hier zahlt sich jede Minute Mehraufwand bei der Definition der Ziele und der Projekt-DNA aus.

Der agile Prozess

Da die Veränderung der Projekte und das Streben nach stetiger Verbesserung konstant bleiben, schauen die Projektteams ständig nach flexibleren Ansätzen als z. B. beim Kaskadenmodell. Viele Technologien folgen mehr einem beweglichen, agilen Prozess, mit Arbeitsschritten, die nebeneinander geschehen können. Versionen auf einer Website könnten auf die Schnelle realisiert werden, und die iterativen Pläne benutzen einen agilen oder schnell zu entwickelnden Prozess. Ein agiler Prozess konzentriert sich grundsätzlich mehr auf schnelle Zusammenarbeit und weniger auf detaillierte Dokumentationen und formale Genehmigungen. Das Ziel agiler Softwareentwicklung ist es, den Softwareentwicklungsprozess flexibler und schlanker zu machen, als das bei den klassischen Vorgehensmodellen der Fall ist. Man möchte sich mehr auf die zu erreichenden Ziele fokussieren und auf technische und soziale Probleme bei der Softwareentwicklung eingehen. Die agile Softwareentwicklung ist eine Gegenbewegung zu den oft als schwergewichtig und bürokratisch angesehenen traditionellen Softwareentwicklungsprozessen.

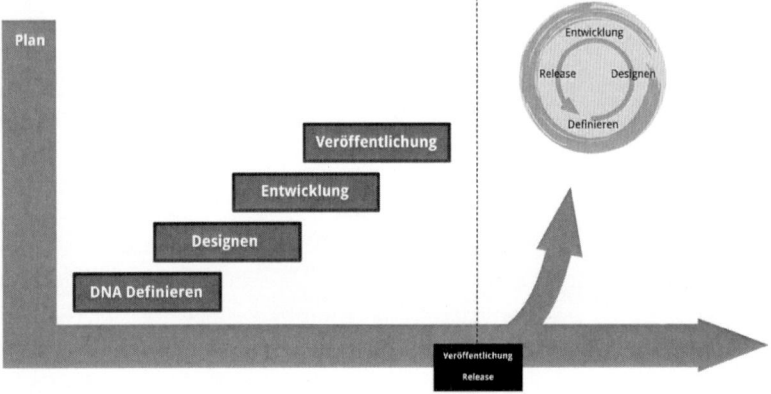

Abbildung 1.12: Beispiel für einen agilen Prozess

Ein wahrer agiler Prozess bezeichnet daher kleine Teams, deren Mitglieder weniger Wert auf die Definition von formalen Rollen zwischen den Teammitgliedern legen. Die Teammitglieder müssen dabei nicht zwingend physisch zusammensitzen. Die räumliche Trennung ist aber eher ein Nachteil für agile Arbeit. Die agile Arbeitsweise ermöglicht ein sehr hohes Maß an Zusammenarbeit. Sie fordert aber auch ein hohes Maß an Team- und Kommunikationsfähigkeit, die die Notwendigkeit für umfangreiche Dokumentationen zwischen den Phasen der Gestaltung, der Entwicklung und des Testings reduziert. Ein Teammitglied kann eine Problemstellung zusammen mit anderen Teammitgliedern durch ein schnelles Brainstorming lösen und sofort implementieren. Eine Verzögerung durch eine detaillierte Dokumentation und Freigabe der Aktualisierung kann dadurch entfallen. Alle Projektbeteiligten sollten dem zuvor umfangreich geplanten Ablauf der Iterationen folgen. Iterationen sind Entwürfe für eine bestimmte Website oder Anwendung, also ein auf der Projekt-DNA basierender Teilprozess. Wenn ein agiles Vorgehen so funktioniert, wie es entworfen wurde, dann ist es an sich eine feine Sache. Jedoch ist das nur in einer perfekten Welt so. In den meisten Unternehmen und innerhalb der meisten Projekte folgen Teams nur selten einem rein agilen Prozess. Zum Teil ist das der Fall, weil Unternehmen zunehmend mit Teams und Remote-Experten aus aller Welt online zusammenarbeiten. Das macht alles schwieriger, da ein hohes Maß an Zusammenarbeit notwendig ist, um die besten Vorteile des agilen Prozesses zu nutzen. Je verstreuter die Mitglieder sind, umso mehr benötigen sie allerdings auch wieder klar definierte Führungsrollen. Bei einer lokalen Zusammenarbeit kann in den meisten Fällen die Führungshierarchie aufgelockert werden.

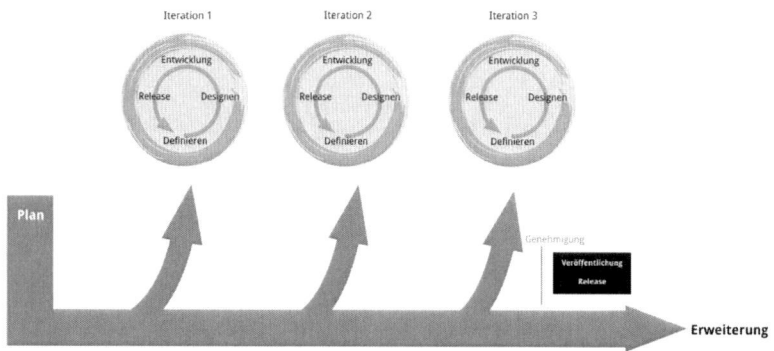

Abbildung 1.13: Agiler Prozess mit Iterationen und Freigabe

Agiles Prinzip

Ein agiles Prinzip ist ein Leitsatz für Ihre agile Zusammenarbeit. Sie sollten von Projekt zu Projekt mit Ihrem Team entscheiden, welche Prinzipien Sie befolgen wollen. Ihr Leitsatz sollte so agil sein wie Ihre Arbeit selbst und sich stetig entwickeln.

Beispiele für agile Prinzipien:

- Einfach, KISS-Prinzip (Keep It Short and Simple)
- Zweckmäßig
- User-centered, vom User ausgehend, kundennah
- Gemeinsamer Codebesitz (Mit z. B. SVN oder GIT)
- Vorhandene Ressourcen (Design Librarys, Code etc.) mehrfach verwenden

Agile Methoden

Eine agile Methode ist eine „an Agilität ausgerichtete Methode zur Softwareentwicklung."

Ein Kennzeichen agiler Methoden ist es, dass sie in einem Prozess dazu dienen, den Aufwand möglichst gering zu halten. Als Leitsatz gilt: Je mehr Du nach Plan arbeitest, desto mehr bekommst Du das, was Du geplant hast. Aber nicht das, was Du brauchst. Sie sollten agile Methoden losgelöst von Softwareentwicklung sehen und als Leitfaden für das Kreieren von UX Design anwenden. Daher ist es wichtiger, dass Sie flexibel bleiben und mit Ihrem Team darüber entscheiden, wie sich ein Teilprozess, die Iteration, verbessern lässt. Aktualisieren Sie stetig Ihre Projekt-DNA, indem Sie das User-Testing und Userfeedback einarbeiten. Bearbeiten Sie die Störungen in Ihrer Projektkommunikation. Wenn Sie der Kommunikation zwischen dem Auftraggeber und Ihren Teammitgliedern nicht ausreichend Beachtung schenken, werden Ihnen Störungen das Arbeiten erschweren und können im schlimmsten Fall zum Verlust des Auftraggebers führen. Unbearbeitete Spannungen jeder Natur, speziell aber die rein zwischenmenschlichen, führen in der Regel zur Misskommunikation.

Die agilen Methoden lassen sich in zwei Gruppen unterteilen: einerseits in die tatsächlichen Methoden und andererseits in die Prinzipien, die den Methoden zugrunde liegen.

Beispiele für agile Methoden:

- Prototyping (Sketching, Mock-ups, Wireframes)
- Paarprogrammierung
- Testgetriebene Entwicklung
- Ständige Refaktorierungen
- Story Cards
- Schnelle Reviews (Code, Design, Content)

Geänderte Prozesse

Die meisten Projekte versuchen, einem Prozess zu folgen, der das Beste aus beiden Welten verbindet. Mit einer ausreichenden Struktur und Dokumentation zum Reduzieren der Risiken, durch verteilte Teams und flexiblen Wechsel der Teammitglieder zum Beispiel. Aber auch durch eine ausreichende Zusammenarbeit und Iterationen, die auf Veränderungen reagieren können. Und das in einer relativ schnellen Art und Weise. Ein Beispiel: Ein Projekt folgt möglicherweise einem Kaskadenmodell, umfasst aber eine Überlappung in den Phasen, sodass die Hauptpunkte der Zusammenarbeit von Team zu Team vorhanden sind. Das kann auch eine vorzeitige Veröffentlichung (Release) umfassen, z. B. eine Betaversion für eine bestimmte Benutzergruppe mit einem kürzeren Iterationskreislauf. Feedback aus diesem Betarelease kann dann bis zum Launch der Vollversion integriert werden.

Beachten Sie die kleineren Iterationen innerhalb der Designphase in Abbildung 1.13. Das ist eines der wichtigsten Projektbestandteile Ihrer DNA, die Sie mit Ihrem Team als UX-Designer einbringen. Tools wie Wireframes und Mock-up-Prototypen ermöglichen Ihnen, schnell und einfach Feedback für Ihre Iterationen zu sammeln.

Ein modifizierter Kaskadenprozess wie in Abbildung 1.14 ist eine der am häufigsten verwendeten Methoden. Also der Prozess, der auch den Rahmen dieses Buches abbildet. Ihm geht der Gedanke voraus, dass eine

Website nie fertiggestellt wird, sondern sich zur stetigen Verbesserung der UX weiter entwickelt.

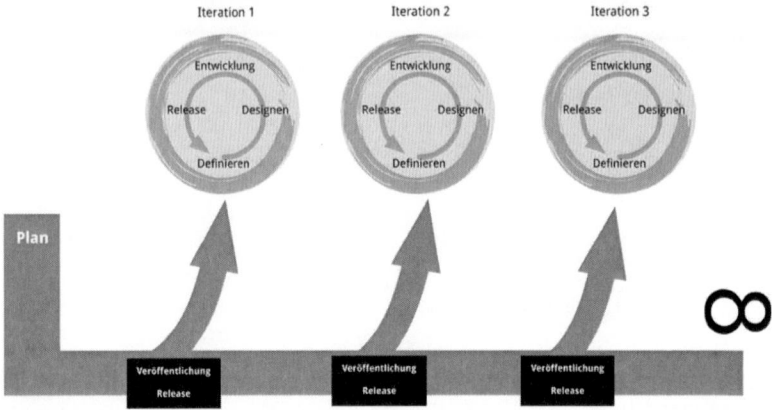

Abbildung 1.14: Der stetig fortlaufende Entwicklungsprozess

Allerdings werden viele der hier behandelten Themen auf Ihr Projekt übertragen. Unabhängig von den Besonderheiten Ihres Prozesses, denn die grundlegenden Aktivitäten dahinter – wie eine grundlegende Definition der Projekt-DNA und die Gestaltung – bleiben notwendig.

Wie beeinflusst mich der Projektprozess?

Wenn Sie Ihren Prozess kennen, hilft Ihnen das, eine ganze Reihe von essenziellen Dingen zu verstehen:

Welche Fragen sollten Sie sich stellen und wann? Zum Beispiel, wenn Sie mit nur einem Kaskadenprozess arbeiten, müssen Sie den Arbeitsaufwand stetig verbessern, um sicherzustellen, dass die Anforderungen in der Definitionsphase alle Informationen enthalten, die Sie für die Designphase brauchen.

Sie stellen Erwartungen, wie die Mitglieder eines Projektteams zusammenarbeiten werden und wie diese Zusammenarbeit aussehen soll. Beispielsweise erfordert ein agiler Prozess eine sehr enge Zusammenarbeit. Ein Kaskadenprozess kann bedeuten, dass die meiste Zeit individuell gearbeitet wird, z. B. mit Meilensteinen – einmal oder mehrmals pro Woche.

Das Niveau, wie sehr Details und Formalitäten in Ihrer Dokumentation erforderlich sind, sollte zu Beginn klar definiert sein. Freigaben sollten Sie sich formell unterzeichnen lassen wie einen Vertrag. Ich denke immer noch an die Aussage eines Kunden: „Was interessiert mich meine Freigabe von gestern!" In der Regel brauchen Sie mehr formale Dokumente in einem Kaskadenprozess, wobei die Freigaben zwingend erforderlich sind, bevor Sie zur nächsten Phase übergehen. Allerdings haben Sie auch einige formale Freigaben, wenn Sie einen agilen Prozess verwenden – beispielsweise zur Erfassung von Informationen an wichtigen Entscheidungspunkten, z. B. bei einer bestimmten Iteration und dem folgenden Release, das an ein Timing und synchron geschaltete Offlineaktionen gebunden ist. Wichtige Meilensteine, welche die Genehmigung von Auftraggeber und die Bereitstellung für die verschiedenen Benutzergruppen beinhalten.

Ihr Prozess wird bestimmen, was die unterschiedlichen Zielgruppen an verschiedenen Zeitpunkten im Projekt bereitstellen müssen. Einschließlich den Zulassungen der Auftraggeber anhand von Ausschreibungspunkten und anhand des Feedbacks von Usern und potenziellen Kunden während eines Betatests.

Quellen

[1]   UX Design Projekt Plan S. 62/63

[2]   BT Magazin 1.2012, S. 42

[3]   *de.wikipedia.org/w/index.php?title=Agile_Softwareentwicklung& oldid=115868938de.wikipedia.org/w/index.php?title=Kaizen&old id=116916751*

[4]   *www.it-agile.de/kanban-comic.html*

[5]   *www.it-agile.de/scrum.html*

[6]   *www.it-agile.de/kanban.html*

1.5   Zen-Meetings

Meetings gehören zu jedem Projekt und sind ein fester Bestandteil unseres Prozesses. Gerade in der Besprechung von Resultaten und Erfahrungen aus Usertests gibt es vieles festzuhalten, was dann in die Projekt-DNA einfließt. Meetings können aber auch eine unglaubliche Zeitverschwendung sein. Stundenlang dürfen wir dasitzen und unkonzentrierten Projektbeteiligten zuhören, die oft nur reden, um ihre eigene Stimme zu hören. Dann gehen wir auseinander, ohne dem Projekt- und Meetingziel näher gekommen zu sein.

In Zen ist es eine Todsünde, Zeit zu verschwenden. Zeit zu verschwenden heißt, das Hier und Jetzt zu vergeuden, das, wenn Sie darüber nachdenken, alles ist, was Sie und ich haben. Es ist schon schlimm genug, unsere eigene Zeit zu verschwenden. Noch schlimmer ist es, die Zeit anderer zu verschwenden. Wenn Menschen unserer Zeit keine Achtung erweisen, ist das unhöflich und schadet uns wirtschaftlich. Den gleichen Mangel an Respekt gegenüber anderen an den Tag zu legen, ist nicht nur ebenso unhöflich, es verletzt auch unsere spirituelle Zen-Praxis. Wenn wir ein Meeting ansetzen wollen, sollten wir im Vorfeld zumindest drei Dinge getan haben:

- Fragen Sie sich selbst: Warum ist diese Besprechung notwendig? Geben Sie sich darauf eine absolut eindeutige Antwort. Achten Sie darauf, dass alle Teilnehmer sie auch verstehen.

- Fangen Sie pünktlich an. Wir bestrafen diejenigen, die rechtzeitig kommen, wenn wir auf Nachzügler warten. Ganz egal, wie wichtig diese Nachzügler sein mögen – alle Teilnehmer sollten als wichtig angesehen werden. Ansonsten wären Sie ja nicht eingeladen worden. Auf der spirituellen Zen-Ebene ist die Zeit des einen Menschen nicht weniger wertvoll als die eines anderen, ganz gleich, welche Berufsbezeichnung oder Stellung er hat.

- Begrenzen Sie die Dauer. Lassen Sie die Teilnehmer genau wissen, wie viel Zeit sie hergeben sollen. Sobald sie diese gegeben haben, sollten Sie nicht versuchen, mehr zu nehmen.

Jedoch kommen Sie zum schwereren Teil der Zen-Praxis, wenn Sie zu einem Meeting gerufen werden, das Ihre Zeit zu verschwenden droht. Hier müssen Sie zu der Einstellung gelangen, die die Zen-Meister in Japan „Muda Zukai" nennen: „die Verschwendung nutzen".

- Bewahren Sie sich einen offenen Geist. Wenn Sie einen Meetingraum mit einer negativen Einstellung betreten, weil Sie zu wissen meinen, was passieren könnte, verschließen Sie Ihrem Geist die Möglichkeit des Lernens. Es gibt immer etwas zu lernen. Selbst wenn es nichts mit den Besprechungspunkten des Meetings zu tun hat.

- Üben Sie sich in Geduld. Frustration entsteht aus dem Wunsch, irgendwo zu sein, wo wir gerade nicht sind. Wir können nur dort sein, wo wir sind: Im Hier und Jetzt. Zen-Praxis heißt, diesen Ort mit Gelassenheit zu akzeptieren. Wir können nicht immer Herr der Lage sein, aber wir können immer unser eigener Herr sein.

- Beteiligen Sie sich. Suchen Sie nach Möglichkeiten, einen positiven Beitrag zu leisten, genauso wie ein guter Musiker, der weiß, wie er in einer Jam-Session improvisieren muss. Sie sollten vermeiden, den anderen zu verstehen zu geben, dass wir alles längst wissen, was er gerade referiert.

- Bereiten Sie sich darauf vor, selbst an der Reihe zu sein. Eines Tages sind Sie an der Reihe, die Besprechung zu leiten. Beobachten Sie, lernen Sie. Was funktioniert und was funktioniert nicht? Die Japaner sagen: „Es ist leicht, von außen Kritik zu üben – viel schwerer ist es, den Vorsitz zu haben."

HINWEIS: In jeder Besprechung bietet jeder Augenblick eine einzigartige Chance zur Erkenntnis (Erleuchtung). Verschwenden Sie diese Chance nicht.

1.6 Content-Strategie

Der Schlüssel zum Erfolg Ihrer Site ist die richtige Content-Strategie. Nur ist es wirklich so einfach? Das Tablet ist eine neue Gerätegattung. Und neben den faktischen Unterschieden in Hardware, OS und Browser bekommen die wohl wesentlichsten Unterscheidungsmerkmale zum Desktoprechner von vielen Webdesignern noch nicht die richtige Beachtung. Der Kontext: Wann, für was, wie wird das Tablet genutzt? Es ist in Bewegung und wird eher im Privaten genutzt. Es wird hauptsächlich gelesen, ein Film geschaut, recherchiert und konsumiert. Aber eben sehr wenig Content generiert. Es wird je nach Art des Contents gedreht (Beispiel: Landscape, um einen Film anzuschauen, Portrait zum Lesen). Es ist unterschiedlichen Lichtumgebungen ausgesetzt und wird parallel zu anderen Aktivitäten genutzt (Fernsehen, Kochen und zum Lesen im Bett). Das Tablet ist persönlicher als der Desktoprechner und wird dennoch von mehreren Personen genutzt. Es ist immer dabei, leicht, instant on, und die Nutzer haben am Gebrauch des Gerätes Freude, auch wenn es nicht mehr neu ist. Aber Tablet-Nutzer werden auch enttäuscht. Nicht immer nur mit eingeschränkter Funktionalität, im Moment ist es leider noch die Regel, dass Websites nicht für Tablets optimiert sind. Damit wird die Chance verspielt, einem User, Ihrem Kunden, eine tolle User Experience zu bieten. Smart dagegen die Web-Apps/Websites von aside magazin, Financial Times, Zeit.de, dem US Nike Store, dem Tablet Store von Staples US und auch die Tabletoptimierte Search-Seite von Google. Diese Seiten nutzen die aktuellen HTML5-Möglichkeiten, werden eins mit Gerät, OS, Mobile Browser. Sie berücksichtigen den Kontext der Nutzung und des Interfaces. So fragen diese Sites die Umgebungsdaten ab. Wo befindet sich der User mit seinem Gerät zum Zeitpunkt der Nutzung? Ist der Cache für Offline-Reading aktiviert? Ist es taghell oder bereits Nacht? Mission erfüllt: Glückliche User, die wiederkehren.

Doch Obacht! Die Bedeutung der User Experience, die im Zusammenhang vor allem mit dem iPad immer wieder aufgeführt wird, wird auch durch Verlage und Nachrichtenredaktionen überschätzt. Wer sich über das Geschehen in der Welt oder in seiner Region informieren will, benötigt in erster Linie nicht die UX, sondern gut aufbereitete, wertvolle Informationen. Ohne hervorragenden Journalismus wird auch die beste UX nicht nachhaltig wirken. Denken Sie an Ihre Projekt-DNA. Was will der User? Was erwartet er?

Die Top 5 der am meisten genutzten Inhalte auf Tablets

- E-Mails
- Produktinformationen
- News und Magazine
- Social Media
- Video/Film

Quellen

[1]   Nielsen, Jacob: „TNS Infratest/Statista"

[2]   *www.useit.com/alertbox/ipad.html*

[3]   *apps.ft.com/ftwebapp/*

[4]   *www.asidemag.com/*

[5]   *www.zeit.de/*

[6]   *www.nike.com/nikeos/p/nike_ipad/en_US/*

[7]   *t.staples.com*

Content is King. Haben wir überhaupt den richtigen Content für Tablets?

Das „Content is King"-Credo hat noch nie seine Bedeutung verloren, wurde die königliche Sau doch zur Genüge durch das mediale Dorf getrieben. Doch mit erstmals über 16 Mio. deutschen Mobile-Web-

Usern im September 2011 (laut AGOF Mobile Facts 2011), veränderte sich zwangsläufig der Bezug von Inhalten auf die Umgebung. Man muss sich schlicht fragen, welcher Inhalt denn von dieser erstmal kritischen Nutzermasse wirklich „unterwegs", „auf der Couch", „eben mal schnell" genutzt werden möchte. Ein Blick in die Analytics zeigt hier doch gleich, dass keine andere Nutzergruppe so schnell einen Besuch einer Site abbricht. Ladezeit und nicht optimal aufbereitete Inhalte erfahren kein Pardon mehr. Seit einiger Zeit zählt für Google die Ladegeschwindigkeit einer Webseite ebenfalls zu den wichtigen Qualitätsmerkmalen. Verschiedene Untersuchungen haben gezeigt, dass Nutzer nach wenigen Augenblicken eine Seite verlassen, wenn nach deren Aufruf nicht schnell genug etwas angezeigt wird. Mobile Anwender reagieren hier noch viel empfindlicher als User am Desktop. Langsam ladende Webseiten haben eine negative Auswirkung auf das Nutzererlebnis, bieten somit einen geringeren Mehrwert und gehören nach Googles Auffassung nicht auf die obersten Suchergebnispositionen. Auch wenn der Einfluss dieses Faktors für Google nicht allzu groß ist, lohnt es sich, auf die Ladezeiten zu achten und gegebenenfalls einfache Verbesserungsmaßnahmen vorzunehmen. Hierzu ist beispielsweise das Firefox Add-on „Page Speed" ein nützliches Tool, das neben der Messung der Ladegeschwindigkeit auch direkt Tipps zu deren Verbesserung ausgibt (mehr dazu in Kapitel 5). Der Anwender wird es Ihnen danken. Zum Beispiel werden Videos am liebsten mobile und auf dem Tablet konsumiert. Sie sind ein fester Bestandteil von News, Magazinen und immer mehr auch in Onlinestores. Sind Ihre Videos für ein Mobile Streaming optimiert? Wirklich?

HINWEIS: Daher sollten Sie für Ihr erfolgreiches Tablet-Projekt das „Content is King"-Credo umschreiben und einen – nach Zen – umfassenden und ganzheitlichen Weg verfolgen: Content und Kontext werden zur Einheit.

Der richtige Tablet Content

Identifizieren Sie den Mehrwert Ihrer Inhalte immer in Bezug auf den Usage Case. Fragen Sie sich, wie gut die Texte Ihrer Site gelesen werden können. Werden die Videos in ausreichender Qualität angeboten (Vollbild) und werden sie optimal gestreamt? Wie einfach ist es, auf einem Tablet ein Bestell- oder Kontaktformular zu nutzen? Reduzieren Sie die Eingabefelder.

Das Web ist mobil. Gehen Sie mit oder bleiben Sie stehen?

Als Leser dieses Fachbuchs ist Ihnen bereits klar, dass Ihre Onlineangebote mobile nutzbar gemacht werden müssen. Das ist im Moment sicher nur eine Frage von Budget und Planung. Sie haben also das Ziel, mehr User und mehr potenzielle Kunden zu erreichen. Ihr Suchmaschinen-Ranking wird sich verbessern. Google erkennt und honoriert Mobile-Tablet-optimierte Inhalte. Dann haben Sie auch die Notwendigkeit für eine Multiscreenstrategie! Patrick Lauke (Opera) beschrieb amüsant auf der Webtech Conference die drei üblichen aktuellen Herangehensweisen.

Wir tun nichts. Tablets haben moderne Browser und kommen mit „normalen" Websites ganz gut klar. Der User kann ja zoomen, scrollen oder doch an einen richtigen PC gehen. Günstig, doch hohes Frustrationspotenzial. Und wir müssen uns nicht mit der Usability unserer Website auseinandersetzen.

Wir erstellen eine Native App. Weil wir ja eine App brauchen (Prestige). Teuer bei Native App, separate Produkte je OS. Keine Website mehr im eigentlichen Sinn. Dafür schnell, Offlinenutzung, voller Hardwarefeaturezugriff. Und wir müssen uns nicht mit der Usability unserer Website auseinandersetzen. Eine Alternative zur Native App ist die HTML5-Web-App, eine auf Tablets optimierte Website im Look and Feel einer Native App. Gerade bei Verlagen stößt diese Form im Moment auf großes Interesse. Schließlich kann eine solche Site ohne den beschwerlichen Prozess und die Einschränkungen des iTunes Store publiziert werden. Allerdings sind solche Seiten oft nicht optimal für den Desktopanwender konzipiert. Sie haben noch ein Performanceproblem und sind nur eingeschränkt offline nutzbar.

Wir erstellen eine Site für alles. Durch Responsive Webdesign können Websites für eine breite Range – Auflösungen und Viewports vom Desktop abwärts bis zum Mobile – Inhalte optimiert darstellen. Der Aufwand, für die stark wachsende Anzahl an Bildschirmgrößen von Tablets und Smartphones zu entwickeln, ist nur durch ein Umdenken im Webdesign zu bewältigen. Es erfordert allerdings beim Kunden wie beim Designer Flexibilität bei der Erstellung des Gestaltungskonzepts. Durch Responsive Design werden Bilder automatisch mit dem Seitenlayout skaliert oder beschnitten. Das bedeutet, dass ein Webseitenlayout automatisch auf unterschiedliche Bildschirmgrößen reagiert und sich entsprechend dem Bildschirmformat anpasst – ganz gleich von welchem Hersteller, OS oder Browser. Für Desktops bis Tablets funktioniert das wunderbar. Vorhandene Onlineangebote lassen sich mit überschaubarem Aufwand Tablet-optimieren (nachrüsten). Bei Mobile sollten Sie sich noch einmal die obige Regel verinnerlichen. Nach unserer Meinung ist es zwar grundsätzlich ein Vorteil, automatisch eine Mobile-optimierte Landingpage mit abzudecken. Bei genauerer Prüfung der Ziele und der Usage Cases ist eine eigens konzipierte Mobile Page in der Regel zu empfehlen. Und wir müssen uns mit der Usability unserer Website(s) auseinandersetzen.

Fazit

Welche Strategie am besten für Ihr Vorhaben geeignet ist, sollte durch Ihre Ziele definiert werden. Wollen Sie Ihre Anwender stärker binden, neue erreichen oder einen Imagetransfer erwirken? Wenn Sie Antworten auf diese Fragen parat haben, können wir an die Kommunikation herangehen. Den Transfer Ihrer Inhalte in eine Nutzungsform, die Ihre Anwender begeistert: Mit UX Design.

1.7 Transmedial, Tablet Usage in der Multiscreen Experience

„Transmedial" beschreibt eine Information, die durch Einbindung in verschiedenen Medienkanälen verbreitet wird. Zum Beispiel die Bewerbung Ihres Angebots durch eine synchron geschaltete Aktion in den Kanälen TV, Web, Social Media, Radio und Print. In einem Film (Werbefilm) werden User animiert, eine Aktion online mit dem Tablet bei Facebook zu aktivieren. Das Ergebnis der Aktion wird im Print und Radio präsentiert und animiert zu weiteren Aktionen auf der Website. Zurzeit ist transmediale Kommunikation am deutlichsten im TV vertreten. Moderne Conspiracy-Serien, wie die von der Kölner Agentur Gesamtkunstwerk.tv entwickelte transmediale SWR-Serie „Alpha 0.7" binden die Zuschauer durch vermeintliche Liveteilnahme über Blogs, Foren oder Social-Media-Kanäle ein. Die User werden animiert, die ermittelnden Akteure der Serie durch ihre Recherche im Web zu unterstützen. So können sie vermeintlich direkt mit den Rollen im Film kommunizieren. Durch eine genaue Steuerung der Aktion haben die User den Eindruck, dass ihre Teilnahme den Verlauf der Geschichte im Film beeinflusst. Um eine solche neue, aufregende Erfahrung zu gestalten, sollten Sie die transmediale Verwendung Ihres Contents (Nachricht, Werbebotschaft) durchdenken. Ein anderes Beispiel ist IKEA. Die Schweden möbelten ihren IKEA-Katalog 2013 mit Augmented-Reality-Features auf. Über eine Gratis-App können Möbelfans – via Smartphone oder Tablet – Videos und Fotogalerien zu ausgewählten, extra gekennzeichneten Möbelstücken aufrufen. Besonderes Highlight ist ein „X-Ray"-Tool, das den Katalogbetrachtern einen Röntgenblick ins Innere der Möbel ermöglichen soll. Als UX-Designer kennen Sie Ihre Screens und können den transmedialen Gedanken auf Ihr „Multiscreen Experience"-Konzept übertragen.

Multiscreen is about developing a single application for multiple interfaces – one for each screen type: smartphone, tablet, desktop, and television. (Radley Marx, UX Design Consultant bei Adobe Systems)

Ihr Onlineangebot sollte also plattform- und geräteübergreifend sein, denn das wird in Zukunft relevant sein. Grund: Die meisten Anwender werden in unterschiedlichen Situationen diverse digitale Endgeräte verwenden. Die Gerätelandschaft wird immer dynamischer und fragmentierter. Mittelfristig werden vier bestimmte Endgeräte im Fokus stehen: Smartphones, Tablet-PCs, Laptops oder Desktop-PCs und Smart-TV (internetfähige TV-Geräte):

Wer die Konsumenten über sämtliche Endgeräte anspricht, garantiert, dass sich die Wirkungsdimension der Werbung optimal entfaltet und einen Mehrwert schaffen kann.[2]

Es gibt viele Möglichkeiten für die unterschiedlichen Endgeräte und ihre Screens, Onlineangebote und User Interfaces miteinander zu kombinieren. Hier zeige ich Ihnen sechs Pattern, die auf der Einteilung und Definition von Precious Design Studio aus Hamburg und der Website *www.multiscreen-experience.com* von Valentin Fischer und Wolfram Nagel basieren.

Quellen

[1]   *www.multiscreen-experience.com/*

[2]   *precious-forever.com/2011/05/26/patterns-for-multiscreen-strategies/*

[3]   *www.alpha07.de*

[4]   *www.gesamtkunstwerk.tv*

[5]   *mashable.com/2012/07/19/ikea-augmented-reality-catalog/*

[6]   Video zum Ikea-Katalog 2013: *youtu.be/QQ8HNXtl7jQ*

---

2   Quelle: Kartografie von Bewegtbild, Studie IP Deutschland, 2011

entwickler.press

1.8 Die sechs wahrscheinlichsten Multiscreen-Pattern

Coherence

Der Content wird Device- und bildschirmübergreifend im logischen Zusammenhang dargestellt und genutzt. Für die speziellen Geräteeigenschaften sowie die Umgebung der Benutzung sind die einzelnen Features optimiert.

Beispiel: ZDF liefert seinen On-Demand-Service, die ZDF-Mediathek, geräteübergreifend und gerätespezifisch für TV, Tablet, Smartphone und Desktop/Laptop zurzeit als Flash-Website und Apps für iPhone, iPad und Android.

Abbildung 1.15: Coherence

Synchronisation

Der Content wird geräteübergreifend synchron gehalten.

Beispiele: Sie lesen ein eBook und unterbrechen an einer beliebigen Stelle. Sie wechseln das Gerät, um auf einem anderen Gerät an exakt der gleichen Stelle weiterzulesen. Die Anwendung hat sich die Leseposition gemerkt. Oder Sie editieren Ihr Adressbuch auf dem Tablet, tragen einen Termin im Kalender auf Ihrem Mobile ein und müssen sich über die Übertragung auf die jeweiligen Endgeräte dank Cloud Service keine Gedanken machen.

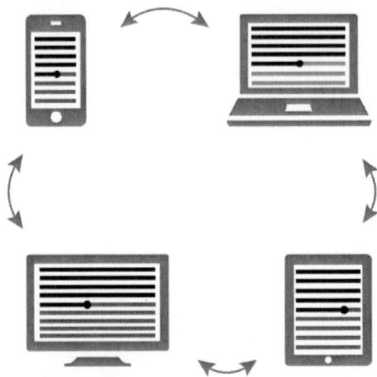

Abbildung 1.16: Synchronisation

Screen Sharing

Die Darstellung des Contents oder des Bildschirminhalts verteilt sich auf mehrere Screens und wird dadurch auf diese ausgelagert oder erweitert.

Beispiel: Mit der Software Air Display können Sie Ihr Tablet als zweiten Bildschirm nutzen. Sehr hilfreich zum Testen von Content im Endformat auf dem Tablet oder, um Bedienelemente (Paletten) von z. B. Photoshop auf den zweiten Screen zu legen.

Abbildung 1.17: Screen Sharing

Device Shifting

Die Darstellung von Content wird durch den User von einem auf ein anderes Gerät übertragen.

Beispiel: Mit Apple Air Play kann man den gesamten Desktop, Videos und Präsentationen über ein lokales WiFi mit seinem TV (mit Apple TV), iPad oder iPhone synchronisieren.

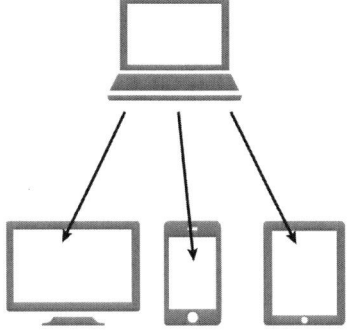

Abbildung 1.18: Device Shifting

Complementarity

Unterschiedliche Endgeräte steuern sich gegenseitig oder beeinflussen den Content. Beispiel: Sie können mit einer App auf Ihrem Mobile oder Tablet Ihren TV steuern, Content wählen oder im Netz surfen.

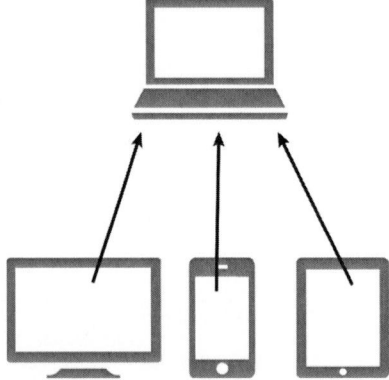

Abbildung 1.19: Complementarity

Simultaneity

Diverse Endgeräte oder Content-Angebote werden parallel genutzt. Der Content ergänzt sich gegenseitig. Beispiel: Während Sie eine Sportsendung oder eine Serie sehen, bekommen Sie gleichzeitig zusätzliche Informationen auf Ihr Tablet geliefert. Sie haben die Möglichkeit, über Spielverlauf mit anderen Usern zu diskutieren. Je nach Sendung können Sie am Verlauf teilnehmen, indem Sie die Handlung z. B. durch eine Liveabstimmung beeinflussen.

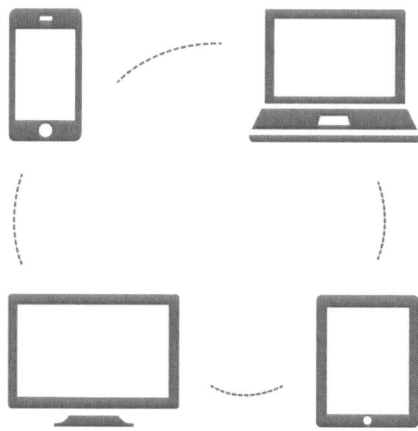

Abbildung 1.20: Simultaneity

5 Tipps für eine transmediale Multiscreen Experience

1. Die Multiscreen-Anwendung Ihres Onlineangebots ist kein Trend oder cooles Feature, es ist der Status Quo für eine erfolgreiche UX. Ihre Kunden lassen sich mit Beispielen leicht aufklären und überzeugen.

2. Alle Endgeräte (Screens) und deren Kombinationsmöglichkeit für Ihr Onlineangebot sind in der Projekt-DNA zu identifizieren.

3. Bereits in der Konzeptphase sollten Sie die Kollaborationsmöglichkeiten von Design, Funktion und Content prüfen und in Ihre Projekt-DNA einfließen lassen.

4. Kennen Sie Ihre User! Welche Geräte nutzen sie wann und in welchem Kontext? Wie sieht ein typischer Tag im Leben Ihrer User-Persona aus? Identifizieren Sie die Touchpoints. (Kapitel 2)

5. Multiscreen heißt überall und jederzeit!

1.9 Geräteübergreifend wörtlich nehmen. Connected Products

Das Tablet als Erweiterung für (normale) Non-Digitale Produkte

Denken Sie weiter! Wie lässt sich Ihr Tablet mit non-digitalen Produkten zu einem „Connected Product" verknüpfen und dadurch ein einzigartiger Mehrwert für Ihre Kunden kreieren?

Denken Sie das bitte einmal mit mir gemeinsam durch:

Wir brauchen dazu Daten. Jedes Produkt hat an sich das Potenzial, Daten zu generieren. Nur wird diese Möglichkeit in der Regel nicht genutzt. Lassen wir unsere Gedanken einmal damit spielen, nutzen wir unsere Kreativität. Wie lässt sich das sinnvoll nutzen? Malen Sie sich bitte die Antworten auf nachfolgende Fragen aus. Meine Antworten mit Beispielen finden sie am Ende des Kapitels.

a) Welchen Mehrwert kann ich davon haben, dass mein Tablet mit meiner Heizung verbunden ist?

b) Welchen Mehrwert kann ich davon haben, dass mein Tablet mit meinem Auto verbunden ist?

Grundsätzlich gilt für Connected Products, dass ein Mehrwert für den Nutzer entsteht. So ist zum Beispiel das Nike-Fuelband nicht nur modisch, sondern gleichzeitig Motivator, Fitnessmesser und Trainingsgerät. „Dieser Zusatznutzen muss zum Kern der Marke passen und eine Relevanz für den Konsumenten haben", ergänzt Olaf Markhoff, Leiter Unternehmenskommunikation bei Nike. Das steigert die Loyalität zur Marke, das Engagement, und macht ein Produkt interessanter, erstrebenswerter. Ein hohes Maß an Engagement bewegt Kunden dahin, mehr Geld für weitere Produkte auszugeben. Aus kaufmännischer Sicht sollte es einem Unternehmen nicht einzig darum gehen, ein Connected Product anzubieten, sondern auch weitere Kaufanreize zu schaffen. Hierbei sind den Allianzen keine Grenzen gesetzt. So könnten doch Apple und Nike mit Nike+ zusätzliches Geld verdienen. Sie könnten Usern, die ein bestimmtes Durchschnittstempo laufen, einen individuellen Lauf-Musik-Mix anbieten, passend zur Lauftaktrate. Auch ist der Gamefication-Aspekt nicht zu unterschätzen: „Die Marke funktioniert als Impulsgeber und setzt immer wieder neue Reize im Dialog und in der Aktivierung der Community", so Markhoff. Nike hatte 2009 beispielsweise den virtuellen Geschlechterkampf „Men vs. Women" ausgerufen und damit 125 000 Läuferinnen und Läufer zum Mitmachen motiviert. Die Community liefert so den Ansporn, seine Kräfte zu messen. Natürlich unter Nutzung des Connected Product (Quelle: HORIZONT 7/2012, 16. Februar 2012, Seite 25, Connected Products von Jessica Mulch).

Antwort a): Eine mitdenkende Heizung. Sie registriert meine Gewohnheiten und stellt sich automatisch auf meinen durchschnittlichen Lebensrhythmus ein. Von meinem Tablet aus kann ich sie steuern und intuitiv anweisen. Die deutsche Firma eQ-3 (*www.homematic.com*) hat ein Programm geschrieben, das Fenster, Heizkörper, Lichtschalter und Dutzende weitere Dinge im Haushalt per Fingerzeig kontrolliert. Das US-Start-up Control 4 (*www.control4.com*) bietet ein Heimmanagementsystem, das beim Filmegucken automatisch das Licht dimmt und PC und Fernseher sperrt, solange die Kinder Hausaufgaben machen – auch dieses Programm lässt sich über iPhone und iPad steuern. Der Mehrwert ist eine intelligente Einsparung von Energie und mehr Kontrolle als herkömmlich.

Antwort b): Wenn das Auto mitdenkt. Zum Beispiel mit Eco-Drive können Fiat-Piloten ihren Fahrstil am Computer analysieren. Der Hersteller spricht von großen Sparpotenzialen. Dieses Auto vergisst nie. Mal wieder zuviel Gas gegeben? Die Schaltempfehlung nicht beachtet? Zu stark gebremst? Der Fiat 500 merkt sich alles und speichert es auf einem USB-Stick ab. Zuhause lädt man die Daten auf den Computer und bekommt sogleich die Analyse seiner Fahrerei präsentiert. Wäre es nicht toll, wenn diese via Bluetooth mit Ihrem Tablet gehen würde? Zurzeit funktioniert sie leider nur mit TomTom-Navigationsgeräten. Auch hier ist der Mehrwert das Einsparungspotenzial von Benzin und ein starker Gamification-Aspekt. Besonders im Automobilbereich ist noch viel Potenzial. Wie wäre es zum Beispiel, wenn Sie Ihr Tablet in die Mittelkonsole einstecken und Ihr Car-Media-Center via Touch bedienen könnten?

Abbildung 1.21: Auswertung des Fahrstils in der Eco:Drive-Software, leider bisher nur auf Desktopsystemen (Quelle: www.fiat.de/ecodrive/)

1.10 Planung ist alles: Mock-ups/ Sketching, Wireframes, Prototyping

Nur die Geräte zu kennen, ist nicht genug. Als Designer gestalten wir das Interface für Produkte und Serviceangebote. Wir müssen also über die Systeme, die Prozesse und ihre Verknüpfungen nachdenken. Neben der Struktur ist es für uns wichtig, „das Gefühl" zu bekommen, ob die Anordnungen von Informationen gut funktionieren. Bei der Erarbeitung der Screendesigns für Ihr Projekt stehen Ihnen sehr unterschiedliche Vorgehensweisen zur Verfügung. Wir empfehlen, sich bei der Wahl der Werkzeuge nicht zu früh festzulegen und projektbezogen mit den zur Wahl stehenden Tools zu spielen. Bevor wir aber mit dem Interface beginnen, ist es notwendig, dass Sie die Informationsarchitektur mithilfe von Sitemaps und Task Flows erstellen.

Sitemaps und Task Flows

Strukturieren Sie Ihr Projekt von Anfang bis Ende – und wieder zurück.

Sitemaps helfen Ihnen, die Struktur Ihrer Website oder Anwendung zu identifizieren. Sie können Hierarchien und Verbindungen aufzeigen, die es Ihrem Empfänger erlauben, ein Verständnis dafür zu erlangen, wo der Nutzer den Content gerne hätte – wo es sinnvoll ist, wo es Ihren Zielen dient. Task Flows gehen noch einen Schritt weiter, indem sie die verschiedenen Aktionswege, die der Nutzer einschlagen kann, mit berücksichtigt. Task Flows zeichnen ebenso die Verbindung zu Errors, Content oder Page Views und Entscheidungspunkte während des Prozesses auf. Wenn Sie Sitemaps und Task Flows zusammen erstellen, können Sie damit allen Projektbeteiligten ein klares Bild der Informationsstruktur geben und aufzeigen, wie die User durch diese hindurch navigieren.

Was ist eine Sitemap?

Im Grunde ist eine Sitemap einfach nur ein visueller Weg, repräsentative Seiten und Inhalte einer Website aufzuzeigen. Eine einfache Sitemap passt normalerweise auf ein Blatt Papier und ähnelt eigentlich einem Arbeitgeber-Organigramm. Sitemaps sind allerdings nicht nur für Websites. Sie können sie für jede Art von Anwendung benutzen.

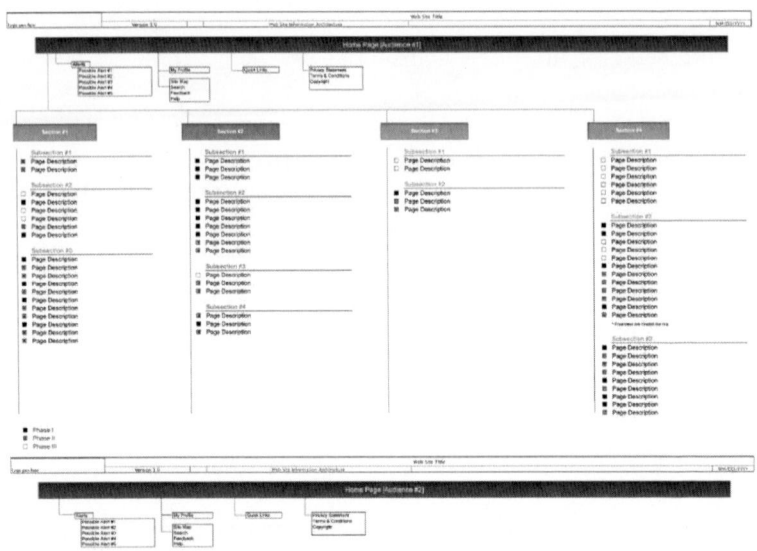

Abbildung 1.22: Beispiel einer typischen Sitemap: Kostenfreie Excel-Vorlage von Jon Stuckey and Marcia Stanton unter iainstitute.org/tools/

Der Task-Analyse-Plan

Überblick verschaffen mit Plan. Analysieren Sie alle anfallenden Tasks. Mit einem visuellen Plan haben Sie ein kraftvolles Instrument zur Verfügung, mit dem Sie allen Beteiligten übersichtlich aufzeigen können, welche Tasks wann, wie und mit welcher Priorität abgearbeitet werden sollten. Todd Warfel stellt unter *iainstitute.org/tools/download/task-analysis-grid.pdf* ein Task Analysis Plan Template kostenfrei zur Verfügung.

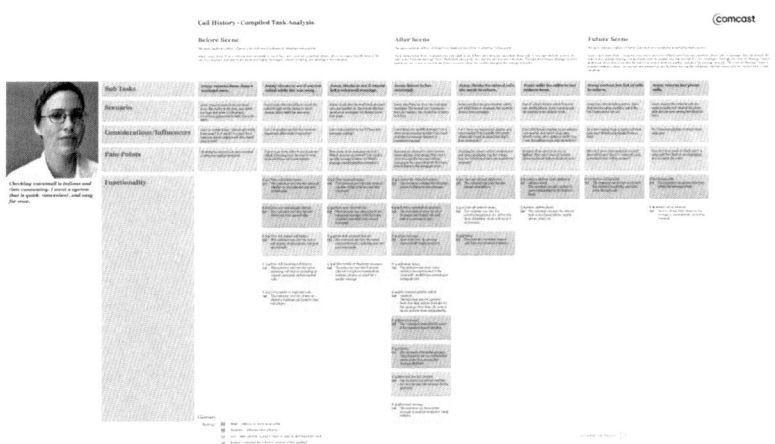

Abbildung 1.23: Überblick über alle relevanten Tasks mit dem Task Analysis Plan von Todd Warfel

Was ist ein Task Flow?

Task Flows erkennen Pfade oder Prozesse, die User (oder manchmal auch Systeme) nutzen, wenn sie sich durch Ihre Website oder Anwendung bewegen. Dabei sehen Task Flows und Sitemaps auf den ersten Blick ähnlich aus. Die beiden Arten von Diagrammen dienen jedoch verschiedenen Zwecken: Eine Sitemap erklärt Ihnen die visuelle Hierarchie eines Seiten- oder Anwendungslayouts. Ein Task Flow liefert Details über die Optionen, die ein User hat.

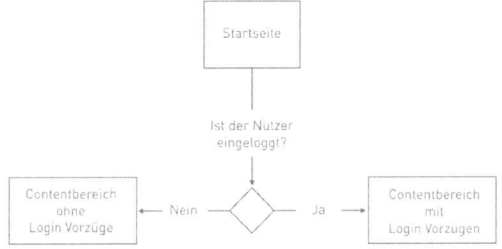

Abbildung 1.24: Einfache Darstellung eines Task Flows

Rechts oder links entlang? Decision Points

Ein Decision Point (Entscheidungspunkt) wird benutzt, um den möglichen Weg aufzuzeigen, den ein User nehmen könnte (Abb. 1.25)

Der Decision Point könnte sein: Sind die User-Log-in-Daten korrekt? Die Antwort auf die Frage würde klarstellen, welche Seite (oder welcher Content) angezeigt wird. Ein fehlgeschlagener Log-in könnte eine Fehlermeldung zur Folge haben, während eine erfolgreiche Interaktion den User zur Willkommensseite bringt. Nehmen Sie sich die Zeit, um angemessene Beschriftungen und Beschreibungen für diese Decision Points zu finden. Das spart Ihnen später viel Arbeit, gerade bei der Herstellung von Interaktivität, die Sie mit Kollegen oder Kunden erarbeiten.

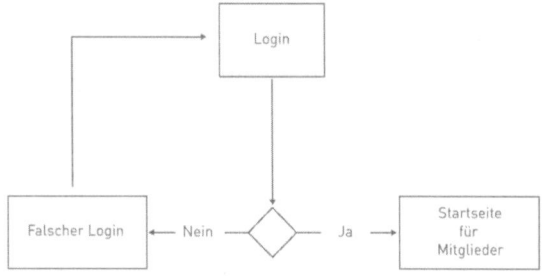

Abbildung 1.25: Einfache Darstellung eines Decision Points

Erweiterte Sitemaps

Eine einfache Sitemap passt normalerweise auf ein einzelnes Blatt, und meistens sieht sie aus wie ein Arbeitgeber-Organigramm. Weiter ausgeführte Sitemaps können sich dagegen über mehrere Seiten erstrecken und viele ausführliche Informationen beinhalten. Projektabhängig kann eine erweiterte Sitemap als Kaskade für den gesamten Content der Site dienen. Damit lassen sich wiederholende Textpassagen gut identifizieren. Das ist ja wiederum relevant für eine suchmaschinenoptimierte Website, oder es garantiert Ihnen einfach einen Überblick darüber, welche Inhalte über CMS objektorientiert verwendet werden sollten (Listen,

Adressen etc.). Verbinden Sie jede aufgeführte Seite mit der dazugehörigen und sich daraus ergebenden Task Flow. Gerade bei Touch- und Tablet-Projekten ist es sehr zu empfehlen, die Inhalte kontext- und elementabhängig darzustellen. Sie tappen auf ein Element und es werden dazu die entsprechenden Informationen dargestellt. Diese Prozesse und Interaktionen sollten Sie mithilfe der Task Flows darstellen können.

Die Welt des Prototypings

Sie haben nun den Überblick über alle benötigten, erwünschten und beabsichtigten Informationen, Funktionen und Interaktionen. Sitemaps und Task Flows sind Ihr Fahrplan für die Umsetzung. Im nächsten Schritt ordnen wir diese Informationen, Features und Interaktionen als Layout an. Losgelöst von einem finalen User Interface, einem Corporate Design oder den kreativen Ergüssen des vermeintlichen Künstlers in Ihnen (der sich nicht ausreichend berücksichtigt fühlt und am liebsten schon mit dem Design beginnen möchte).

„Für Interaction Design kommt es darauf an, welche Situation gerade vorliegt. Häufig reichen ein paar einzelne handgefertigte Scribbles und Wireframes. Dafür verwenden wir verschiedene Tools, ich zum Beispiel meist OmniGraffle. Visual Designs ganzer Screens verwenden wir eher zur Orientierung, weniger als dogmatische Vorgaben – denn gerade in Hinblick auf plattformspezifische Eigenschaften ist eine Anpassung häufig sinnvoll, etwa im Vergleich zwischen mobiler Website und Android- sowie iOS-App."

Daniel Guse, Interaction Designer Mobile bei XING AG

Papier-Prototyping

KISS. Keep it Short and Simple. Für die ersten Ideen reichen meist ein paar Post-its auf dem Tablet (Abbildungen 1.26 bis 1.28). Auch um ein Gefühl für die Abstände und Anordnung der wichtigsten Navigationselemente zu bekommen, sind Papier-Scribbles (Sketches) sehr gut geeignet. Sie sind sehr schnell und einfach anzufertigen und auch wieder wegzuwerfen. Man sieht ihnen an, dass sie nicht fertig sind, Mock-ups und Wireframes werden leider oft als fertiges Screendesign fehlinterpretiert. Feedback geben ist leichter. Wir können gut mit Papier denken, uns vorstellen, wie die Site aussehen könnte. An einer Skizze ist es sehr einfach, eine Notiz und Anmerkungen hinzuzufügen. Sie sollten sich zum Beispiel die Frage stellen, ob diese noch mit dem Daumen erreichbar sind. Ich empfehle, von Anbeginn im Endformat zu arbeiten. Nutzen Sie Mock-up-Blöcke, Lineale und Schablonen, um möglichst nah an die Endmasse zu kommen. Letztendlich: Ein Bild sagt mehr als 1 000 Worte.

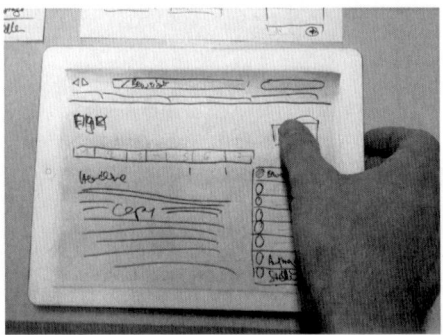

Abbildung 1.26: Anwendung von Post-its direkt auf dem Tablet

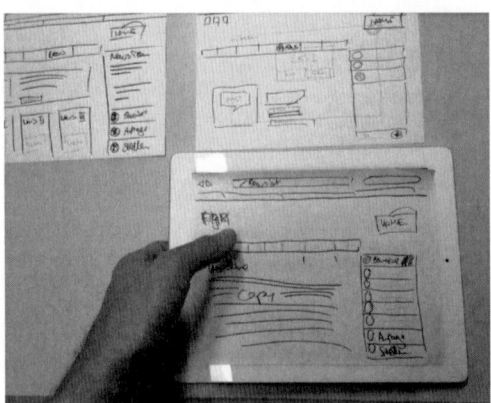

Abbildung 1.27: Anwendung von Post-its direkt auf dem Tablet

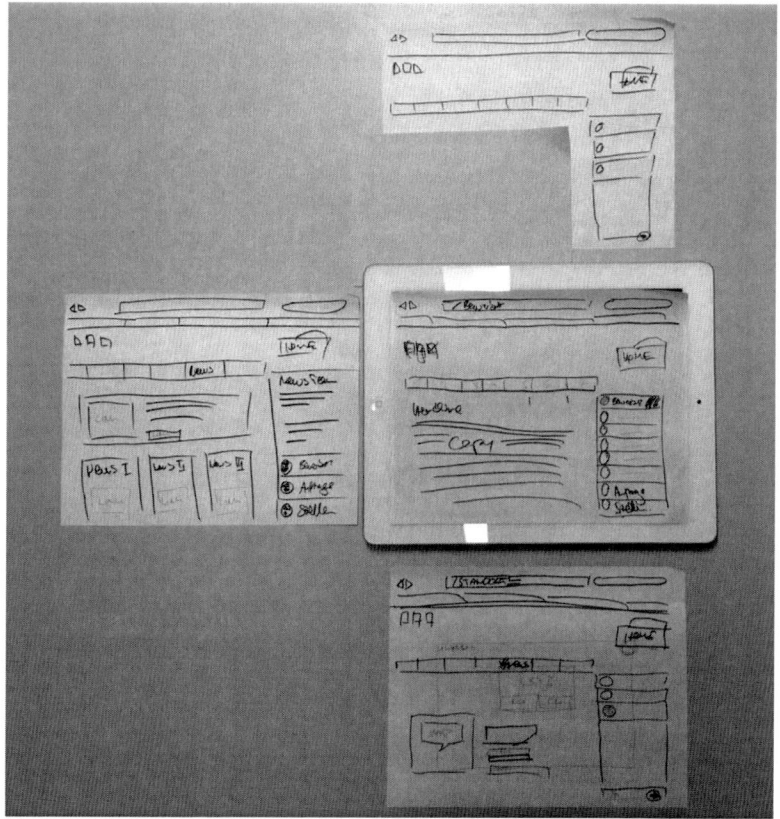

Abbildung 1.28: Anwendung von Post-its direkt auf dem Tablet

Keynote/PowerPoint Prototyping

Für alle, die das digitale Arbeiten bevorzugen, gibt es auch für Präsentationssoftware wie Keynote und PowerPoint umfangreiche Templates für alle Systeme. Sie ermöglichen es, Designprototypen per Copy-and-Paste in Minuten zusammenzubauen. Einfach die benötigten UI-Komponenten aus den Vorlagen zusammenkopieren und verlinken, fertig ist der Klick-Dummy.

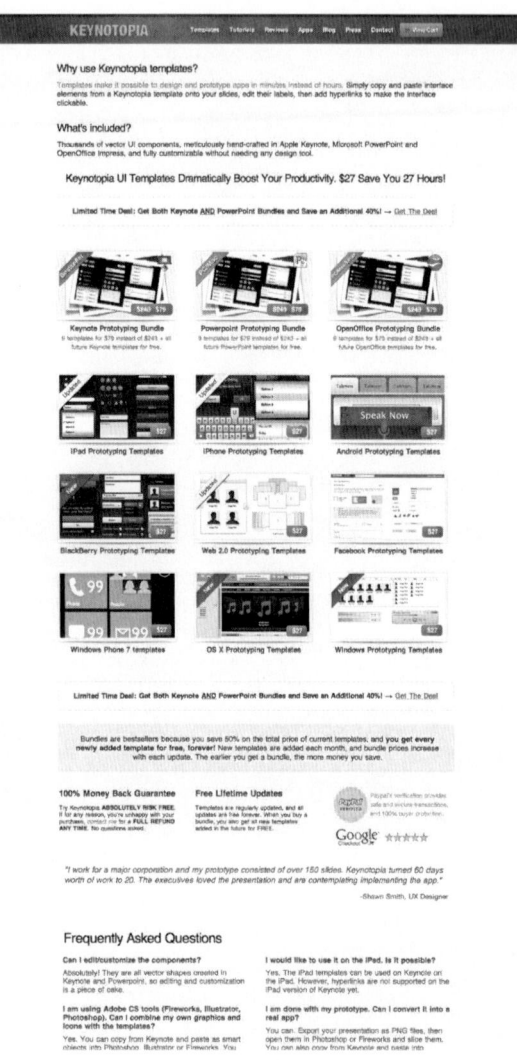

Abbildung 1.29: Große Auswahl an Templates bei Keynotopia.com[3]

---

3 Verfügbar unter *keynotopia.com/themes*, letzter Zugriff: 01.05.2013

On-Device Prototyping

Die Wireframe-Tablet-Apps, wie iMockups auf dem iPad, sind für echte Touch-Liebhaber eine wahre Freude in der Nutzung und versprechen neben einer schnellen, intuitiven Bedienung die Möglichkeiten, die Dateien mit Kollegen sorgenfrei auszutauschen. Auch hier können Sie Demos mit Verlinkungen erzeugen. Ein großer Vorteil ist, dass Sie so Ihr Prototyping gleich mit Rapid Testing vereinen. Rapid Testing bedeutet, einen Prototyp zu erzeugen, in dem Sie durch die Struktur navigieren oder den Ablauf einer Interaktion simulieren und somit testen können. Idealerweise wird dies direkt mit den auch später verwendeten Entwicklungstechnologien, wie HTML5, auf die Schnelle umgesetzt, sodass Sie nach Freigabe teilweise den Code weiterverwenden können.

Abbildung 1.30: iMockups für iPad (www.endloop.ca/imockups/)

Software-Prototyping

Für Ihre Workstation gibt es eine große Auswahl an Programmen mit teilweise kostenfreien Stencil- und Template-Sets. Ob sie Axure, die Eclipse-Plug-in-Erweiterung WireframeSketcher Studio oder Balsamiq Studio nutzen, bleibt auch hier Geschmacksache. Der Funktionsumfang unterscheidet sich erheblich. Allen gemein ist die Möglichkeit, die Wireframes und Mock-ups interaktiv, mit Verlinkungen, aufzubauen und an den Entwürfen im Team arbeiten zu können. In der Usability ist die Balsamiq Mockups Software hervorzuheben. Das kalifornische Entwicklerteam verfolgt konsequent die UX-Design-Philosophie bei ihrem Produkt. Sie vereinfacht diese bei stetig wachsender Anzahl an Funktionen und Nutzererlebnis. Das wird durch eine große, teilweise euphorische Community belegt. Hut ab!

Abbildung 1.31: Eclipse Plug-in Wireframesketcher mit Android Tablet und Touch-Vorlage

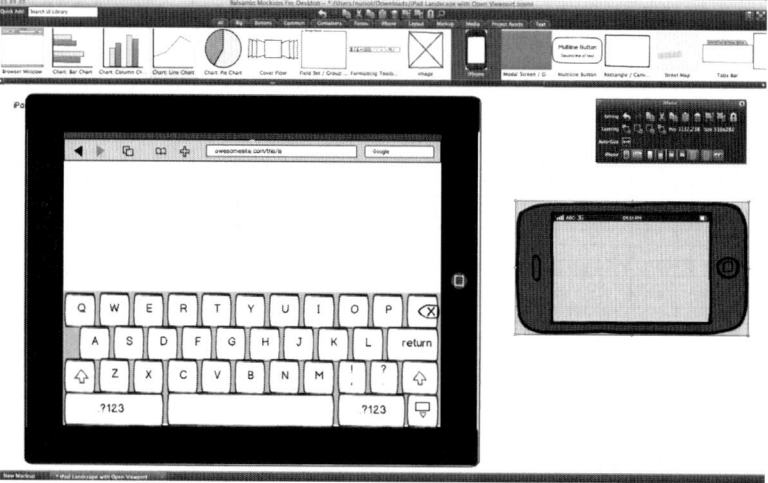

Abbildung 1.32: Balsamiq Mockups Desktop mit iPad-Landscape-Viewport-Vorlage

	Level der Komple-xität/Erstellungs-schwierigkeiten	Level der Interakti-vität	Program-mierungs-grad
Paper	wenig	wenig	keine
OnDevice	mittel	mittel	wenig
Keynote Prototyp	mittel	mittel	keine
Software	hoch	hoch	hoch

Tabelle 1.1: Pro und Contra von Prototyping-Tools

Die fünf Bekanntesten

- *www.axure.com*

- *office.microsoft.com/visio*

- *www.omnigroup.com/products/omnigraffle/*

- *wireframesketcher.com*

- *www.balsamiq.com/products/mockups*

Wer nutzt Wireframes?

Mit ihren klaren, prägnanten Anmerkungen sind Wireframes nicht nur sehr schön, sondern meiner Meinung nach eines der wichtigsten Werkzeuge. Denn was hier schon nicht zu Ende gedacht ist und nicht gut funktioniert, wird im fertigen Release eben auch nicht klappen. Und damit ist ein richtig genutztes Wireframe ein effizientes Mittel, um unnötiger Arbeit und Geldverbrennung entgegenzuwirken. Aber wer gehört zum wirklichen Publikum für dieses Konzept und die Ideenergüsse? Leider gibt es keine einfache Antwort darauf. Von Projekt zu Projekt kann Ihr Publikum variieren, von einer einzelnen Person bis hin zu mehreren Gruppen. Die folgende Tabelle fasst die möglichen Zielgruppen für Ihre Wireframes zusammen.

Wireframes sind für:	
Beschreibung	**Ziel**
Projektmanagement	Projektmanager können Wireframes als Diskussionspunkte im Team nutzen, um sowohl Strategie- und Technologiebedürfnisse als auch ein hohes Niveau an User Experience zu markieren
Geschäftsanalytiker	Die Geschäftsanalytiker können Wireframes verwenden, um sicherzustellen, dass ihre Anforderungen erfüllt werden und zu validieren, dass ihnen die Anforderungen, die einbezogen werden müssen, nicht entgangen sind
Designer	Designer können Wireframes als Vorlage für ihre Aufgabe nutzen; sie bieten ihnen eine Übersicht der Seitenelemente und Verhaltensweisen, die einbezogen werden müssen

Content-Ersteller	Texter, Content-Strategen, Redakteure und andere Personen, die für das Copyright verantwortlich sind, sollten Wireframes benutzen, um den Content auf einer Matrix anzuzeigen und um die Schwachpunkte während des Projekts zu identifizieren
Search-Engine-Optimization-(SEO-) Spezialisten	SEO-Spezialisten können Wireframes benutzen, um dazu beizutragen, dass die geeignete Namensgebung, Duplicate Content, Schwachpunkte und Verbesserungen bei der gesamten SEO-Strategie identifiziert werden (für weitere Informationen über SEO, siehe Kapitel 5)
Entwickler	Entwickler verwenden oft Wireframes in Verbindung mit (und manchmal statt) Geschäftsanforderungen, um die erwarteten Funktionen und Verhaltensweisen des Designs zu verstehen; in einigen Fällen können die Wireframes als Basis für die Wirksamkeit dieses Konzepts verwendet werden
Qualitätssicherung	Ein QA-Team kann Wireframes als Grundlage für seine Authoring-Test-Skripte verwenden; sobald Sie Wireframes haben, die durch den Auftraggeber freigegeben worden sind, sollte die Abweichungen minimal sein – wenn der Auftraggeber sich nun umentscheidet, haben Sie eine sauber Grundlage für zu berechnende Autorenkorrekturen (Change Requests)
Nutzer (Tests)	Benutzer können Wireframes in sehr frühen Stadien manchmal in Form von Papierprototypen als einen Mechanismus sehen, um Design und Funktion zu testen
Kunden	Die Kunden sind zunehmend an der Korrektur von Wireframes beteiligt, um zu validieren, ob die Businessanforderungen und die Ziele noch objektiv erfüllt sind, und diese freizugeben

Tabelle 1.2: Wireframes-Tabelle

1.11 Simplify or die

Leonardo da Vinci und Zen haben etwas gemeinsam, denn beide stehen für die von da Vinci geprägte Aussage: „Einfachheit ist die größte Form der Vollendung". Apple Inc. schrieb sich diesen Satz auf sein Gründungspapier. Ob dieser Satz wirklich von da Vinci stammt, ist nicht belegbar. Die hohe Kunst des Weglassens, das Nichts hat sich dagegen in der chinesischen und japanischen Gestaltung und Architektur vor vielen hundert Jahren mit Zen entwickelt und Einzug in die Kultur gehalten. Eines der großen Ziele im Zen ist, alles was vom Wesentlichen ablenkt, zu eliminieren. Zen – das ist die totale Einfachheit, die absolute Vollkommenheit, die sich offenbart, wenn sich nichts mehr wegnehmen lässt. Das, was übrig bleibt oder, wie Bodhidharma sagte, „Offene Weite, nichts von heilig" [1]. Wasser fließt einfacher in einem Fluss ohne Felsen. So wie unser Geist weniger Aufmerksamkeit, weniger Kraft benötigt, sich auf einer einfachen, übersichtlichen und reduzierten Site zurechtzufinden.

Was bedeutet es, Einfachheit herzustellen?

Jeder Designer sagt, dass Einfachheit wichtig ist, aber was bedeutet es wirklich, etwas „zu vereinfachen"? Die meiste Zeit denken wir, dass Einfachheit oder eine einfach zu benutzende Site entsteht, indem wir einfach Dinge entfernen. Wir denken, dass, wenn wir den Content hinter den Kanten lassen, würde das den Personen helfen, sich zu fokussieren. Indem wir Anführungszeichen anstatt Absätze nutzen, würden es mehr Personen lesen. Wenn wir den Text um die Hälfte kürzen, wird alles verständlicher. Aber einfach bedeutet nicht gleich weniger. Eine bessere Definition wäre „nur genug". Das beste mir bekannte Beispiel ist Google mit seinem „No Friction"-Leitbild – das Reduzieren auf das absolut Wesentliche. Doch „einfach" ist das nicht. Als Informationsarchitekt spricht man daher auch gerne von Simplexität. Denn es sind durchaus komplexe Prozesse im Hintergrund zu berücksichtigen, nur dem User sollten diese erspart bleiben. Schnell entwerfen Sie ein Interface, das auf den ersten

Blick einfach ist und doch vom User viel erfordert, um sich durch die angebotenen Informationen zu navigieren. Er sollte das Produkt nutzen können, ohne zu denken. Puh, eine schwere Aufgabe. Schon Antoine de Saint-Exupéry bemerkte treffend: „Vollkommenheit entsteht nicht dann, wenn man nichts mehr hinzufügen kann, sondern wenn man nichts mehr wegnehmen kann."

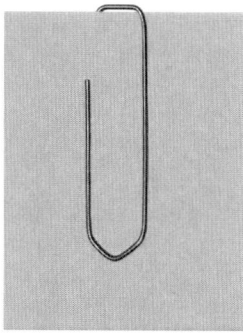

Abbildung 1.33: Eine der einfachsten und genialsten Erfindungen zugleich: die Büroklammer

In manchen Fällen braucht Design ein wenig mehr, um einfach zu werden. Also ist eine bessere Definition von „einfach" nur: „genug Umfang" und die Verfolgung unseres Ziels. Anstatt Content zu verstecken oder wegzuwerfen, sind hier einige Punkte, wie man sinnvolle Einfachheit im Design erreichen kann.

- EINE Idee haben. Nicht verschiedene oder nicht zu Ende gedachte Ideen.

- Die Klarheit, dass man über die Nutzungsdauer hinweg etwas verbessern kann. Nicht mit verspielten Details übertreiben.

- Unnötig komplexe Prozesse vermeiden. Bleiben Sie Ihrem definierten UX-Prozess treu und vereinfachen Sie Prozesse und Funktionen stetig (Kaizen).

Eine Kernidee, eine Vision haben

Aufmerksamkeit und Interesse sind die ersten Dinge, die man entwickeln sollte, wenn man jemanden mit einbeziehen möchte, damit er in Aktion tritt. Die beste Art, Aufmerksamkeit zu erlangen und Interesse zu entwickeln, ist es, die Kernidee zu präsentieren. Die Idee muss zu diesem Zeitpunkt komplett erwachsen und zu Ende gedacht sein. Das erlaubt es dem User, eine zweite Entscheidung zu treffen: „Bin ich interessiert oder nicht?". Wenn man ein Feature so darstellt, dass es vom Nutzer direkt als gewünschtes Ergebnis aufgenommen werden kann, wird es ihm helfen, es zu priorisieren und den nächsten Schritt selbstbewusst in Angriff zu nehmen. Das Bedürfnis, eine Kernidee zu präsentieren, ist wichtig. Vom großen Bild bis hin zum kleinsten Feature.

Abbildung 1.34: Die LinkedIn-Tablet-App bietet einen sehr einfachen Einstieg in das komplexe Social-Media-Angebot des Netzwerks

Sag, was es ist

Nichts sagt „Nachricht senden" eher als die Worte „Nachricht senden".

Des Treynor [2].

Dies ist ein Beispiel eines kleinen alltäglichen Features, das deutlich zu einem Ergebnis führt. Die Beschriftung auf einem Button könnte ja auch „Los" oder „Jetzt abschicken" oder einfach nur „Senden" lauten. Keine dieser Bezeichnungen macht es so klar wie „Nachricht senden". In zwei

Worten wird dem User die Option gegeben, ob er es nutzen möchte oder nicht. Wenn Sie anfangen, in komplexere Features oder in die Zweideutigkeit zu gehen, wird es exponenziell schwerer. Aber das Ziel sollte weiterhin das Gleiche sein: Den Nutzer mit einer Kernidee zu führen und stetig mehr und mehr seine Erwartungen zu erfüllen. Wenn wir es nicht schaffen, wird sich die Auffassung der Komplexität vergrößern. Die Simplexität wird zunehmen.

Abbildung 1.35: Gibt es bei diesem Handlungsaufruf etwas falsch zu verstehen?

Eine Kernidee ist:

- Zweiwertig. Einfach genug, sodass es nur zwei Wahlmöglichkeiten für den Nutzer gibt: Entweder er gibt sein Einverständnis oder nicht.

- In der sprachlichen Ebene festgelegt. So einfach und offensichtlich wie möglich über das Problem und die Möglichkeiten reden.

- Konstante Wiederholungen. Jedes Interface sollte das geeignete Problem oder die angemessene Möglichkeit so oft wie möglich wiederholen.

- Pünktlich zu einem Ergebnis kommen. Das Ziel jeden Problems sollte stets sichtbar sein.

Einfachheit über die Nutzungsdauer hinweg verbessern

Nachdem Sie die Aufmerksamkeit des Users gewonnen haben, müssen Sie versuchen, ihn dazu zu bekommen, seine Zeit zu investieren und seine mentale Energie in den nächsten Schritt einfließen zu lassen. Selbst wenn die User die Anwendung interessant finden, kann es zu Hindernissen kommen. Sollte der User dadurch eingeschüchtert sein, wird die Annahmerate langsamer werden. Sie müssen dem User zeigen, dass er seine Ziele ohne Frustration erreichen kann.

Abbildung 1.36: Alle wichtigen Informationen befinden sich oben links im goldenen Dreieck, der User muss nicht lange suchen

Headlines: Schreiben Sie zu klein, kommt die Nachricht nicht durch, schreiben Sie zu groß, wird der Block übersprungen

Ähnlich wie eine Unterhaltung, die über die Zeit verfeinert wird, sollten Sie die richtigen Details im richtigen Moment bringen und dem Prozess damit einen Impuls geben. Das Wichtigste immer zuerst, dann nach Priorität abnehmend. So erhöhen Sie die Chancen, einen positiven Prozessabschluss zu erreichen. Das Entfernen von relevanten, aber unangebrachten Details wird die Nutzer weiterbringen und die Chance verringern, verwirrt zu werden.

Denken Sie daran, dass jedes Investieren von Zeit und mentalen Bemühungen ohne aussagekräftige Resultate die Auffassung von Komplexität erhöhen wird!

Verbesserung der Eindeutigkeit:

- Klare Start- und Endpunkte. Seien Sie sicher, dass es offensichtlich ist, welche Dinge in einem Interface wichtig sind.

- Fortschreitende Auskunft. Seien Sie angemessen: Setzen Sie den Fokus auf Dinge, die den Bezug auf die momentane Aufgabe legen.

- Der offensichtliche Weg. Stellen Sie immer einen klaren Übergang zum nächsten Schritt oder Detailgrad bereit.

- Leiten Sie den User durch Ihren Websiteprozess. Lassen Sie ihn wissen, was wirklich wichtig ist und überlassen Sie ihm nur dort die Wahlfreiheit, wo es wirklich wichtig ist.

Erfüllen Sie Erwartungen

Durch unsere bisherigen Erfahrungen beim Surfen durch das Web erschaffen wir Erwartungen an alle neuen Websites. Wir rechnen damit, dass diese erfüllt werden, wie wir das durch unsere Erfahrungen gewohnt sind. Es ist ein Unterschied, ob ein User zum ersten Mal auf Ihrer Site ist oder schon einmal da war. Wenn Sie beide User gleichermaßen erreichen möchten, müssen Sie ihnen den Eindruck geben, dass er jeden Teil der Anwendung meistern kann. Er wird keinen Grund haben, sich über jeden nächsten Schritt ärgern zu müssen. Jedes Feature muss so zugänglich sein, dass es so angenehm wie möglich ist. Es darf sich für den User nicht wie eine Zeitverschwendung anfühlen, sondern wie eine hilfreiche Bereicherung, die ihm das Leben vereinfacht. Egal, ob ein markantes Ladenschild, der Unterschied zwischen einem vollen und einem leeren Bahnsteig oder die Fußspuren in den Feldern, die einem einen Weg vorschlagen, dem man folgen soll. Wir suchen nach signifikanten Zeichen in unserer Welt, die uns führen. Steven Krug schrieb in seinem im Jahr 2000 erschienenen Buch „Don't make me think" [3], dass User stets den Weg des geringsten Widerstands nutzen und ihrem im Gedächtnis haftenden Modell folgen. Dieses Gedächtnismodell ist die innere Abbildung eines gelernten Prozesses. Es ist die subjektive Vorstellung, wie der Prozess abläuft, nicht das Wissen darüber, wie der Prozess tatsächlich ablaufen wird.

Helfen Sie dem Nutzer, Dinge zu sehen, die er vorher schon einmal gesehen hat, und Zusammenhänge herzustellen, die er schon kennt. Es ist nichts falsch an einem komplexen Interface, wenn man ein komplexes Problem hat, aber es ist keine Entschuldigung, jemanden in unbekanntem Land abzusetzen, ohne Anleitung oder Karte. Das ist schlicht unfair.

Erfüllen Sie Erwartungen durch:

- Beständige Routinen. Identifizieren Sie ähnliche Prozesse und benutzen Sie ähnliche Annäherungsmöglichkeiten.

- Bauen Sie Vorlagen. Packen Sie ähnliche Dinge an ähnliche Orte, damit der Nutzer intuitiv handeln kann.

- Brechen Sie hin und wieder die Regeln. Was meinen Sie, wie oft ein Interface wirklich einzigartig ist? Wahrscheinlich nicht so oft, wie Sie denken.

- Kennen Sie die vom Nutzer erwarteten Prozesse. Erfahren Sie mehr über die Realität des Nutzers durch regelmäßige Analytics-Auswertungen und Nutzertests [5].

Wenn weniger mehr ist

Können wir so designen, dass die User direkt wissen, um was es geht? Können wir eine selbstbewusste Entscheidung treffen, was als Nächstes zu tun ist? Um praktisch die Einfachheit zu erreichen, können wir an der Kernidee festhalten, die Übersichtlichkeit über die Zeit hinweg verbessern und die Beständigkeit nutzen, um dem Nutzer zu helfen, Effektivität und Zeitersparnis zu gewinnen. Wenn man angemessene Details zu angebrachter Zeit hinzufügt, kommt der komplette Prozess dem User, der ihn nutzt, sehr einfach vor. Die Einfachheit hat uns überlistet, sodass wir denken, dass es um weniger geht. Aber in Wirklichkeit geht es darum, gerade genug zu haben.

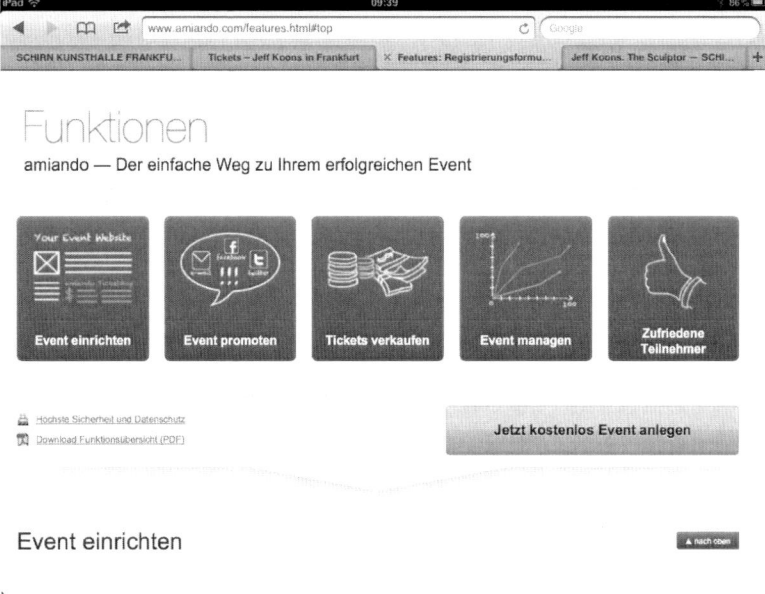

Abbildung 1.37: Reduzierung auf das Wesentliche

Die häufigsten Gestaltungsirrtümer

Meiner Meinung nach sind Websites in der Regel überfrachtet. Auf dem Tablet ist es noch um ein Vielfaches schlimmer. Die Content-Elemente sind ungünstig angelegt und nicht User-zentriert. Die Gestaltungselemente mit Kernaussage sind zwar vorhanden, werden jedoch von anderen Informationselementen verdrängt oder überlagert. Sie erhalten so nicht die nötige Aufmerksamkeit und werden übersehen oder nicht ausreichend wahrgenommen. Websites werden fast immer von Teams gestaltet, in denen natürlich jeder eigene Interessen hat, die er auch umgesetzt sehen möchte. Das kann zu einem Problem werden. Sehr oft führt das zu Websites, die dann zwar den Vorstellungen des Kunden, aber nicht dem Userverhalten entsprechen. Das erlebe ich oft bei beratungsresistenten Kunden. Sie finden dann zwar ihre Website toll, der eigentliche Kunde – der User – ist aber leider nicht dieser Meinung.

Kreativitätsverhinderer der Einfachheit

- Nur an eine Lösung oder Möglichkeit glauben. Hätte Albert Einstein sich damit abgefunden, dass die damals bekannten physikalischen Gesetze von Zeit und Raum die einzige Möglichkeit wären, hätte er nicht seine berühmten Theorien verfassen können.

- Sich vor den Fernseher setzen. Das ist zwar toll zum Entspannen, stimuliert aber nicht die Gedanken. Gehen Sie lieber spazieren, wandern, besuchen Sie ein Museum, treiben Sie Sport oder lesen Sie einen Roman. Am allerwichtigsten: Gehen Sie unter Menschen!

- In der Ideenfindungsphase an die möglichen Folgen denken. Ist eine Idee großartig, wird es automatisch auch Lösungen für die Folgen geben. Eine große Idee wird Ihnen sagen, wie sie umzusetzen sein wird.

- Angst vor Bloßstellung und Blamage. Sie kennen sicher die altbekannten Phrasen: „Wer nicht wagt, der nicht gewinnt". Ein kleines bisschen Mut bitte! Es gibt Schlimmeres im Leben, als für eine verrückte Idee ausgelacht zu werden. Zum Beispiel zu erfahren, dass ein anderer die gleiche Idee hatte und den Mut aufgebracht hat, sie auch umzusetzen. Großer Erfolg hängt in der Regel mit großem Risiko zusammen.

- Mit Nörglern, Besserwissern und Egozentrikern zusammenzuarbeiten. Sie entlarven diese Spezies an Aussagen wie: „Das haben wir hier immer schon so gemacht", „Ihre Idee ist gut, wird aber hier nicht funktionieren" oder: „Gute Idee, aber ich habe da etwas ganz anderes im Sinn." Ein deutlicher Hinweis ist auch, dass Ihre Idee ohne eine plausible Begründung abgelehnt wird.

Ein Gefühl von Einfachheit: Screendesign

Gutes Design ist nicht immer eine Frage von Formen und Farben, es ist eine Frage des Denkens und Beobachtens. Ob etwas „einfach" ist, wird nicht immer rational entschieden. Wie wichtig hierbei die Rolle des Screendesigns ist, beschreibt André Morys in seinem Buch „Conversion-Optimierung" [3]. Das hat er zum Beispiel in Situationen beobachtet, in denen sich Nutzer für eine Risikolebensversicherung, die es von mehreren Anbietern gab, entscheiden sollten. Alle Anbieter hatten mehr oder weniger vergleichbare Produkte. Die größte Schwierigkeit für potenzielle Kunden bestand darin, die aus Marketinggründen vom Anbieter gewählten Alleinstellungsmerkmale miteinander zu vergleichen. Es zeigt sich in der Praxis, dass es schwierig sein wird, nicht vergleichbare Dinge miteinander zu vergleichen. Am Ende haben sich die User für den Anbieter entschieden, dessen Produkt am „einfachsten" wirkte. Es war in Wirklichkeit gar nicht das Produkt selbst, das einfach wirkte. Finanzprodukte sind auf der Website nicht wirklich sichtbar, sie werden beschrieben. In Wirklichkeit war es die Website, die „einfach" wirkte. Der Anbieter hatte wahrscheinlich viel Zeit und Aufwand investiert, um diese Wirkung bei den Nutzern zu erreichen. In Wirklichkeit war das Produkt nicht besser als die anderen. Es war auch nicht einfacher. Nicht einmal die Onlineanmeldung oder die Berechnung des persönlichen Beitrags waren wirklich einfacher. Es war ausschließlich die subjektive Wirkung der Einfachheit, hervorgerufen durch sehr gut und ästhetisch gestaltete Formulare, viel Weißraum und eine gute und eindeutige Nutzerführung. Zu viele Informationen können abschreckend sein. Das Gefühl der leichten Bedienbarkeit ist stärker und wichtiger als die Einfachheit der Bedienung selbst. Wir wissen, wie schwierig es ist, bestehende Vorurteile zu widerlegen. Manchmal ist es leichter, neue Vorurteile zu schaffen. Ganz ähnlich verhält es sich mit der einfach wirkenden Website. Es ist ein Vorurteil im Kopf des Users, das sich im Laufe des Besuchs und auch darüber hinaus hartnäckig halten wird. Selbst wenn Probleme auftauchen oder die Komplexität steigt, wird der User das anfängliche Gefühl der Simplizität behalten. „Vor allem in Check-out-Prozessen, Anfrageformularen und Antragsstrecken konnte ich diesen Effekt immer wieder beobachten. In Nutzertests geben die Teilnehmer stets dem Anbieter den Vorzug, dessen Formulare einfach bedienbar wirkten", schreibt Morys.

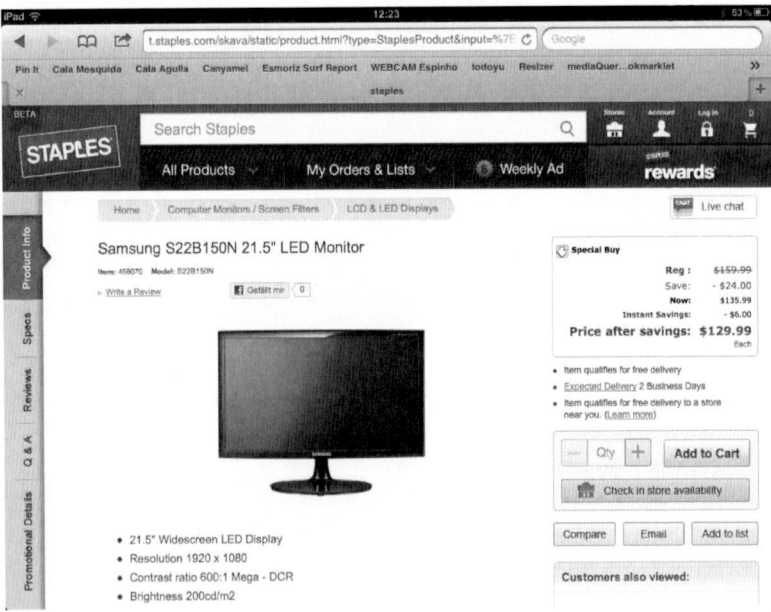

Abbildung 1.38: Eine Produktseite des Tablet-optimierten Staples-Onlinestores

entwickler.press

Im Zen gibt es Koans. Das sind komplexe und paradoxe Sprüche, Rätsel und Geschichten, die als Einweisung in die Lehre der Zen-Philosophie dienen. Sie sind nicht der Weg zur Lehre, sondern die Lehre selbst. Koans sind nicht immer mit dem Verstand zu verstehen. Sie sollen helfen, konventionelles Denken zu durchbrechen. Eine Übung, die für Sie als UX-Designer perfekt ist. Denn das ist Ihr Job: Neue Wege zur Einfachheit zu finden. Paul Kohtes, Zen-Coach für Manager und PR-Profi aus Düsseldorf, sagt gerne zu seinen Managernovizen, dass sie sich keine Mühe geben sollten:

Wenn wir uns zu sehr auf ein Ziel fixieren, übersehen wir die Fülle an Möglichkeiten, die sich uns täglich bieten. Betrachten wir gegebene Hindernisse als Chance zu neuer Klarheit zu finden, sind wir wie ein Fluss, der zielgerichtet und unangestrengt auf natürliche Weise alle Hindernisse überwindet. Was macht ein Fluss vor einem Hindernis? Hat er Angst? Möglich, dass er warten muss, sich eine Weile staut. Aber dann fließt er weiter. Sei wie ein Fluss [4].

Literaturangaben

[1]   *www.einfach-zen.de/*

[2]   Daniel Ritzenthaler: *52weeksofux.com/*

[3]   *entwickler-press.de/ep/psecom,id,2,buchid,228,p,0,_language,de.html* S. 190, Conversion-Optimierung, ISBN: 978-3-86802-066-3

[4]   Focus 17/12, S. 142 ff.

[5]   *useit.com/papers/heuristic*

1.12   Paradigmenwandel im Interface Design: von GUI zu NUI

Gastbeitrag von Prof. Wolfgang Henseler

Schon Tim O'Reilly kündigte in seinem Manifest „What is Web 2.0" (*oreilly.com/web2/archive/what-is-web-20.html*) an, dass Webseiten „Desktop-alike" werden. Ihr Aussehen und Verhalten gleicht immer stärker jenen von Betriebssystemen, und spätestens seit dem iPhone wandeln sie sich zu natürlich zu bedienenden Webinterfaces.

Der Begriff „Webseite" beschreibt heutzutage eher ein Denken in Metaphern und dient daher nur als mentale Krücke unserer Orientierung im Web, ist eine „Seite" doch dem Navigationsmodell eines Buchs entlehnt. Das ist vergleichbar mit der Entwicklung des Automobils: Die ersten Modelle sahen aus wie Pferdekutschen, erst im Laufe der Zeit entwickelten sie eine eigene Formensprache, die nicht mehr auf der Metapher einer Kutsche ohne Pferde beruhte. Gleiches gilt für die meisten der heutigen Webseiten. Auch bei deren Konzeption und Gestaltung wurde noch in „Kutschen" gedacht, weshalb O'Reilly sie auch Version 1.0 nannte. Mit „Web 2.0" zieht aber eine neue Generation an Webseiten auf, die so genannten Webinterfaces, die weg von der Seitenmetapher hin zu einem direkten, natürlichen Handeln führen, also die Möglichkeiten des Mediums „Internet" besser ausnutzen, als Webseiten dies überhaupt könnten.

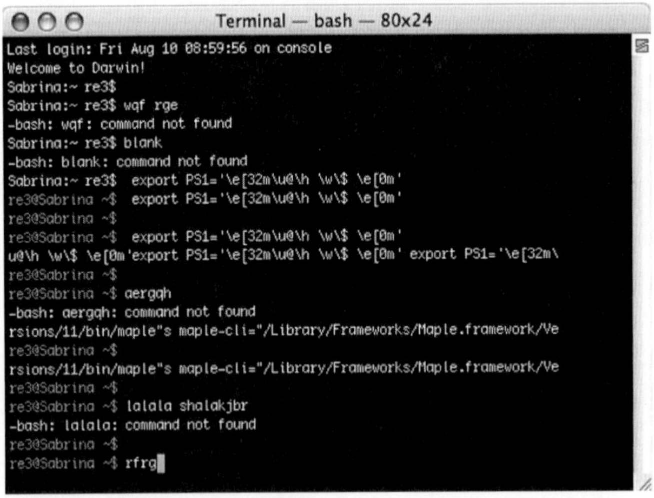

Abbildung 1.39: Über CLI und GUI zu NUI

entwickler.press

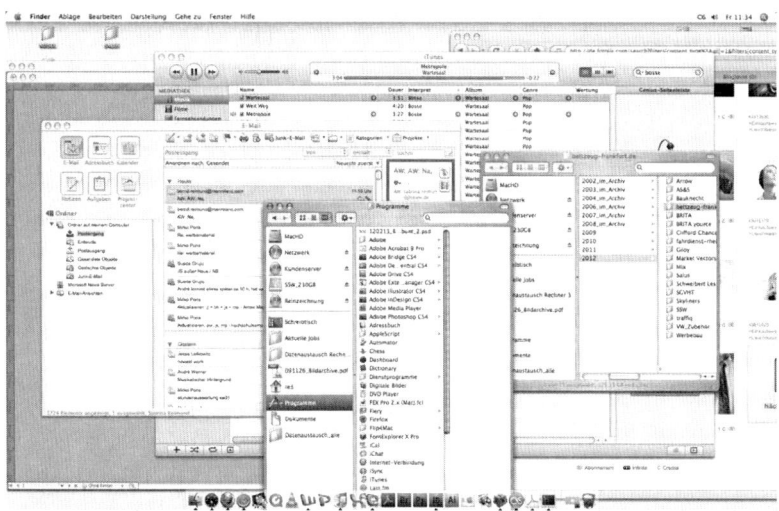

Abbildung 1.40: Über CLI und GUI zu NUI

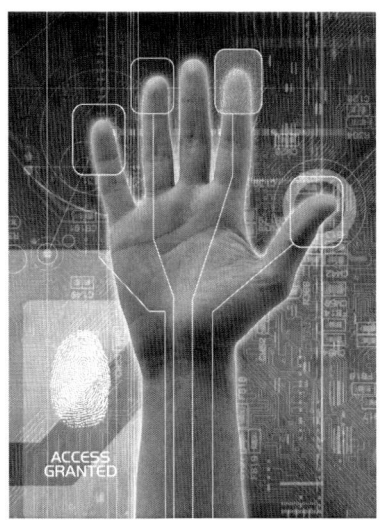

Abbildung 1.41: Über CLI und GUI zu NUI

Nicht erst seit Apples iPhone und Microsofts Surface bewegen wir uns mitten in einer neuen Ära des Interfacedesigns, im Wandel von grafischen Benutzungsoberflächen (Graphical User Interfaces) zu natürlichen Benutzungsoberflächen (Natural User Interfaces) – von GUI zu NUI. Der Wandel von GUI zu NUI findet dabei in allen Interfacebereichen statt. Das heißt, bei Webseiten genauso wie bei Betriebssystemen für Desktopcomputer, Applikationen für mobile Endgeräte oder Multitouch-Systemen. Im Kern geht es darum, den Computer durch wesentlich natürlichere Handlungsprinzipien zu bedienen und dadurch dessen Gebrauchstauglichkeit zu erhöhen, also die User Experience und Usability zu verbessern.

Vom Look zum Feel

Im Laufe der Mensch-Computer-Interface-Entwicklung erkannte man jedoch, dass das Aussehen eine genauso wichtige Rolle wie das Verhalten einer Applikation, das Feel, spielt. Daher spricht man bei der Gestaltung von interaktiven Systemen auch immer vom Design des „Look and Feel". Beim Paradigmenwechsel von GUI zu NUI verlagert sich der Gestaltungsschwerpunkt sukzessive vom Look zum Feel. Auf den ersten Blick scheint dieser Wandel weit weniger gravierend als der von Command Line zur grafischen Benutzungsoberfläche, aber es ist vor allem das Verhalten, das Feel, von NUI-Systemen, das sich stark von Systemen mit rein grafischen Benutzungsoberflächen unterscheidet. Das iPhone kommt beispielsweise durch die Nutzung natürlicher Interaktionsprinzipien komplett ohne Handbuch aus, während das bei den meisten anderen Smartphones meist dicker als das eigentliche Gerät ist.

Was das für den Designer bedeutet

Welche Auswirkungen hat dieser Paradigmenwechsel auf die Arbeit von Konzeptern, Designern und Developern? Betrachtet man nur die Grafik NUI-basierter Systeme, stellt man fest, dass sich ihr Aussehen häufig nur minimal von rein grafisch basierten Benutzungsoberflächen (GUIs) unterscheidet. Das „gleiche Aussehen" liegt zunächst, ähnlich wie beim

Auto und der Kutsche, daran, dass wir erst einmal verstehen müssen, was denn nun im Speziellen das Wesen des Neuen ausmacht, um es anschließend adäquat zum Ausdruck bringen zu können. Das Wesen natürlicher Interfaces ist ihr Verhalten.

Gestalter und Entwickler gestalten also immer stärker das Verhalten einer Applikation, nicht nur ihr pures Aussehen. In welcher Art und Weise sich das System im Nutzungskontext verhalten soll oder wie natürliches Nutzer- und Nutzungsverhalten aussieht, steht dabei im Mittelpunkt der Gestaltung. Klassische Modelle, wie Wireframes oder Informationsarchitekturen, werden es in Zukunft schwerer haben, zu bestehen. Das Systemverhalten kann nämlich erst durch seine spezifische Ausprägung dargestellt werden, um dann, bis es „rund läuft" sukzessive verfeinert zu werden. Das ist im Vergleich zur Gestaltung von rein grafischen Benutzeroberflächen zeitintensiver, das Ergebnis jedoch spiegelt eine wesentlich verbesserte Usability und distinktive User Experience wider und kann dadurch zum Erfolgsfaktor werden. Die Fokusverlagerung vom Look zum Feel führt dazu, dass die Gestaltung des Immateriellen in den Mittelpunkt der konzeptionellen und gestalterischen Tätigkeit rückt. Als Orientierungshilfe bei der Gestaltung von Verhalten muss die Realität dienen: Virtuelle Dinge verhalten sich wie reale Objekte mit zusätzlichen Möglichkeiten.

Was ist natürlich?

Um zu verstehen, was die Konzeption und das Design von natürlichen Benutzungsoberflächen ausmacht, muss man zunächst verstehen, wann für uns etwas natürlich ist und wann nicht. Dieses sehr stark kulturell und generationsbedingte Phänomen von Natürlichkeit hängt damit zusammen, wie wir uns unsere Umwelt erschließen und das „Erschließungswissen" in Form von mentalen Modellen ablegen. Die wichtigste Facette des natürlichen Handelns bildet die Intuition. Eine Sache intuitiv bedienen oder benutzen zu können, bedeutet, seine erlernten Handlungsmuster für etwas einsetzen zu können. Handlungsmuster, basierend auf mentalen Modellen, sind Repräsentanten unseres Wissens.

Intuitiv ist eine Anwendung, wenn sie möglichst deckungsgleich zum mentalen Handlungsmodell des Nutzers ist. Ein gutes Beispiel ist ein Handbuch, das immer dann benötigt wird, wenn das mentale Modell der Nutzer nicht getroffen wurde. Das Handbuch repräsentiert das mentale Modell einer anderen Person, beispielsweise des Programmierers. Der Nutzer muss sich nun das mentale Modell des Programmierers in Form des Handbuchs in mühevoller Kleinarbeit erschließen, um ein Softwareprodukt nutzen zu können. Das entspricht ohne Frage einem wenig intuitiven und arbeitseffizienten Vorgang. Daher ist es für jede nutzerorientierte Gestaltung von elementarer Wichtigkeit zu verstehen, wie Nutzer in einem gewissen Nutzungskontext agieren, um diese Verhaltensschemata später in der Applikation zu implementieren.

Das OSIT-Modell – Orientieren, Selektieren, Informieren und Transagieren

Basis für ein natürliches Handlungsmodell ist das OSIT-Prinzip: Es beschreibt, wie wir uns unabhängig von der kulturellen Herkunft oder dem Alter in der realen und auch in der virtuellen Welt bewegen. Zunächst braucht man Orientierung. Wir wollen wissen, wo wir gerade sind. Orientierung bedeutet, einen Überblick über die Dinge zu erlangen. Wir heben in der Regel den Kopf oder steigen auf etwas hinauf, um uns diesen Überblick zu verschaffen. Haben wir unsere Position bestimmt, selektieren wir bestimmte Dinge in unserem näheren Umfeld. Haben wir eine Auswahl getroffen, informieren wir uns im Detail darüber. Das heißt, wir „zoomen" an etwas heran, indem wir uns einem Objekt nähern oder das Objekt mit den Händen greifen, um es uns näher vor Augen zu führen. Durch die detaillierte Ansicht erfahren wir mehr über das Objekt und steigern so unser Wissen. Haben wir uns im Detail über das Objekt informiert, nutzen wir es oder führen es einem anderen Zustand zu. Es findet eine Transaktion statt.

DAS OSIT-MODELL ALS SCHEMA FÜR NATURAL USER INTERFACES

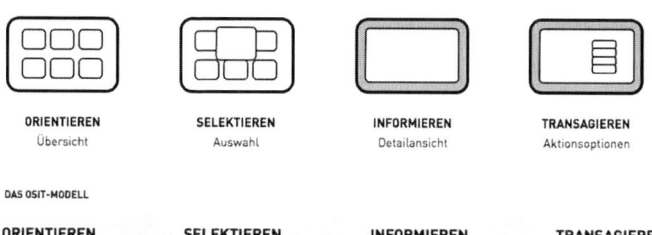

ORIENTIEREN
Übersicht

SELEKTIEREN
Auswahl

INFORMIEREN
Detailansicht

TRANSAGIEREN
Aktionsoptionen

DAS OSIT-MODELL

ORIENTIEREN   **SELEKTIEREN**   **INFORMIEREN**   **TRANSAGIEREN**

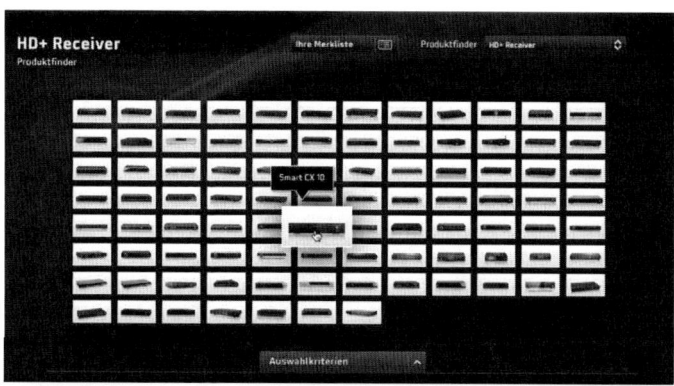

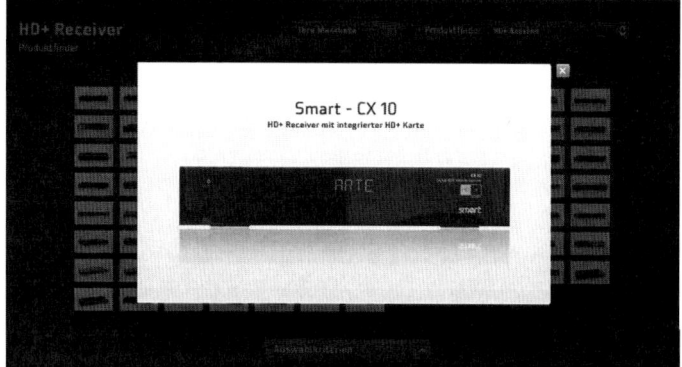

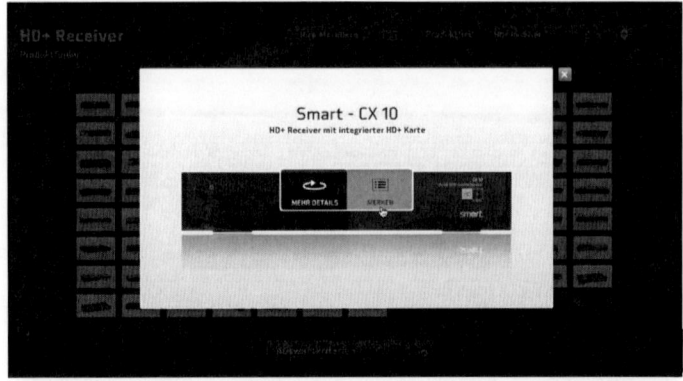

Abbildung 1.42: Das OSIT-Modell

Das Interessante an solchen Handlungsmodellen wie OSIT ist, dass wir in der Lage sind, sie von einem Medium in ein anderes zu übertragen. Wir nutzen es, gleichgültig, ob wir uns in einem realen Raum, wie zum Beispiel einem Supermarkt, oder einem virtuellen Onlineshop befinden. Weiß der Designer, wie wir handeln, so kann er eine handlungsorientierte Website gestalten, die unserem natürlichen Verhalten entspricht.

Übertragung des OSIT-Modells aus Websites: dynamisch und adaptiv

Überträgt man das OSIT-Modell auf die Prinzipien des Websitedesigns, bedeutet das, dass die Orientierung an erster Stelle stehen muss. Anstatt durch hierarchisch organisierte Webseiten zu navigieren, kommen die gewünschten Inhalte auf den Nutzer zu. Bildschirmobjekte vergrößern oder verkleinern, je nach Gewichtung und Relevanz. Sie zentrieren sich auf dem Bildschirm und richten sich zum Nutzer hin aus. Die Bewegungen helfen bei der Orientierung, da sich das Verhalten in der Regel dort ausdrückt. Bewegung ist für NUIs von essenzieller Bedeutung, weil durch den Kontext die Seite wesentlich leichter erschließbar wird. Ein fehlender Zoomeffekt würde den Verlust des Kontexts bewirken. Das wäre vergleichbar mit einem Restart der Orientierung. Springt der Nutzer von einer Webseite auf eine andere, ist die Orientierungsphase wesentlich länger als bei einem Webinterface, bei dem die Inhalte auf einen Nutzer zuzoomen.

Grundsätzlich geht es bei der Gestaltung von NUI-Interfaces darum, analog zu der Gestaltung neue Betriebssysteme zu denken, also in einer Benutzungsoberfläche, auf der Inhalte immer dann dynamisch adaptiv auftauchen, wenn sie relevant werden. Man gestaltet für ein Interface, auf dem Dinge erscheinen, Slider einfahren oder sich Objekte zurückziehen. Das entspricht einem Webinterface, also einer einzigen Seite, auf der sich der Nutzer durch Suchen, Sortieren, Filtern oder Zoomen alle Inhalte dynamisch zusammenstellen oder die Inhalte vor seinem Auge seinen Bedürfnissen entsprechend umgruppieren und anpassen kann. Natural User Interfaces nutzen daher häufig eine sehr flächige, fast schon zweidimensionale Gestaltungssprache als Basis, die sich gegenüber einer opulent gestalteten Grafikoberfläche deutlich abhebt.

Möchte man beispielsweise Hintergrundinformationen von einem Medienelement, z. B. ein Bild oder Video, dreht man es, um mehr zu erfahren, um 180 Grad. Dieses als „Flip" bezeichnete Gestaltungsmerkmal ist typisch für NUI-Systeme. Durch die dargestellte Drehbewegung weiß der Nutzer unmittelbar, was passiert ist und wie er zur der „Vorderansicht" zurückgelangen kann. Auch das unmittelbare Anzeigen von ersten Suchergebnissen bei der Sucheingabe oder die Anpassung von Inhalten basierend auf ersten Nutzerangaben, z. B. beim Filtern, sind typische Indikatoren für NUI-Systeme. Statische Fenster werden durch dynamische Flächen ersetzt. Von dem Gestalter erwartet man, dass er in Handlungen und Verhalten denkt, in Bewegung, Veränderung oder dynamischen Zuständen. Die Formensprache von natürlichen Interaktionssystemen orientiert sich an dem Verhalten von Menschen und Dingen. Konzepter, Designer und Entwickler tun also gut daran, die Natur und den Menschen in seinem Verhalten in Zukunft stärker zu beobachten. Dadurch erkennt er, welches natürliche, gelernte oder spezielle Verhaltensschemata sind. Dieses Wissen bildet die Basis zur Gestaltung natürlicher Interfaces.

Wesensmerkmale von NUI-Interfaces:

- Dynamisch

- Adaptiv

- Multimedial

- Kooperativ statt nur interaktiv

- Situativ-relevant

- Kontextsensitiv

- Unmittelbar

- Multimodal

Zum Autor

Wolfgang Henseler ist Managing Creative Director von SENSORY-MINDS, einem Designstudio für Neue Medien und innovative Technologien mit Sitz in Offenbach am Main sowie Professor für Digitale Medien, Usability und elektronisches Kundenbeziehungsmanagement (eCRM) an der Hochschule Pforzheim – Fakultät für Gestaltung. *www.sensoryminds.de*

Quelle: *http://webmagazin.de/design/Von-GUI-zu-NUI*

Nähere Informationen bezüglich der Bedeutung von Emotionen für das Screendesign finden sich als Download unter: *entwickler-press. de/ux_design*

Quellen

[1] *designforemotion.com/2012/07/five-reasons-to-design-for-emotion/*

[2] Bulik, B. S. (2010): „You are what you watch, market data suggests. Adage. *adage.com/article/news/research-links-personality-traits-tv-viewing-habits/146779/*, Accessed 2.13.2011.

[3] Damasio, Antonio, R. (1994): „Descartes' error: Emotion, reason, and the human brain", Florida: Grosset/Putnam, Inc.

[4] Desmet, P. R. (2002): „Designing emotions", Delft: Pieter Desmet. Govers, P. C. M., & Schoormans, J. P. L. (2005): „Product personality and its influence on consumer preference", Journal of Consumer Marketing, 22(4), 189–197.

[5] Reeves, B., Nass, C. (1998): „The media equation: How people treat computers, television and new media like real people and places", Cambridge, UK. Cambridge University Press.

[6] Elke Behrendt: „Der erste Eindruck", ISBN 978-3-84237460-7

[7] van Geel, Jeroen (2011): „Design research and innovation: An interview with Don Norman. Johnny Holland", *johnnyholland. org/2011/01/design-research-and-innovation-an-interview-with-don-norman/*, Accessed 2.17.2011.

Links

[1] *de.wikipedia.org/w/index.php?title=Paretoprinzip&oldid=116753872*

[2] *de.wikipedia.org/w/index.php?title=EN_ISO_9241&oldid=116894020*

[3]   *entwickler-press.de/ep/psecom,id,2,buchid,228,p,0,_language,de.html*

[4]   Seite 46, Conversion-Optimierung ISBN: 978-3-86802-066-3

[5]   *hassenzahl.wordpress.com/*

[6]   *books.google.pt/books?id=QKYPdcI-av8C&lpg=PA31&ots=fhpyp6-jRi&dq=Hassenzahls+model&hl=no&pg=PA31&redir_esc=y#v=onepage&q=Hassenzahls%20model&f=false*

Checkliste

- Erstellen Sie eine Projekt-DNA mit allen Bestandteilen Ihres Projekts

- Planen Sie sorgfältig und ausgiebig

- Nutzen Sie Prototypen

- Befragen Sie früh im Prozess den User, Ihre Zielgruppe

- Arbeiten Sie iterativ

- Definieren Sie Ihre Ziele

- Arbeiten Sie Ihre Kernidee aus

- Reduzieren Sie auf das Wesentliche

- Seien Sie offen für Kritik

- Erschaffen Sie emotionales Design

- Haben Sie eine Content-Strategie

- Beachten Sie den Multiscreen Context

- Hören Sie auf Ihren Bauch

2 Der User – Fremde Wesen unter uns

Gutes Design folgt den Erwartungen und Bedürfnissen des Users. Für UX Designer gilt als Erweiterung der Bauhaus-Regel „Form follows function" (das Design folgt der Funktion) daher „Form follows my User" (Design folgt meinem User). Die große Herausforderung dabei: Wir sind nicht die User, die unsere Produkte nutzen, auch unsere Kunden und unsere Auftraggeber sind es nicht. Den Blickwinkel und die Umgebungsparameter der Menschen einzunehmen, die unsere Websites nutzen werden, ist Voraussetzung für gelungenes UX Design.

- Entwickeln Sie Einfühlungsvermögen
- Lernen Sie Ihren User kennen

- Kennen Sie die Absichten Ihrer User

- Kennen Sie die Umgebung des Users

- Verschaffen Sie sich einen Überblick darüber, wie Ihre User Ihre Produkte nutzen werden

- Beobachten Sie User im Alltag

- Sprechen Sie fremde User ruhig an. In der Regel gibt jeder Antwort, wenn Sie ihn fragen

- Gehen Sie nicht von sich selbst aus

2.1 Selbstmitgefühl – ein Weg zur User Experience

Zen – Erwachen zum wahren Selbst

Seine Mitmenschen verstehen zu lernen, ist wohl die schwierigste Aufgabe, und wahrscheinlich reicht ein ganzes Leben nicht aus. Die gute Nachricht ist jedoch, dass jeder Mensch empathisch geboren wird. Es ist die Art und Weise, wie wir aufwachsen, resozialisiert werden und unserem lauten, hektischen Lebensstil geschuldet, dass unsere Empathie verkümmert. Sie können Ihre Empathie trainieren, ausbilden und steigern. Meditation, Supervision und vor allem Kontakt zu anderen Menschen werden Ihnen dabei helfen. Seien Sie nah, ohne die Privatsphäre Ihres Gegenübers zu verletzen. Hören Sie zu und nehmen Sie sich dabei zurück. Der Schlüssel zu wahrer Empathie liegt jedoch bei Ihnen selbst. Je klarer Sie mit sich selbst sind, umso besser werden Sie sich auf andere einlassen können. Dazu müssen Sie sich selbst kennen lernen! Nur wie? Der Zen-Meister Sekkei Harada Roshi, seit 50 Jahren Abt des Klosters Hosshin-Ji in Japan, antwortete darauf:

Es gibt in unserem ganzen Leben nur einen einzigen Menschen, dem wir begegnen müssen. Wer aber ist dieser Mensch? Es ist unser wahres Selbst. Solange wir uns nicht selbst begegnet sind, ist es unmöglich, wahre Zufriedenheit und Klarheit zu finden, und es wird immer ein Gefühl bleiben, dass etwas fehlt. Es ist das Ziel des Lebens, sich selbst zu begegnen, und genau darum geht es im Buddhismus. Zen ist der direkteste und kürzeste Weg, dies zu tun. Suchen Sie nach Zen nicht am falschen Ort. Es geht nicht um etwas, was weit weg ist, sondern die Energie ist immer und überall da. Weil der Weg oder Zen tatsächlich nichts anderes als Ihr eigener gegenwärtiger Zustand ist, wird ganz bestimmt einmal die Zeit kommen, wo Sie selbst feststellen: „Natürlich, so ist es". Daran gibt es keinen Zweifel![1]

2.2 UX Freud – User Psychology

Du bist nicht dein User – wie man Personas erstellt

Wir haben ein wenig darüber geredet, dass wir für unseren Kunden und nicht für uns selbst arbeiten. Es ist auf jeden Fall schwerer als es sich anhört. Auch wenn wir von Natur aus vorsichtig sind, erstellen wir eher Dinge, die uns selbst zusagen, egal ob sie gut für unseren Kunden sind oder nicht. Der beste Weg, nicht zu vergessen, dass wir die Website für unseren User kreieren (und nicht für uns), ist es, eine Persona von ihm zu erstellen.

Was ist eine Persona?

- Personas sind die archetypischen Benutzer einer Website oder Dienstleistung, welche die Bedürfnisse größerer Gruppen in Verbindung mit ihren Zielen und persönlichen Charakteristiken darstellen

- Personas identifizieren Motivationen, Erwartungen, Wünsche und Ziele des Benutzers, die für den Antrieb ihres Verhaltens verantwortlich sind

- Personas basieren auf dem Wissen echter Nutzer, sind aber trotzdem nur fiktiv

---

1   Sekkei Harada, 1993

- Personas sind nicht dafür da, die gesamte Basis des Benutzers darzustellen, sondern um uns zu verstehen zu geben, worauf der Fokus unseres Hauptbenutzers liegt

Personas effektiv machen

Die effektivsten Personas stammen aus Treffen, Telefonaten und Umfragen mit dem aktuellen oder zukünftigen Kunden. Sie sind wirkliche Personen, die über ihre Bedürfnisse, Vorstellungen und Herausforderungen reden können. Sollten Sie nicht die Fähigkeiten haben das zu tun, müssen Sie noch lange nicht aufgeben. Sie können immer noch eine Persona über den Usertyp erstellen, der Ihren Dienst nutzen möchte, und diese dann mit Ergebnissen Ihrer Umfrage vergleichen. Dieser Vorgang ist nicht ideal, aber besser als nichts.

Wenn Sie erst einmal eine Persona erstellt haben, heißt es, sie zu benutzen

Sehr oft machen Firmen Umfragen, erstellen eine Persona und gehen dann direkt zurück und arbeiten für sich selbst. Es ist wichtig, Ihre Persona zu leben und durch sie zu atmen. Jedes Mal, wenn Sie ein neues Produkt oder neue Interaktionen designen, eine E-Mail schreiben oder Ihre Seite ändern, sollten Sie sich überlegen, wie Ihre Personas darauf reagieren und ob es ihre Bedürfnisse befriedigt. Ebenso ist es wichtig, Ihre Personas zu aktualisieren. Die technische Welt dreht sich extrem schnell, und innerhalb eines Jahres können Ihre User, die stets Nokia-Telefone und Laptops nutzten, nun mehr Zeit mit ihrem iPhone und iPad verbringen – das wird einen großen Einfluss auf Ihr Produkt haben.

Personas erstellen

Wir nutzen folgende Prozesse, um eine Persona zu erstellen. Ziel ist ein möglichst realistisches Bild zu bekommen. Fragen Sie sich:

- Was sind seine Bedürfnisse?
- Was sind seine Wünsche?

- Welche Charakteristiken können wir identifizieren?
- In welchen gesellschaftlichen Umständen lebt er?
- Was liebt der User?
- Was stößt ihn ab?
- Was bringt ihn zum Lachen?

Wir nutzen dazu:

- Sortierung nach Persona-Typen
- Steckbriefe
- Interviews
- Definition der Umgebung, Analyse der (täglichen) User Journey
- Sinus-Milieus
- Nutzungsmodi

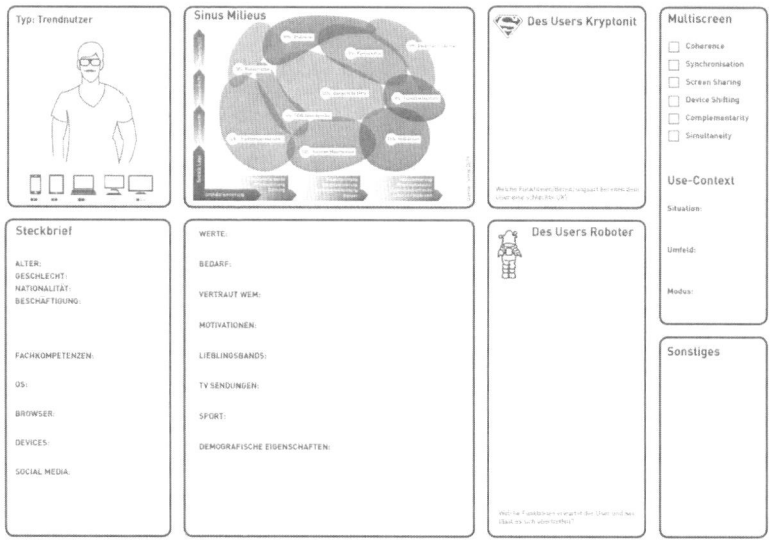

Abbildung 2.1: Steckbrief zur Erstellung einer Persona

Typen definieren

Basierend auf dem, was Sie über Ihren User zu wissen glauben, versuchen Sie einige Kategorien zu erstellen, bei denen Sie das Gefühl haben, dass Ihr User dort hinein gehört.

NUISOL hat folgende Persona-Typen

- Kind
- Teenager
- Digitaler Außenseiter
- Gelegenheitsnutzer, Best Ager
- Gelegenheitsnutzer
- Trendnutzer
- Berufsnutzer
- Digitaler Profi
- Digitale Avantgarde
- Fortgeschrittenes Alter

Abbildung 2.2: Persona-Typen

Zehn typische Personas mit Kurzübersicht ihrer Endgeräte und deren Nutzung

Aus diesen zehn Typen entscheiden Sie dann, auf welche Typen Sie sich wirklich fokussieren möchten.

PROFITIPP: Ein guter Richtwert ist, nicht mehr als fünf Personas zu erstellen – und das ist schon eine Menge!

Rekrutieren

Rekrutieren Sie Ihre User in dem Umfeld, in dem das Produkt benutzt werden soll. Durch Umfragen, mit Ihrem Basis-Set an Fragen, werden Sie Ihre User in Usergruppen einteilen können – aber seien Sie nicht zu restriktiv und erlauben Sie es dem User, sich gegebenenfalls anders zu entscheiden. Bieten Sie ihm die Möglichkeit – im Falle, dass sie etwas überhört haben – seine eigenen Antworten zu geben.

Die Umfrage sollte nicht zu lang sein. Es ist sehr nützlich, bevölkerungsstatistische Fragen zu stellen, wie zum Beispiel:

- Alter

- Wie sie arbeiten (im Team, einzeln, Freelancer etc.)

- Woher sie ihre Arbeit bekommen

- Welcher Kategorie sie sich selbst zuschreiben würden

- Welche Größe, Anzahl und Budgetierung ihre Jobs haben

Ebenso gut ist es, sich nach der weiteren Kontaktaufnahme zu erkundigen sowie die bestmögliche Erreichbarkeit zu klären. Es hilft immer, eine kleine Bezahlung oder ein Geschenk als Dankeschön anzubieten.

Interview

Stellen Sie einen Interviewplan auf, der abgrenzt, was Sie aus dem Interview mitnehmen möchten. Vorab sollten Sie sich einige Fragen notieren, die Sie in dem Interview gerne geklärt haben möchten. Also ein Guide, der Sie an die Dinge erinnert, über die Sie reden möchten. Es ist gut, ein paar Stichpunkte zu haben, um dem Teilnehmer des Interviews über die Umfrage aufzuklären und zudem ist es eine Hilfe, Ihr Vorhaben zu verbessern. Die Nachforschungen sind kontextabhängig – idealerweise dort, wo Sie Ihre Dienstleistung betreiben. Sie (der Interviewer) und ein Kollege (macht ebenso Notizen) besuchen den Nutzer für einen strukturierten, aber informativen Austausch. Interviews dauern generell 1–2 Stunden. Während dieser Zeit führen Sie die Diskussionen mithilfe Ihrer Notizen. Machen Sie ein paar Fotos des Users in Aktion und beobachten Sie sein Verhalten gegenüber dem Service oder der Website. Halten Sie eine oder mehrere Aussagen fest, zum Beispiel:

„Die Zeit (für Mediennutzung) ist eigentlich gleich geblieben, nur anders verteilt. Ich mach´ jetzt viel mehr übers iPhone."[2] Sandra, 28 Jahre

Analyse

Nachdem alle Interviews geführt wurden, ist es Zeit für die Analyse.

Der einfachste Weg:

1. Erstellen Sie Informationsschnipsel.

2. Notieren Sie Ihre Umfrageergebnisse und kleine Statements auf Schildchen. Stellen Sie dabei sicher, dass jedes Schildchen klar anzeigt, aus welcher Kategorie der Nutzer kommt und wer der Nutzer ist – im Falle, dass Sie sich auf die Umfragenotizen berufen müssen.

---

2   Grey, Fokusgruppe mit Smartphone aus der Homo Connectus Studie, *http://blog. ratedpeople.com/product/you-are-not-your-user-building-personas/*

entwickler.press

3. Packen Sie diese Notizen auf Post-its und integrieren sie dann Ihr Team. Es ist zwar der eher langweiligere Teil, dafür zahlt es sich aber aus!

4. Nehmen Sie eine Typenkategorie und breiten Sie anschließend alle Post-its der ausgewählten Kategorie vor sich aus.

5. Das Team gruppiert diese in Tendenzen.

6. Bestimmen Sie die Haupt-Persona. Das ist eine Ansammlung der Notizen in dieser Typenkategorie.

7. Wiederholen Sie den Vorgang für alle Kategorien.

> Ein Beispiel für eine typische Persona finden Sie als Download unter *entwickler-press.de/ux_design*.

> Mehr Informationen zur User-Analyse und die entsprechenden User Research Methoden finden Sie ebenso wie die entsprechenden Auswertungen der Sinus-Milieus, die sich zur Persona-Analyse bewährt haben, als Downloads auf *entwickler-press.de/ux_design*.

2.3   Userwelten und Nutzungsmodi

Umfeld

Die Verwendung digitaler Geräte machen wir oft von unserem Umfeld abhängig, in dem wir uns zur Zeit der Benutzung befinden. Im täglichen Ablauf treffen wir so auf unterschiedliche Situationen, in denen wir das Gerät entsprechend unterschiedlich verwenden. Dabei sind es verschiedene Faktoren, die uns bei der Benutzung entscheidend beeinflussen: Wofür verwenden wir das Gerät (welchen Zweck wollen wir mit der Benutzung bewirken), wo verwenden wir das Gerät (in welchem Umfeld befinden wir uns) und welches Gerät verwenden wir dabei? Die einzelnen Bedingungen können sich dabei gegenseitig beeinflussen.

Privat

Wie das Wort „privat" schon ausdrückt, befindet man sich in einer heimischen Umgebung, die für Unbekannte verschlossen ist.

Arbeitsplatz

Im Grunde ist der Arbeitsplatz unbekannten Personen verschlossen. Verschiedene Faktoren können allerdings die Privatsphäre des Arbeitnehmers beeinflussen (Umfeld).

Öffentlicher Raum

In öffentlichen Räumen kann jedem Zutritt gewährt werden. Somit ist dort keine private Atmosphäre geschaffen.

Unterwegs

„On the way" – immer unterwegs. Hierbei können verschiedene Faktoren die Intimität beeinflussen.

Situation

Bestimmte Gegebenheiten beeinflussen den Anwender bei der Nutzung der Endgeräte, ob nun beabsichtigt oder unbeabsichtigt. Einflussfaktoren sind hierbei Umfeld, Ort und Nutzungsbedingung. Man unterscheidet zwischen einem beweglichen und ruhenden Zustand. Der Zustand schränkt wiederum die Art der Geräte ein, die in der entsprechenden Umgebung verwendet werden können (beweglich = mobile Geräte).

Mobil

„On the Way" ist der Anwender an bestimmte Endgeräte gebunden. Nämlich an jene, die unterwegs einsetzbar sind. Vorteil hierbei ist die Mobilität, die dem Anwender gewährleistet ist. Er kann sich weiterhin von einem zum anderen Ort bewegen. Allerdings ist zu beachten, dass die Akkulaufzeit nicht unbegrenzt ist.

Stationär

Die Benutzung des Geräts geschieht an einem festen Standort. Der Anwender ist daher in seiner Bewegungsfreiheit eingeschränkt.

Nutzungsmodus

Die Nutzung unterschiedlicher Endgeräte ist abhängig von der Absicht des Anwenders und der Umgebung, in der er sich befindet. Wenn man z. B. abschalten („chillen") möchte, kommen Geräte zum Einsatz, die man in einer entspannten Haltung (z. B. liegend) verwenden kann. Hierbei wird zwischen zwei verschiedenen Arten unterschieden: Zum einen „Lean Back" (zurückgelehnt) und zum anderen „Lean Forward" (vorgelehnt). Die Arten sind allerdings nicht immer eindeutig bestimmbar und können sich überschneiden.

Abbildung 2.3: Die häufigsten Handhabungen von Tablets

Lean Back

Diese Situation tritt beispielsweise vor dem Fernseher auf. Der Benutzer möchte sich dabei entspannen und so wenig wie möglich selbst agieren. In dieser Phase nimmt er eher Informationen auf. Dieser Modus ist eine Momentaufnahme und nicht dauerhaft anhaltend.

Lean Forward

Im Gegensatz zum Lean-Back-Modus ist der Benutzer hier sehr aktiv, was sich auch in seiner Haltung widerspiegelt (aufrecht sitzend). Das Gerät ist hierbei längere Zeit im Gebrauch. Der Anwender handelt stetig und übt direkten Einfluss auf das Gerät aus, ohne dabei längere Pausen zu absolvieren.

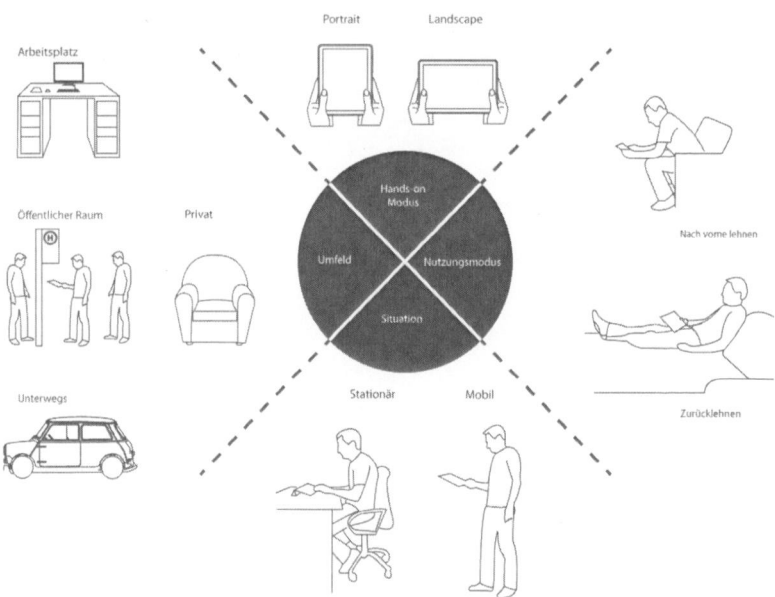

Abbildung 2.4: Essenzielle Nutzungsumgebungen

2.4 User Journey. Costumer Journey Mapping

Zu wissen, wo, wann und wie der User unsere Website oder unseren Service nutzt, ist meiner Meinung nach essenziell. Die Costumer Journey Map ist eine Orientierungskarte – eine Übersicht – welche die Reise (Journey) eines Nutzers beschreibt. Sie repräsentiert die verschiedenen Touchpoints, welche die Interaktionen des Users mit dem Web Service (Website oder App) charakterisiert. Sie zeigt die Seiten, auf denen der User landet und welche Entscheidungen er trifft, die ihn dann zu den weiteren Seiten Ihres Angebots leiten. Sie kennen das sicher: Sie besuchen eine Website und finden sich schnell zurecht, dann werden Sie gezwungen, erneut Daten einzugeben oder werden ohne Vorwarnung auf externe Seiten geleitet. Sie erreichen nicht Ihr Ziel, egal wie hart Sie es versuchen. Die User Journey möchte dies visualisieren, indem die Interaktion Schritt für Schritt als klassischer Verlauf beschrieben wird. Jedoch liegt der Schwerpunkt auf anderen Aspekten, zum Beispiel dem Fluss der Informationen und welche Devices involviert sind. Außerdem gibt diese Art auch noch eine größere Übersicht als ein einfacher Verlauf oder ein Task Flow: Die Repräsentation ist durch den Verlust überflüssiger Informationen und tiefster Details vereinfacht.

Wenn Sie eine neue Website, einen Service oder Prozess gestalten, ist es sehr zu empfehlen, im Voraus eine User Journey zu erstellen. Das gibt Ihnen Sicherheit, dass Sie alle wichtigen Schritte und Aspekte berücksichtigen, und zeigt Ihnen schnell auf, wo es gilt, den Prozess zu vereinfachen.

7 Schritte zur User Journey

1. **Benutzen Sie Personas:** Sie sind ein Heavy-User und online zuhause. Gehen Sie nicht zu sehr von sich aus. Versuchen Sie, sich in die Rolle Ihres Users zu versetzen.

2. **Ein Diagramm pro User Journey:** Oft denken wir, es sei besser, für jedes Ziel unserer User Journey ein Diagramm zu erstellen. Wenn Sie nur ein Diagramm erstellen, werden Sie mehrere Routen mit Überlappungen aufzeichnen. Und es sind gerade die Schnittmengen und Kreuzungen, die Ihnen bei der Lösung eines Problems helfen werden oder Ihnen aufzeigen, wo sie den Traffic fokussieren sollten.

3. **Zeigen Sie jeden Schritt in Ihrer Journey:** Überlassen Sie nichts dem Zufall. Sie sollten versuchen, jeden einzelnen Schritt und Klick zu bedenken, den Ihr User voraussichtlich auf Ihrer Website machen könnte. Versuchen Sie, alle seine Entscheidungen zu erfassen.

4. **Gruppieren Sie die Schritte in Abläufe:** Wenn Sie Ihrem User zwei Optionen bieten, zum Beispiel ein Produkt als Trial-Version herunterzuladen oder gleich den gleichwertigen Cloud-Service zu nutzen, sollten Sie diese Optionen in einen Ablauf gruppieren. Je mehr Überschneidungen Sie in einem Ablauf identifiziert haben, desto einfacher können Sie den Ablauf gestalten.

5. **Schmerzpunkte (Pain Points):** Jedes Produkt hat Schmerzpunkte, und es ist des UX-Designers größter Spaß, sie zu eliminieren. Manche Funktionen erfüllen unsere Erwartungen und bringen uns Freude, zum Beispiel, wenn wir in einem Onlineshop ein Produkt konfigurieren. Schmerzhaft und unlustig wird es, wenn wir uns schon wieder einloggen müssen, kein Feedback (Reaktion) auf eine Aktion (Senden oder Speichern) bekommen oder zum wiederholten Mal ein Formular ausfüllen müssen. Gerade die Seiten mit hohen Absprungsraten sollten als Erstes nach den Schmerzpunkten untersucht werden. Es ist immer sinnvoller, Ihre wertvolle Zeit mit Schmerzpunkten zu verbringen, als neue, fancy Features und Effekte einzuführen – das ist Kaizen.

6. **Erstellen Sie Notizen:** Halten Sie Ihre Gedanken, Ideen und Annahmen, fest, die einen Schritt verbessern könnten.

7. **Workshop:** Nutzen Sie die Brainpower von vielen und führen Sie mit allen Projektbeteiligten einen Workshop durch. Zu Beginn reichen Sticky Notes und ein Flipchart völlig aus. Sammeln Sie alle Ideen für mögliche Schritte und Abläufe. Erstellen Sie dazu die ersten Flowcharts. Anschließend reproduzieren Sie die Ergebnisse der Journey in ein digitales Format am Rechner. So haben Sie zugleich eine Dokumentation und einen Basisablauf für Ihr Testing geschaffen.

Was ist Journey Mapping?

Journey Mapping ist eine Methode, die aktuelle und tägliche User Experience eines Services visuell darzustellen. Journey Mapping ist eine der einfachsten und meist genutzten Annäherungen, um Services, aber auch Diskrepanzen im Service zu verstehen und Designmöglichkeiten zur Verbesserung und Innovation zu finden. Das Mapping ist Widerspiegeln und Analysieren einer Reise – eine Erfahrung über Zeit. So ist ein klassisches Ergebnis der Medienbruch in einem Service. Beispiel: Die User möchten gerne mobil, auf dem Bahnsteig, das S-Bahn-Ticket kaufen, können es aber erst, nachdem sie sich auf der nicht mobile-optimierten Desktopversion der Website ein Benutzerkonto eingerichtet haben. Das ist jedoch auf dem Mobile sehr umständlich, und auch nachdem ein Konto eröffnet wurde, muss dieses erst noch durch eine Kreditkartenbelastung verifiziert werden. Ergebnis: Der User ist frustriert, kauft das Ticket weiterhin mit Hartgeld am Automaten, besucht die Website nicht so schnell wieder und spricht dem Betreiber Kompetenz sowie Servicequalität ab.

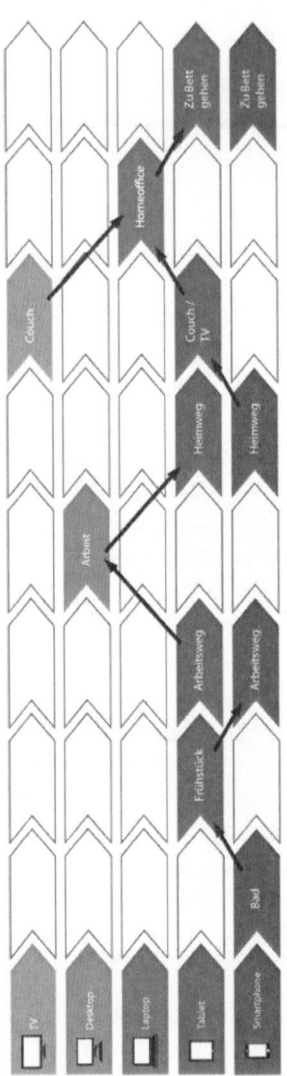

Abbildung 2.5: Zu welcher Zeit, an welchem Ort nutzt der User seine Endgeräte?

Ein Resultat dank Journey Mapping ist die Erkenntnis, dass „mobil" nicht grundsätzlich mit „unterwegs" gleichzusetzen ist. Mobile Endgeräte werden vor allem innerhalb der eigenen vier Wände genutzt. Das beschreiben die Medienforscherinnen Birgit van Eimeren und Beate Frees in ihrem Bericht zur ARD/ZDF-Onlinestudie. Und die Ergebnisse des iPad-Panels von Axel Springer Media Impact bestärken dies, weil 88 % der iPad-Besitzer ihr Tablet während des Fernsehens nutzen: 41 % häufig und 47 % gelegentlich. Dies gelte nicht nur während der Werbepausen.

Quellen

[1] *ard-zdf-onlinestudie.de* (PDF-Datei)

[2] *http://www.internetworld.de/Nachrichten/Mobile/Zahlen-Studien/
Studie-Nutzungsverhalten-von-Smartphone-Notebook-Co.-Das-
iPad-ist-das-neue-Couch-Medium?utm_source=feedburner&utm_
medium=feed&utm_campaign=Feed%3A+internetworld%2FKNxy+
%28Internet+World+Business%29*

Was man bekommt

Die Customer Journey Map zeichnet Touchpoints, Interaktionen mit dem Service und Nutzungsverhalten der Personen auf, die mit dem Service Erfahrungen gemacht haben. Diese Methode hilft, die absichtlichen und unabsichtlichen Aspekte der Customer Journey zu ermitteln. Die Map kann anhand von persönlichen Einsichten, Anekdoten und Fotos humanisiert werden.

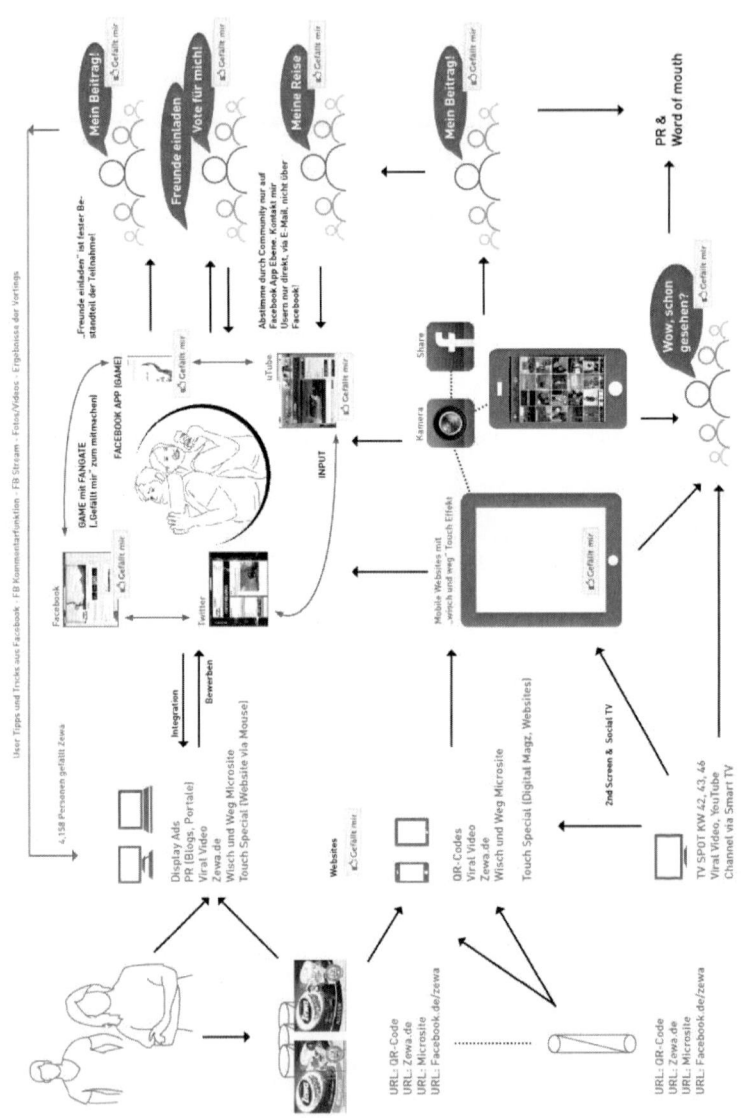

Abbildung 2.6: User Journey für das Touch-Special von Zewa Wisch&Weg

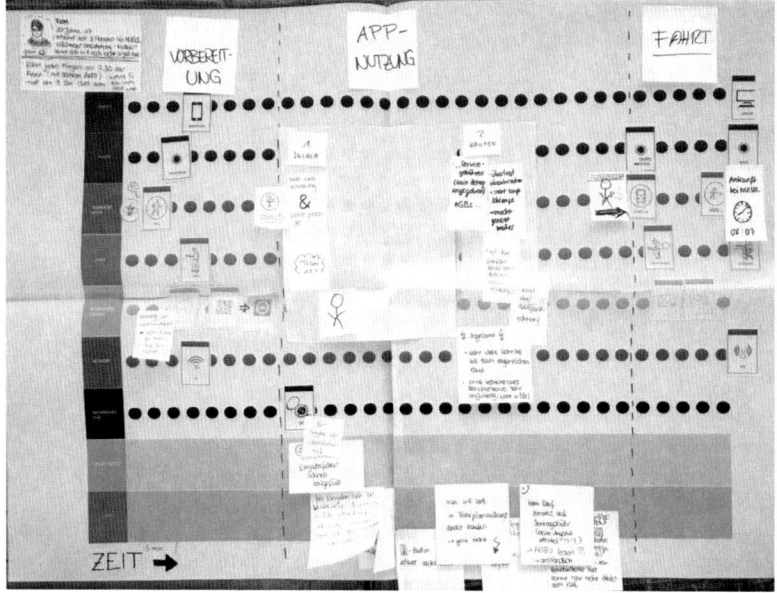

Abbildung 2.7: User Journey Mapping, das Probleme mit einer App aufzeigt

Wann soll man es nutzen?

Wir nutzen Customer Journey Mapping in unserer Projektarbeit auf verschiedene Arten:

- Als Framework zum Modellieren und Redesignen von Services und Interaktionen

- Um die realen und informellen Touchpoints eines Service aufzudecken

- Um Usern Möglichkeiten zu schaffen, sich selbst zu helfen, wenn es angebracht ist

- Für eine Userintegration, die es den Personen erleichtern soll, ihr Denken und ihre Erfahrungen zu strukturieren

- Als Insight-Tool für Manager und Gegensatz zu den gewohnten operativen Prozessabläufen

- Als Prüfungstool, mit dem eine User-Experience-Matrix erstellt werden kann

- Als Planungs- und Trainingslösung sowie als Teil einer Serviceproduktion.

2.5   Customer Journey Mapping Game

Das Customer Journey Mapping Game von Paul Kahn und Christophe Tallec ist eine einfache Art, mögliche Szenarien der UX zu der Nutzung eines Services aufzuzeigen. Ein leeres Arbeitsblatt und eine Reihe an Karten oder Post-its, die für die möglichen Touchpoints stehen, sind nötig, um alle Aktivitäten abzubilden. Gemäß dem spezifischen Kontext und Zweck der Session können verschiedene Spielmodalitäten und Regeln erstellt werden.

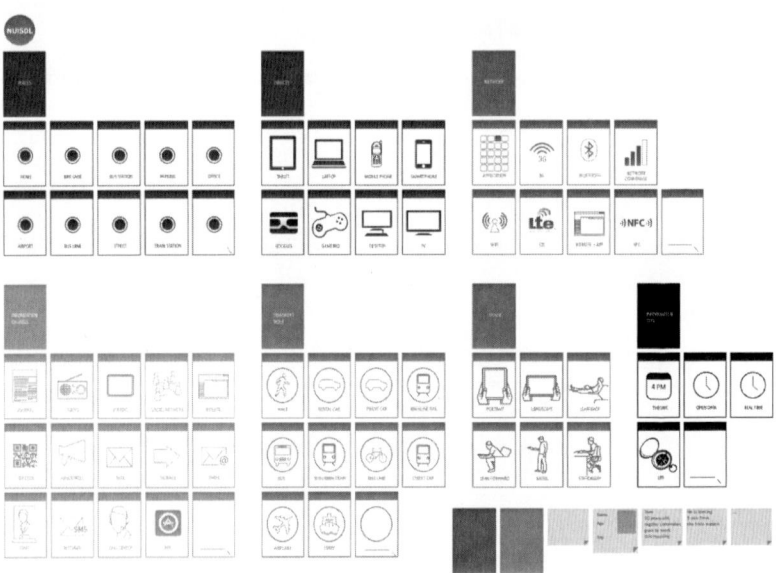

Abbildung 2.8: Touchpoint- und Aktivitätskarten in der erweiterten NUISOL-Version

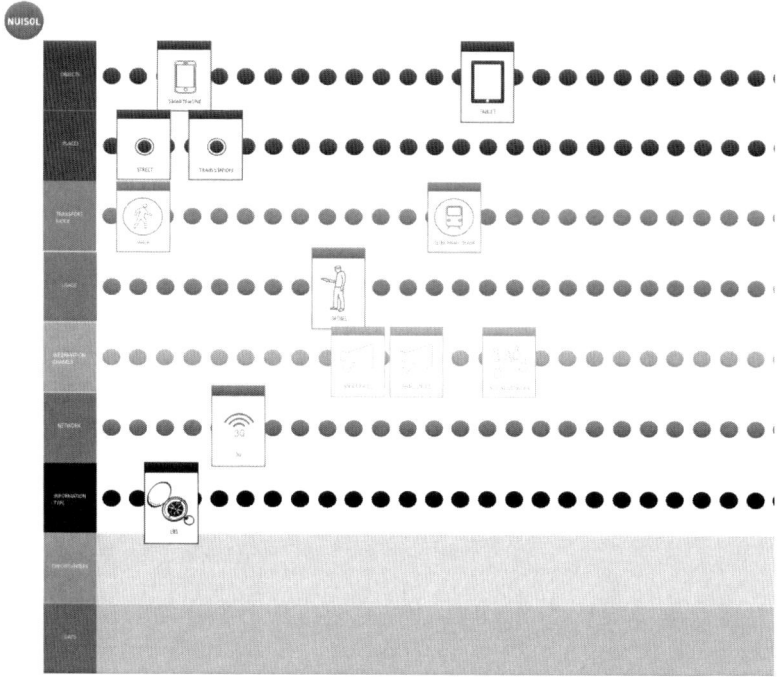

Abbildung 2.9: NUISOL Costumer Journey Mapping Game für Websites

Das typische Vorgehen ist, die Spielteilnehmer zu befragen. Vor dem Start wählen Sie eine Persona und definieren ihr Ziel und die Touchpoints, über die die Persona das Ziel erreichen darf. Beschreiben Sie die Erfahrungen, die der Proband an den verschiedenen Touchpoints erlebt. Die Karten bieten eine visuelle Unterstützung, fördern die Vorstellungskraft des Probanden und erleichtern die Montage der Reihenfolge von Aktivitäten und Touchpoints, die die UX bei der Nutzung Ihres Produkts charakterisieren. Bei NUISOL haben wir das ursprüngliche Spiel mit Touchpoints-Geräten und Nutzungsmodi erweitert, um besser auf unsere Mobile- und Tablet-Projekte einzugehen.

Abbildung 2.10: Ein Workshopteilnehmer platziert die Touchpoint- und Eventkarten auf der Journey Map

Ein typisches Beispiel stammt aus dem Nahverkehr. Ein hohes Maß an Komplexität entstand aufgrund der Tatsache, dass die Kunden oft gemeinsam mit anderen Kunden aus einer Reihe von mehreren Operatoren, die benötigt werden, damit man von A nach B kommt, wählen müssen. Die Map versucht, diese Komplexität durch die verschiedenen Touchpoints im Zusammenhang mit den verschiedenen Arten von Akteuren (öffentliche Einrichtungen, Verkehrsunternehmen, lokale und regionale Behörden) abzubilden.

Am Ende, wenn die Reise zugeordnet wurde und die Touchpoint-Karten verwendet wurden, werden die Lücken, Schwachstellen, Chancen sowie die Erfahrungen der User sichtbar. Sowohl aus der Sicht des Anwenders als auch der des Anbieters.

Eine Vorlage des Spiels ist kostenfrei als Prezi Template nutzbar.

http://prezi.com/1qu6lq4qucsm/customer-journey-mapping-game-transport/

http://madpow.com/Team/Paul-Khan.aspx

http://www.uinfoshare.com

2.6　Einer Persona Leben einhauchen

Der letzte Schritt in der Persona-Erstellung ist, die gewonnenen Informationen in einen Fragebogen ordentlich einzusetzen, um Sie mit einem Blick daran zu erinnern, für welchen User Sie arbeiten. Hängen Sie den Bogen in Sichtweite. Versehen Sie ihn mit einem Foto oder einer Grafik. In manchen Agenturen werden Personas auch gerne auf T-Shirts oder Kaffeetassen gedruckt, um der virtuellen Person Leben einzuhauchen. Ihre Personas sind nun fertig, um in Ihrer täglichen Arbeit genutzt zu werden. Durch ihre Analyse erhalten Sie normalerweise eine Liste mit den gängigsten Bedürfnissen und Ideen, diese zu erreichen. Ebenso haben Sie nun das Potenzial, einige Probleme auf Ihrer Site aufzudecken und zu verbessern.

PROFITIPP: Sie haben nun ein paar archetypische User, mit deren Hilfe Sie Ihre zukünftigen Entscheidungen treffen können – um sicherzugehen, dass Sie für Ihre User und nicht für sich selbst designen und entwickeln.

2.7　Intuition und Bauchgefühl

Die Müdigkeit der User, sich zu entscheiden

E-Mail, iMessage (SMS) oder Facebook-Nachricht? Das Foto senden, gleich uploaden, teilen und im Album zuordnen? Welchen der 10 000 Lieblings-tracks als Nächstes abspielen? Anmeldeformular ausfüllen oder Passwort für die App raussuchen – ist mir das jetzt zuvvel? Und warum funktioniert das automatische Ausfüllen schon wieder nicht? Fühlen Sie sich von diesem Gedankenspiel gestresst oder sogar richtig genervt? Keine Panik, Sie reagieren völlig normal. Das Umschalten von einem nichtfokussierten Geisteszustand zu einer komplexen Entscheidung gehört zu den anstrengendsten Leistungen unseres Geistes. Unser Nervensystem verbraucht mehr Glukose als die anderen Körperteile, und es ist ihm egal, ob Sie gerade die Entscheidung für den Abschluss einer Versicherung treffen oder den „Jetzt kaufen"-Button auf Ihrem Tablet betätigen. Niemals zuvor konnten wir selbstbestimmt so viele Entscheidungen in Echtzeit treffen. Zu den großen Entscheidungen, die unser Leben lenken, werden wir täglich mit vielen kleinen Entscheidungen berieselt. Eine Begleiterscheinung unserer Komfortgesellschaft. Doch diese selbstbestimmte Entscheidungsfreiheit strengt uns User zunehmend an. User mit hoher Entscheidungsfreiheit geben nach Feierabend und am Wochenende dann gerne die Verantwortung an andere ab und überlassen dem Lebenspartner, den Freunden, dem Verkäufer oder Dienstleister die Entscheidungen. Therapeuten sprechen von Manager-Laissez-faire und maskuliner Wochenendstarre. Intuitive Websitegestaltung heißt also, verständlich zu sein und mit Zusatzinformationen sowie ablenkenden Materialien sehr sparsam zu sein. Die Wahl zu haben, wird zur Belastung. Die meisten User können mit fünf Wahlmöglichkeiten gut umgehen. In dem „Marmeladenexperiment" der amerikanischen Choice-Expertin Sheena Iyengar durften Kunden im Supermarkt zwischen sechs Marmeladen wählen. Sie konnten sich, ohne groß zu überlegen, für ein Glas entscheiden und es kaufen. Als das Sortiment auf 24 Sorten gesteigert wurde, waren die meisten mit der Auswahl überfordert und kauften keines davon. Bei einem Experiment in einem deutschen Autohaus konnten sich die User an einem Computer ihr Traumauto konfigurieren. Je mehr Auswahlmöglichkeiten es gab, zum Beispiel über 50 Lackfarben, umso stärker neigten die Käufer dazu, den Herstellerempfehlungen blind zu folgen. Nach einer Weile wählten die User aufgrund der Überforderung gar nichts mehr aus und verließen sich komplett auf die Empfehlungen.

PROFITIPP: Sheena Iyengar, Professorin an der Columbia Business School, ist eine Expertin für Choice Architecture. Die Autorin des Buches „The Art Of Choosing" forscht schon seit Jahren zu den Prozessen, die bei Konsumenten zur Auswahl eines Produkts führen. In einem TED-Referat präsentiert sie vier Maßnahmen, die zu einer besseren Entscheidungsarchitektur – und damit zufriedeneren Kunden – führen können.

http://www.ted.com/talks/sheena_iyengar_on_the_art_of_choosing.html

1. **Reduzieren:** Weniger ist hier mehr: Werden nur drei Sorten Joghurt angeboten, kaufen wir eher eine Sorte als bei einem Angebot von 30. Geringere Produktvariation kann nicht nur den Absatz erhöhen, sondern reduziert obendrein noch Produktions- und Distributionskosten.

2. **Konkretisieren:** Das Geheimnis hierbei ist, das Angebot als emotionale Erfahrung zu gestalten. Iyengar weiß aus vielen Untersuchungen: Das kann ein messbarer Vorteil gegenüber Anbietern sein, deren Produkte in einem Massenregal versteckt sind.

3. **Kategorisieren:** Wer mit einer Unzahl gleichwertiger Produkte konfrontiert ist, fühlt sich überfordert. Dagegen helfen klare Produktkategorien, die wesentliche Eigenschaften eines Produkts hervorheben. Ein einfaches Beispiel dafür ist zum Beispiel die Bewertung von Filmen nach unterschiedlichen Kategorien in Fernsehprogrammen (Spannung, Drama, Romantik).

4. **Bestimmung der Komplexität:** Bei manchen Produkten ist ein komplexer Entscheidungsprozess unvermeidlich. In diesem Fall ist es wichtig, zum Beispiel bei einem Online-Produktkonfigurator, einfache Dinge an den Beginn zu stellen und Auswahlmöglichkeiten und Komplexität erst im Prozess zu steigern. Diese Erkenntnisse macht sich vor allem das iOS zunutze und wurde tausendfach durch die strengen Regelungen und Paradigmen von Apple auf Apps übertragen. Die wenigen Auswahl- und Einstellungsmöglichkeiten in den Applikationen werden vom User dankbar angenommen und mit ei-

nem positiven Erlebnis gespeichert. Auch hier bestätigt sich die hohe Kunst des Weglassens. Reduzieren Sie die Auswahl und Einstellungsmöglichkeiten auf maximal drei Optionen.

Nutzen Sie die Intuition. Unser Bauch weiß viel.

Einfach auf den Bauch hören? Für die meisten Alltagssituationen trifft das zu, und Sie sollten sich klar machen, dass es für den durchschnittlichen User eine mentale Erleichterung ist, auf den Bauch zu hören. Das, was der User als Bauchgefühl definiert, ist in der Regel das Wiederholen von Gelerntem und ihm bereits Bekannten. Er verfolgt unterbewusst Rituale und Gewohnheiten, die ihn entlasten. Das trifft vor allem auf Navigation und Bedienelemente zu. Hat er einmal mit einem positiven Erlebnis Ihr Onlineangebot genutzt, wird er bei der nächsten Entscheidungsprobe zwischen Ihrem Angebot und einem anderen seinen Bauch entscheiden lassen. Er wird sich also von seiner Intuition leiten lassen.

2.8   Streben Sie einen „Flow" an

Bei der Nutzung Ihrer Website auf einem Tablet sollte der User einen „Flow" erleben. Der amerikanische Psychologieprofessor Milhaly Csikszentmihalyi beschreibt seine Erkenntnis über das so genannte „Flow-Erleben" wie folgt:

„Ein Glücksgefühl (Flow) entsteht, wenn sich unsere Fähigkeiten und unsere Herausforderungen im Einklang befinden. Wächst die Herausforderung zu schnell, stellt sich ein Gefühl der Überforderung ein; übersteigen die Fähigkeiten die Herausforderungen, kommt Langeweile auf. Finden Sie Ihr eigenes Maß, also die Ziele, die Sie ebenso zuversichtlich wie erfüllt Ihr Dasein genießen lassen."

Identifizieren Sie bei Ihrer Website die Stellen, an denen der User über- oder unterfordert sein könnte, und welche Erwartung er voraussichtlich haben wird?

Mehr zur Website-Psychologie erfahren Sie in einem Gastbeitrag von Fabian Dicke, der Ihnen unter *www.entwickler-press.de/ux_design* als Download zur Verfügung steht.

2.9   Userverhalten heute und morgen

Nutzen Sie heute noch den Schwarzweißfernseher? Oder ein Wählscheibentelefon? Benötigen Sie noch täglich Ihr Diskettenlaufwerk? Ihr CD/DVD-Laufwerk? Die nächste Generation User wird die Computermaus sehen wie wir das gute alte Wählscheibentelefon. Nicht mehr notwendig. Nostalgisch, veraltet und umständlich.

Abbildung 2.11: NUISOL-Stift-Kassette

Verstehen Sie den Zusammenhang dieser beiden Gegenstände? Nein? Dann gehören Sie zur Generation CD-Player. Die älteren Leser werden sich erinnern: es war der einfachste Weg, mit einem Stift das Band wieder einzuziehen oder zurückzuspulen. Wie Alexander Ringsdorff, Gründer von Couch Commerce beschreibt:

„Ich denke, dass der Wechsel von der Maus hin zum Finger und somit zur intuitiven Bedienung gerade erst begonnen hat und sicher auch noch Einfluss

auf die Art haben wird, wie wir Computer nutzen. Apple hat beispielsweise in iOS Lion, die Logik des „natural scrolling" aus dem iPad übernommen. Es scheint also eine Art Lernprozess begonnen zu haben, der unsere angelernte PC-Bedienung verbessert. Wenn die Prognosen stimmen, so werden Tablets und Smartphones die Verkaufszahlen von Laptops und Desktop-PCs überholen. Die Frage, welche Hardware genutzt wird, um online einzukaufen, wird dann eine zentrale Rolle für den E-Commerce spielen. Auch ist nicht zu unterschätzen, dass neue Zielgruppen per Tablet erreicht werden, die eher erlebnisgetrieben bzw. durch einen virtuellen Einkaufsbummel inspirierte Produktwelten entdecken. Das aktuell für Männer optimierte E-Commerce kann da nur selten die Bedürfnisse dieser Zielgruppe bedienen."

Quelle: *http://ringsdorff.net/2011/12/14/was-ist-eigentlich-couch-commerce/*

Tablets machen Schule

Generationen von Schülern sind mit der guten alten Schiefertafel in Schwarz oder Grün aufgewachsen, und unzählige Nackenhaare hatten sich dank quietschender Kreide aufgestellt. Seit 1809 ist die Schultafel im Einsatz, und wenn es nach Steve Jobs gegangen wäre, dann hätte sie noch zu seinen Lebzeiten ausgedient. Tatsächlich erscheint einem das Szenario von einer digitalen Schule, in der alle ABC-Schützen ausschließlich mit iPads hantieren und in inniger Eintracht miteinander vernetzt sind, fast zu schön, um wahr zu sein. Eine Umfrage von NUI-SOL unter 30 Lehrern unterschiedlicher Stufen hat ergeben, dass alle den Einsatz von Tablets im Unterricht begrüßen. Die Kids würden dank der einfach zu handhabenden Apps spielerisch schneller und besser lernen. Jedoch müssten alle Schüler die gleichen Tablets und Apps nutzen. Das ist in Deutschland kostentechnisch zurzeit nicht umsetzbar. Anders in Thailand, wo Schulkinder durch kostenlose Android-Tablets gefördert werden. Das Projekt „One Tablet per Child" (OTPC) macht es möglich. Insgesamt sollen bis 2014 insgesamt 2,5 Millionen Geräte verteilt werden. Bei dem durch die Regierung gesponserten Tablet handelt es sich um ein Scopad SP0712. Es verfügt über ein 7-Zoll-Touchscreen, eine 8 GB Festplatte, GPS und 1 GB RAM, 2 Megapixel Front- und Rückkamera und über eine 1,2 GHz CPU. Wenn Lehrer und Eltern damit einverstanden sind, dürfen die Grundschüler die Minicomputer auch mit nach Hause nehmen. Ich konnte eine thailändische Grundschullehrerin dazu befragen und ihr Urteil fiel sehr enttäuschend aus. Die Software sei extrem instabil und die Apps teilweise schlecht umgesetzt, sodass die Lehrinhalte nicht ausreichend vermittelt werden können. Auch in Südkorea macht dieses Projekt Schule. Hier sollen sogar alle Schüler zu 100 Prozent digital durchs Schulleben gebracht werden. Hoffentlich mit einer besseren Umsetzung als in Thailand. Wann wird dies in Deutschland soweit sein und wie könnte der Alltag in solch einer Schule aussehen? Die alte Anwesenheitsliste fällt weg. Ein Tap, und das Tablet zeigt dem Lehrer an, wer fehlt. Ein Tap, und es ist klar: Jessica hat keine Hausaufgaben gemacht. Ein Tap, und Markus ist für sein schlechtes Benehmen während des Unterrichts zum letzten Mal verwarnt worden – beim nächsten Tap bekommt der Vater umgehend eine E-Mail, in der er über das Verhalten seines Sohnes informiert wird. Doch dieses Szenario sollte man noch weiter durchdenken: Schulbücher ließen sich iterativ aktualisieren und mit Notizen der Schüler und Lehrkräfte dynamisch bearbeiten. Schüler aus verschiedenen Ländern könnten via Cloud Service miteinander und voneinander in Gruppenarbeit lernen und virtuell zusammensitzen. Das ist technisch auch mit klassischen stationären Computern möglich, wenn aber jedes Kind selbstverständlich mit Tablets arbeitet, sinkt gleichzeitig die Hemmschwelle, diese technischen Möglichkeiten auch im Unterricht voll auszuschöpfen. Doch wenn Schulen von klassischen Schulbüchern auf Tablets umrüsten, hat das potenziell nicht nur positive Auswirkungen. Es gibt auch eine Kehrseite der Medaille: Damit eine Klasse sinnvoll mit Tablets arbeiten kann, ist es wichtig, dass alle Schüler mit dem gleichen Betriebssystem arbeiten. Und es muss die Frage gestellt werden: iOS End to End oder „offene" Systeme wie Android oder Ubuntu? Marketingexperten würden vor Freude in die Luft gehen, denn die Aussicht, Jugendliche möglichst früh – und potenziell lebenslang – an ihr Betriebssystem und ihr App-Universum zu binden ist doch fantastisch.

Björks Musikschule: Bildungshürden überwinden

Neu ist die Idee einer Schule, die fast nur über Tablets organisiert wird, nicht. Bereits 2011 hat die isländische Sängerin Björk ihre Vision von einer Musikschule in ihrer Heimat umgesetzt. Der grundlegende Gedanke ist es, den Schülern das Musizieren zu ermöglichen, die keine Noten lesen oder kein Musikinstrument spielen können. Durch intuitive Handlungen wie Handgesten sollen Schüler mit Klängen experimentieren und sich damit auf musikalisches Neuland begeben – so wie es Björk selbst während ihrer Musikkarriere immer wieder vorgelebt hat. Bereits ihr Album Biophilia war auch als iOS-App erhältlich und konnte vom Hörer mittels Musikbausteinen interaktiv verändert werden. Musik, Natur und Technik verschmelzen so auf dem Tablet und bilden mit dem Menschen, der es bedient, eine symbiotische Einheit. Der User wird so ein Teil des kreativen Prozesses.

> Bring your own Device (BYOD) ist in aller Munde. Weitere Informationen stehen Ihnen unter *www.entwickler-press.de/ux_design* als Download zur Verfügung

Quellen

[1]   *http://www.futuregov.asia/articles/2013/mar/13/thailand-updates-otpc-tablet-project-2013/*

[2]   *http://webmagazin.de/design/Steve-Jobs-Schule-iPads-bringen-Kindern-das-Lesen-Schreiben-bei*

[3]   *http://www.welt.de/kultur/musik/article13641402/Island-Sirene-Bjoerk-macht-Hoerer-zu-Musikern.html*

[4]   *https://itunes.apple.com/de/app/biophilia/id434122935?mt=8*

2.10 Checkliste

- Hören Sie auf, sich zu ärgern! Sich über schlechte Usability und UX zu beschweren, hilft nicht weiter. Wenn Ihre User eine Funktion Ihrer Website lieben, sollten Sie diese Erkenntnis dankbar annehmen. Auch wenn Sie weiterhin finden, dass es schlecht ist.

- Kennen Sie Ihren User! Erstellen Sie Personas, identifizieren Sie die Nutzungsmodi und Umgebung. Wissen Sie, wann, wie und wo Ihr Service genutzt wird. Ausführliche User Journeys werden Ihnen den Weg zeigen.

- Beobachten Sie die Mitbewerber! Lernen Sie von den Verbesserungen anderer Websites. Sie nutzen so die Erkenntnisse von vielen Experten und UX-Aktivisten. Viele Mitbewerber haben eventuell mehr Ressourcen zur Verfügung als Sie, die Sie sich zunutze machen können.

- Kennen Sie Ihre Daten (Big Data, Analytics)! Sie geben Ihnen das Fundament für Entscheidungen, zeigen Stärken und Schwächen Ihrer Website und Ihres Services auf. Lesen Sie regelmäßig Studien und Statistiken. UX braucht Big Data.

- Entwickeln Sie eigene Lösungen! Die Prise Feenstaub, die Ihre UX so besonders gut machen wird, können nur Sie entwickeln. Sie kennen Ihre Kunden und Ihr Produkt am besten. Es liegt in Ihren Händen.

3 Hardware UX – Tablets, die neue Gattung

Tablets sind keine großen Smartphones und keine Laptops ohne Tastatur, sie sind eine neue Gattung. Mit einem berührbaren Display, aber ohne Tastatur, die man jedoch auf Wunsch anschließen kann. Mittlerweile ist es möglich, Tablets von unterschiedlichen Herstellern zu erhalten, auch wenn die bekanntesten Tablets von Apple stammen. Trotzdem ist der Tablet-Computer keine Innovation des 21. Jahrhunderts, wie man vielleicht denken könnte. Die Wurzeln zu diesem elektronischen Notizblock gehen bis in das Jahr 1956 zurück. Die Firma Rand „erfand" das Tablet. Damals waren diese jedoch nicht so handlich und leicht wie wir sie heute kennen. Die Fa. Rand Corperation entwarf das „Rand Tablet" für die Erforschung zur Verbesserung der Kommunikation zwischen Mensch und Maschine. Aus diesem Projekt, das vom Militär unterstützt wurde, entstand auch das uns heute bekannte Internet.

Das Konzept des Tablets, das sich in den 1960er Jahren unter dem Namen Dynabook etablierte, funktionierte ohne Maus. Man steuerte das Rand Tablet über den berührbaren Bildschirm. Trotz der damals schon sehr hoch entwickelten Technologie des Touchpads besaß jedes Tablet einen Anschluss für eine Tastatur. Das Dynabook sollte in seiner Ursprungsidee leicht und handlich sein und sich als weiterer Vorteil drahtlos mit einem Netzwerk verbinden. Der Stift, der die Bedienung des berührbaren Bildschirms vereinfachen sollte, wurde erst 1990 von Jeff Hawkins entwickelt.

Apple wagte sich mit seinem ersten „iPad" 1993 auf dem Markt. Damals erhielt das „iPad" den Namen „Newton MessagePad", aufgrund des Betriebssystems, das damals aufgespielt wurde. Das Newton MessagePad floppte und wurde 1998 von Steve Jobs persönlich vom Markt genommen.

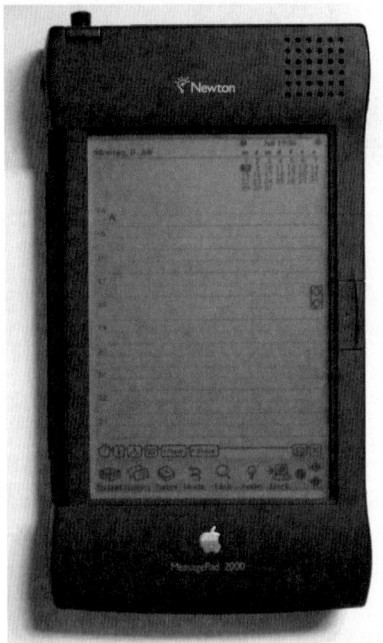

Abbildung 3.1: Apple Newton

Erst jetzt, im 21. Jahrhundert, gelang dem Tablet-Computer und vor allem dem iPad, wie man es heute kennt, der Durchbruch, und es musste dabei viele Höhen und Tiefen miterleben, bis es endlich von seiner ursprünglichen Zielgruppe akzeptiert wurde.

Quellen

[1]   *http://www.tabletpcblog.de/tag/geschichte/*

[2]   *http://tablepcstop.com/verwendungszweck/*

[3]   *http://tablepcstop.com/*

[4]   *http://www.handelsblatt.com/technologie/it-tk/mobile-welt/geschichte-des-tablets-wie-xerox-das-ipad-erfand/3849944.html?slp=false&p=2&a=false#image*

3.1   Größe

Zuerst sollte man sich klar über die Größe des Tablets werden. Es gibt zwei Größenklassen der Geräte mit 7-Zoll- und mit 10-Zoll-Displays, also mit rund 18 bzw. 25 Zentimetern Bildschirmdiagonale. Die 7-Zoll-Geräte sind mobiler und passen in die meisten Handtaschen, Hüfthalter (Politessen) und sogar noch die ein oder andere Jackentasche. Aber für viele Anwendungen sind sie unseres Erachtens nach einfach zu klein: Bei Zeitungen, Zeitschriften und vielen Webseiten wird es ziemlich fummelig, und auch viele Spiele funktionieren nur auf Geräten mit 10 Zoll richtig schön. Zu beachten ist aber nicht nur die schiere Größe, sondern auch das Seitenverhältnis. Apple hält bei seinen iPads am klassischen 4:3-Format fest, während fast die gesamte Konkurrenz eher aufs fernsehübliche, stark auf den Videokonsum zielende 16:9-Format setzt. Ich halte das Apple-Format für universeller, da es üblichen Sehgewohnheiten von Zeitungen, Fotos und Büchern entspricht und bei Videos kaum Nachteile hat. Eine Sonderstellung hat deshalb das iPad Mini, das immerhin fast 8 Zoll Diagonale und diese im 4:3-Format hat und daher deutlich mehr Fläche als die anderen 7-Zöller.

3.2   Screen-Fragmentierung

Bei den Bildschirmgrößen tendiert die erste Generation der Android Tablets (2.2) zu 1024 x 600 Pixel, ist also kleiner als der Platzhirsch iPad mit 1024 x 768 Px, aber in der Menge überlegen. Die aktuellen Android Tablets und die kommenden Windows-8-Geräte punkten wiederum mit HD-fähigen 1280 x 800 Px, und das iPad ab Version 3 bietet mit 2048 x 1536 Px somit deutlich mehr nutzbare Fläche.

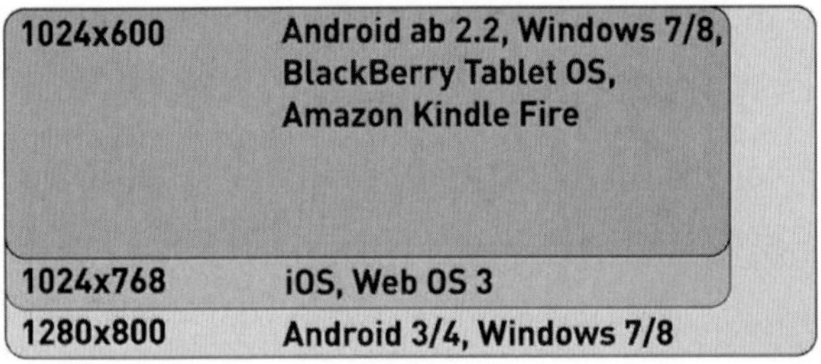

1024x600	Android ab 2.2, Windows 7/8, BlackBerry Tablet OS, Amazon Kindle Fire
1024x768	iOS, Web OS 3
1280x800	Android 3/4, Windows 7/8

Abbildung 3.2: Vergleich der Displaygrößen

Die gängigsten Displaygrößen

Um in diesem Tablet Jungle als Designer den Überblick über die Einschränkungen und Möglichkeiten der Geräte, ihrer OS und der verfügbaren Browser zu erhalten, hat die Agentur NUISOL mit der Website *Tablet-Screendesign.info* eine Übersicht aller gängigen Tablets mit Angaben über Auflösung, Browser, OS, Displaygröße und mehr ins Leben gerufen. In der stetig wachsenden Liste sind zurzeit 133 Geräte verzeichnet vom 4tiitoo Wetab bis zum Vizio Tablet.

Als Hilfreiche Werkzeuge zu Display und Viewport-Testing haben sich Browser-Apps wie Protofluid, Screenfly, resizemybrowser.com und das für OS X verfügbare xScope bewährt. In ihnen können die gängigen Größen simuliert werden, auch mit Landscape und Portrait-Modus. Mit Xscope können Websites und z. B. Photoshop-Entwürfe über Shadowing/Mirror-Tool direkt auf dem iPad getestet werden. Auf der

Herstellerwebsite gibt es ein Workaround, um auch für das iPad Retina-optimierte Inhalte darzustellen.

Generell gilt Vorsicht! Der Raum, der durch die Tablet-spezifische Systemleiste (z. B. Android) und die Browserleiste entfällt, wird im Moment noch nicht optimal simuliert. Das sollte gerade bei der Homepage und den spezifischen Landing Pages beachtet werden.

Abbildung 3.3: Simulation einer Responsive Site in einem Galaxy-Landscape-Modus

Quellen

[1]   *http://www.tablet-screendesign.info/*

[2]   *http://app.protofluid.com/*

[3]   *http://quirktools.com/screenfly/*

[4]   *http://resizemybrowser.com/*

[5]   *http://xscopeapp.com/*

3.3 Geräte

Tablet-PCs sind leicht, Ihre Apps sofort betriebsbereit, die Akkulaufzeit phänomenal ausdauernd. Das sind entscheidende Vorteile. Der Frankfurter Texter Jörg Rentrop ist viel unterwegs und nutzt bevorzugt sein iPad, um Konzepte und kreative Texte zu erfassen oder zu recherchieren. Eine Hardwaretastatur ist ihm zwar auch lieber, aber die Vorteile des iPads überwiegen gegenüber denen des Laptops. Die Performance und Touch-Fähigkeit (Reaktionszeit) der aktuell verfügbaren Geräte liegen indes nicht weit auseinander. Websites bauen sich fast gleich schnell auf und lassen sich flüssig bedienen. Auf Websites eingebundene Videos werden ruckelfrei abgespielt. Technisch unterscheiden sich die Geräte vermeintlich kaum noch. Die Displays sind mehr oder minder brillant und sehr hochauflösend, die Prozessoren und Flash-Speicher ausgereift. Bei unseren zahlreichen Tests der Tablets verschiedenster Hersteller mussten wir aber immer wieder feststellen, dass das iPad am besten mit JavaScript und Video umgehen kann. Einige rechenintensive Effekte und Animationen, die noch auf einem iPad flüssig laufen, ruckeln auf den verschiedensten Android Tablets, obwohl diese stärkere Prozessoren haben. Auffällig ist, dass sich der Markt auf die vier Geräte der vier Plattformanbieter zu verengen scheint und die drei anderen insofern das bisherige Apple-Erfolgsprinzip des „Alles-aus-einer-Hand" kopieren. Denn sowohl Google mit den Nexus-Geräten, Amazon mit seinem Kindle Fire als auch Microsoft bieten mit den Surface-Modellen Geräte unter eigenem Label über die eigene Plattform an. Diese stellen jeweils die Spitze des jeweiligen Systems dar. So bekommen bislang nur die Nexus-Geräte die aktuellste Android-Version (4.2), während man bei anderen Herstellern meist nur 4.0 oder höchstens 4.1 bekommen kann. Von der Perfektion im Detail und insbesondere der Eleganz im Design bislang unerreicht, bleiben Apples iPads einzigartig. Glas und Metall fühlen sich immer hochwertiger an als Kunststoffe. In Anbetracht dessen erscheint uns der je nach verglichener Plattform mehr oder minder große Mehrpreis (Preise je nach Größe und Ausstattung zwischen 329 und

829 Euro) weiterhin gerechtfertigt. Preis-/leistungsmäßig ist das Google Nexus momentan der schärfste Rivale. Beim Kauf zu bedenken ist auch das mögliche Zubehör: Hier hat das iPad durch die Apple-eigene Modellkonstanz einen enormen Vorsprung an speziell zugeschnittenen Hüllen, Tastaturen, Adaptern, Sounddocks und so weiter.

Moderner Vierkampf

Nun sind es vier Konzerne, die um den Markt mobiler digitaler Geräte buhlen: Apple, Google, Amazon und Microsoft. Denn man entscheidet sich heute nicht unbedingt für ein spezielles Modell, sondern für ein Komplettpaket aus Gerät, Betriebssystem, Plattform und App Store. Deshalb spielen die klassischen Computerhersteller eine immer untergeordnetere Rolle und sind froh, wenn sie für Google Nexus-Geräte bauen oder Apple-Bildschirme liefern dürfen. Als Gesamtpaket für Einsteiger in die digitale Welt und für alle, die es möglichst ohne Komplikationen wollen, die aber nicht auf den letzten Euro schauen, scheint uns Apples iPad weiterhin das empfehlenswerteste Angebot zu sein. Doch Google hat aufgeholt, und Android dürfte im nächsten Jahr im Tablet-Markt so wichtig werden, dass die Badische Zeitung hier auch aktiv werden will. Amazon ist für alle, die sich auf Medienkonsum mit kleinen (aber mit 400 Gramm relativ schweren) 7-Zoll-Tablets beschränken wollen, eine erwägenswerte Alternative (den Fire HD gibt es ab 199 Euro). Bei Microsoft bin ich noch vorsichtig. Ob Windows RT wirklich der Weisheit letzter Schluss ist und sich (bei sportlichen Preisen von 479 bis 679 Euro) auf breiter Front durchsetzen kann, muss sich erst noch zeigen. Und nach unseren praktischen Erfahrungen spricht nichts gegen einen Mischbetrieb aus iPad oder Android-Tablet.

3.4   Eingabemethoden

Touch vs. Maus

Studien belegen: Menschen kaufen per Touch schneller und mehr als über Mausklick. Das „Wischen, Tappen, Anfassen" auf dem Screen ist unmittelbarer als das Klicken mit der Maus (Quelle: Lead Digital 11/2012, Neuromarketing Seite 20 ff.).

Winken und Kopfwackeln

Qualcomm befreit Snapdragon-Tablets vom Antouchen

Kaum hat sich alle Welt daran gewöhnt, dass mobile Displays befingert werden wollen, kommt Qualcomm mit berührungslosen Steuervarianten für Tablets mit dem firmeneigenen Snapdragon-Prozessor; schließlich kann oder will man dann doch nicht immer das Tablet betouchen, zum Beispiel mit fettigen Fingern beim Kochen. Dazu zeigt Qualcomm noch ein Demofilmchen mit einem lustigem Kopfball-Game, das natürlich mit Kopfwackel-Controlling viel lustiger ist:

Quelle: *http://de.engadget.com/2012/08/06/winken-and-kopfwackeln-qualcomm-befreit-snapdragon-tablets-vom-an/*

Haptische Displays

Bisher fühlt sich die Bedienung mit einem Tablet für viele noch alles andere als natürlich an. Das ist darauf zurückzuführen, dass es bisher noch kein gutes haptisches Feedback gibt und bei der Bedienung eigentlich nur auf einem Glas gedrückt und gewischt wird. Menschen möchten aber etwas anfassen und Dinge erfühlen können. In der Forschung wird schon lange versucht, die Interaktion haptischer zu machen. Ein Ansatz sind so genannte Tangible User Interfaces (TUI). Diese TUIs verschmelzen die reale und die digitale Welt. Oft werden dabei echte Objekte auf das Display gelegt, um digitale Objekte zu manipulieren. Die Firma Senseq hat es geschafft, „fühlbare Displays" zu bauen, die dem Nutzer ein taktiles

Feedback mit der Hilfe eines elektronischen Feldes geben. Lange wird es auch nicht mehr dauern, bis wir diese Technolgie in Tablets verbaut sehen. Einen anderen Schritt geht die Firma Tactus. Sie hat es geschafft, dass sich aus einem normalen Display wie durch Zauberhand Knöpfe erheben. Wir sind also nicht mehr sehr weit davon entfernt, aus den bisherigen normalen Glasoberflächen wieder haptische Eingabegeräte zu machen.

Quellen

[1]   *http://tablethype.de/tactus-zeigt-erfuhlbaren-touchscreen-fur-smart-phones-und-tablets-video/*

[2]   *http://senseg.com/*

[3]   *http://www.gizmowatch.com/feel-screen-feel-texture-touchscreen.html*

Non-Touch

Doch schon in Kürze werden die ersten User testen, wie es sich anfühlt, ihr Tablet allein mit den Augenbewegungen zu steuern. Das dänische Startup „The Eye Tribe" hat eine Technologie entwickelt, mit der User ihr Smartphone oder Tablet nur mit den Augen steuern können. Und das nicht nur beim „Tappen" von Buttons oder Scrollen, sondern auch beim Spielen. Zurzeit müssen Sie ihr Tablet dafür noch in einen Adapter stecken, den *The Eye Tribe* ab 2013 für 99 US-Dollar vertreibt. Das Gerät wird via USB verbunden und ist mit Infrarot-LEDs und Webcam ausgestattet, die die Augenbewegungen verfolgen und den genauen Punkt errechnen, auf den der User schaut. Im nächsten Entwicklungsschritt soll diese Technik direkt in die Tablets verbaut werden. Aktuell gibt Samsung schon den Besitzern eines S4 die Möglichkeit, mit den Augen zu scrollen. Ebenso kann das S4 bedient werden, ohne es anfassen zu müssen, indem der Finger mit etwas Abstand über den Bildschirm schwebt. Sehr nützlich ist das, um Funktionen zu nutzen, die vorher nur mit Mouseover-Effekten möglich waren. Diese Funktion nennt man „Hovering"[1].

---

1   Quelle: *http://theeyetribe.com*, *Samsung.de* und Video: *http://youtu.be/ef0qLb8-4k8*

3.5   Was können Tablets?

Fast alles, was ein normaler PC auch kann. Ein Tablet ist ein sehr flacher Miniaturcomputer, der an der Oberfläche fast nur aus einem Touchscreen, einem berührungsempfindlichen Bildschirm, besteht. Tablets wiegen meist zwischen 300 und 700 Gramm. Sie werden mit dem Finger auf dem Touchscreen bedient. Dank sehr stromsparender Prozessoren sind Laufzeiten mit den eingebauten, nicht wechselbaren Akkus von bis zu mehr als zehn Stunden möglich. Durch die neuartigen Mobilbetriebssysteme starten Tablets verzögerungsfrei. Unzählige kleine Zusatzprogramme, die Apps (engl. Kurzform für Applications), können online auf einfachste Weise aus einem App Store heruntergeladen werden, viele davon sogar kostenfrei, die meisten aber gegen ein Entgelt. Diese Apps können sowohl Inhalte enthalten, die man auf dem Tablet wiedergeben kann, wie Zeitungen, Bücher, Musikstücke, Videos oder Spiele. Es gibt aber auch Programme zum Schreiben, Rechnen, Präsentieren, Bearbeiten von Fotos, Abmischen von Musik und vieles mehr. Sofern man eine Internetverbindung per drahtlosem Netzwerk (WLAN) oder in manchen Geräten auch per Mobilfunk hat, steht auch die weite Welt des Internets im Browser zur Verfügung. Nicht zu vergessen die Kommunikation per E-Mail, Videotelefonie über Skype und Google Hangout oder in die sozialen Netzwerke wie Facebook oder Twitter.

Quellen

[1]   *Amazon.de*

[2]   *Microsoft.de*

[3]   *Apple.de*

[4]   *http://www.badische-zeitung.de/ratgeber/computermedien/tablets-stellen-alles-in-den-schatten--66266043.html*

Checkliste

- Verschaffen Sie sich einen Überblick über die verschiedenen Geräte und deren Eigenheiten. Überlegen Sie, welche Sie unbedingt unterstützen möchten und bekommen Sie einen Überblick über deren Marktanteile.

- Besuchen Sie regelmäßig den Elektronikfachmarkt und probieren Sie die Geräte aus.

- Fragen Sie sich, welches Tablet und welches Betriebssystem Ihre Zielgruppe nutzen wird.

- Beachten Sie die Vielfalt an möglichen Displayauflösungen. Eine Hilfe hierfür finden Sie unter *http://www.tablet-screendesign.info/*.

- Versuchen Sie, auf dem aktuellen Stand zu bleiben und informieren Sie sich über die Möglichkeiten der neuen Eingabemethoden.

4 Betriebssysteme

Apples Betriebssystem iOS merkt man den Vorsprung von drei Jahren deutlich an: Alles ist ausgereifter, läuft flüssiger, ist meist einfacher zu bedienen. Ein System, mit dem auch Ältere noch den späten Einstieg in die Welt des Internets und digitaler Lebenswelten schaffen können.

Wie schon bei den Smartphones hat Googles Betriebssystem Android aber stark aufgeholt und ist nun auf Augenhöhe. Durch das heterogene Geräteangebot der vielen Hersteller von Samsung über Acer, Asus, Toshiba, Huawei und HTC bis zu Sony und der unklaren Update-Situation, bei der man nie sicher sein kann, ob und wann man die aktuelle Android-Version für sein Gerät bekommt, ist Android aber eher für Zeitgenossen zu empfehlen, die sich intensiver mit ihrem Gerät auseinandersetzen wollen.

Amazons Kindle Fire arbeitet zwar auch mit einem Android-Betriebssystem, ist aber doch ein Sonderfall. Der Onlinehändler hat für seine

Kindle-Fire-Tablets das Google-System dermaßen abgewandelt und mit einer eigenen Oberfläche versehen, dass man es fast als ein eigenständiges System sehen kann. Die Bedienung ist sehr stark auf den Kauf und Konsum von Medien ausgerichtet.

Als neuer Player im Tablet-Markt trat Microsoft auf den Plan, der sein neues Windows-8-Betriebssystem extra auch auf Touch-Bedienung getrimmt hat. Doch Microsoft verwirrt die möglichen Kunden: Es gibt nämlich gleich zwei neue Tablet-Systeme. Windows RT ist die Variante für echte Tablets mit Mobilprozessoren. Es sind einige RT-Tablets erhältlich, u. a. das Modell Surface von Microsoft selbst. Auf RT-Tablets laufen aber nur spezielle Apps aus dem Windows Store und nicht ganz normale Windows-Programme, wie man sie auf dem Rechner zu Hause oder im Büro hat. Erst mit Tablets, die Anfang 2013 mit der Windows-8-Vollversion auf den Markt gekommen sind, wird das möglich. Doch diese sind etwas schwerer und teurer als gewöhnliche Tablets.

Auch wenn es den Anschein hat, dass Android-, iOS- und Windows-Betriebssysteme überwiegen, sind noch weitere Betriebssysteme im Umlauf oder werden demnächst versuchen, auf den Markt zu drängen.

- Android

- iOS

- Windows

- Windows RT

- BlackBerry 10

- Firefox OS

- Ubuntu Touch

- Tizen

- Open Web OS

- Salifish OS

Den momentanen Marktanteil von Tablet-Betriebssystemen listet Android mit 48,8 % auf Platz 1. Apples iOS folgt mit einem Marktanteil von 46,0 %. Schlusslicht sind Windows mit 2,8 % und Windows RT mit 1,9 %. Die anderen Betriebssysteme machen aktuell nur einen Marktanteil von 0,6 % aus (Quelle: IDC Worldwide Quarterly Tablet Tracker, März 2013).

Sehr vielversprechend klingt das Konzept von Firefox OS. Es zielt klar auf den Low-Budget-Bereich ab. Zurzeit können nur Developer-Smartphones bestellt werden, die aber schon nach sehr kurzer Zeit ausverkauft waren. Interessant ist das Konzept der Apps unter Firefox OS. Es werden ausschließlich Web-Apps unterstützt, die in HTML5, CSS3 und JavaScript geschrieben sind.

4.1 Apps

Das mit Abstand größte, vielfältigste und qualitativ beste Angebot bietet Apples App Store. Nirgendwo sonst gibt es so viele Medienangebote und so viele speziell an Tablet-Bildschirme angepasste Apps, die dann auch wirklich funktionieren, weil Apple Hard- und Software aus einer Hand bietet und streng kontrolliert. Google Play, der Shop für Android-Geräte, ist momentan die Nummer zwei, könnte aber Apple demnächst überholen. Durch die heterogene Gerätelandschaft ist jedoch oft nicht klar, wie eine App auf dem jeweiligen Gerät tatsächlich wirkt. Da macht sich Amazon mit seinem eigenen Geräteformat das Leben etwas einfacher. Da mit dem Kindle aber – trotz Android – der Zugang zum Google Play Store versperrt ist, ist man auf das kleinere und stark aufs Verkaufen ausgerichtete Amazon-Angebot angewiesen. Schlusslicht ist zurzeit der Windows Store, der sich aber noch im Aufbau befindet. Er weist deutliche Lücken auf und kränkelt am beschriebenen Spagat zwischen RT-Apps und echten Windows-8-Programmen.

4.2   Software UX – Betriebssysteme

In Punkto Operating System User Experience stehen Android und Windows 8 dem iOS in nichts nach und überraschen mit vielen nützlichen Details, die sich auch beim iOS wiederfinden. Welches System dem Geschmack des Users mehr entspricht, bleibt offen. Klassische MAC-OS-Anwender erwecken den Anschein, mit den vielen Optionen auf einem Android-Tablet schnell überfordert zu sein.

Das iPad bietet im Moment noch einige Gesten zur Fingersteuerung, die, wenn alle Patentfragen geklärt sind, auch in naher Zukunft auf dem Android zu erwarten sind. Eine Übersicht über die aktuell unterstützten Gesten findet sich unter *http://Gesturecons.com*. Die allgemeinen Regeln der intuitiven Benutzbarkeit beherrschen beide Systeme. Simplifizierung und maximale Reduzierung der Bedienelemente auf wesentliche sowie kontextbezogene Inhalte zeichnen diese aus.

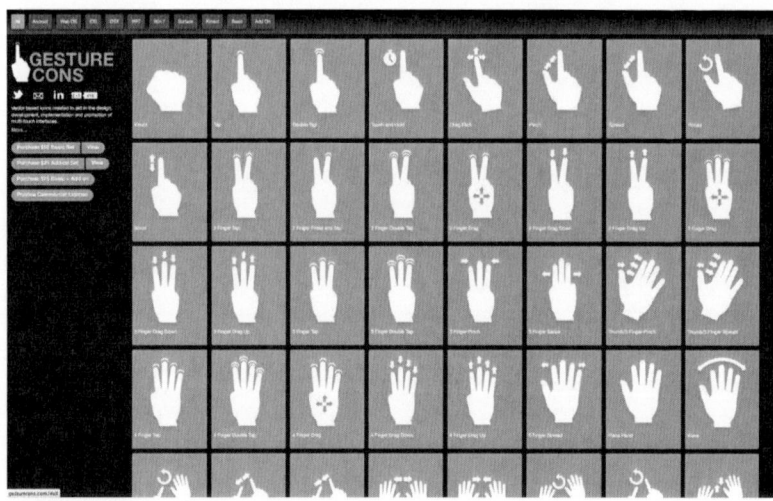

Abbildung 4.1: Screenshot Gesturecons.com

Neben den von Haus aus gelieferten Webkit-basierenden Browsern Safari, Chrome und dem Silk Browser erfreuen sich auch Dolphin HD, Opera Mobile und Firefox Mobile Browser auf fast allen Systemen wachsender Beliebtheit. Allen gemein ist die Unterstützung von HTML5, CSS3 und Flash (ausgenommen Safari). Dennoch unterstützen nicht alle Browser HTML5 gleichermaßen, sodass Sie sich zurzeit noch auf die gängigsten Funktionen beschränken sollten. Local Storage fällt in der speicherbaren Datenmenge recht unterschiedlich aus. Alle Browser planen, via HTML5 und JavaScript mehr Zugriff auf die Hardware zu bieten. Opera und Firefox bieten seit Kurzem die Möglichkeit, auf die Kamera zuzugreifen. Eine Übersicht der gegenwärtigen (Mobile) HTML5-Unterstützung bieten die Webseiten: *http://caniuse.com* und *http://mobilehtml5.org*.

Besonders wenn Sie eine Site auch international betreuen, sollten Sie regelmäßig einen Blick auf *http://www.browserrank.com* werfen. In Deutschland wird der Markt zurzeit von Safari iOS dominiert, für Nordamerika ist klar Android zu bevorzugen und in Afrika und Russland hat Opera den höchsten Marktanteil.

Leider werden im Moment noch nicht alle User Agents gleichermaßen als „Tablet" identifiziert, sodass viele Android-Tablet-Anwender einer Mobile/Smartphone-Site ausgeliefert sind. Mit den CSS Eigenschaften „CSS max-device-width and the screen.width" lässt sich nicht eindeutig ein Tablet identifizieren und mit der User-Agent-String wird oft verfälscht, nicht korrekt weitergegeben oder unterdrückt. Zudem sollten Sie überprüfen, ob es sich wirklich um ein iOS-Gerät und nicht um ein Netbook handelt, das ähnliche Bildschirmauflösungen haben kann. Auch die Fähigkeiten der Android-Browser sind durchaus sehr unterschiedlich zu denen von Safari auf iOS. Zum Beispiel können Sie Frames und *scrollable*-Elemente mit zwei Fingern auf dem beweglichen Safari durchscrollen, das können zurzeit aber keine Android-Browser. Auch ist die Mutitouch-Fähigkeit sehr unterschiedlich. Überprüfen Sie auf Mobile- und Touch-Fähigkeiten. Das kann auch sehr zuverlässig getan werden, indem man für die tatsächlichen Attribute und die Ereignisse abstimmt.

Der User Random Flux hat unter *http://www.thegalaxytabforum.com* ein sehr hilfreiches Java-Skript zum Erkennen von Android-Tablets veröffentlicht. Es geht das Problem durch Ausschluss der nicht zutreffenden Eigenschaften an.

Zuerst beseitigt das Skript die alten und nicht auf Tablet genutzten Browser mithilfe des User Agent Strings (Symbian, Series 60, Windows CE, Blackberry). Anschließend prüft das Skript über den User Agent String, ob es sich um ein iPhone oder iPad handelt. Das ist aufgrund des eindeutigen UA-Strings sehr zuverlässig. Im letzten Schritt überprüft das Skript, ob es sich um ein mobile- und Touch-fähiges Gerät handelt.

Mehr zu Device Detection behandeln wir in Kapitel 5.

> Das Java-Skript zum Erkennen von Android Tablets finden Sie als Download unter *www.entwickler-press.de/ux_design.*

Browserwar?

Unter iOS erfreut sich der Atomic-Browser großer Beliebtheit, bietet er doch mehr Möglichkeiten wie z. B. Full-Screen-Modus, das Speichern von Websites als Webarchiv und das Einstellen eines eigenen User Agents. Zum Veröffentlichungszeitpunkt des Buches haben auch Firefox Mobile und Google Chrome ihren Weg auf das iPad gefunden. Ab Android 3.1 bietet der Chrome auch einen Full-Screen-Modus mit Schnellnavigation. In diesem Modus kann es je nach Layout zu einem Anwendungsproblem kommen. Wenn Sie mit Ihrem Finger auf dem Screen direkt auf den Button tappen, funktioniert der Button wie vorgesehen. Tappen Sie mit Ihrem Finger auf den Rand der Kante, sodass Sie mit der Fingerkuppe auch außerhalb des darstellbaren Bereiches sind, wird die Quicknavi aktiviert und überdeckt die eigentliche Websitenavigation. In der Verbreitung der Betriebssysteme wird Android seinen Erzrivalen iOS nach Meinung weltweit operierender IT-Marktbeobachter (IDC [2]) bis 2014 deutlich überholen. Damit wird gerätebedingt unter den Tablets wohl auch das Bildschirmformat von 1280 x 800 Pixel überwiegen. Weil nur die wenigsten in den Genuss kommen können, sich ein Hardwarelabor mit den gängigen Tablets zuzulegen, bietet Opera einen kostenfreien Mobile-Emulator, der durch seine Geräteprofile und Einstellungsmöglichkeiten zu Pixel Density und Input (Touch, Keypad, Tablet) brilliert. In Verbindung mit einem Touch-Interface auf dem Schreibtisch bildet diese App eine hervorragende Simulationsumgebung für den Opera-Mobile-Browser. Auch BlackBerry hat seit August innerhalb des BlackBerry-PlayBook-Simulators seinen Browser für vollwertige Tests integriert. Der Mobile-Safari-Browser wird mit dem kostenpflichtigen Developer SDK von iOS mitausgeliefert. Die App namens „Win8 Metro Testbed" bringt die Consumer-Preview von Microsoft Windows 8 auf Apples iPad. Dabei setzt das Tool auf eine Streaming-Lösung via WLAN und ermöglicht den Nutzern des Tablets aus Cupertino den Test des kommenden Betriebssystems auf Basis einer Touch-Oberfläche.

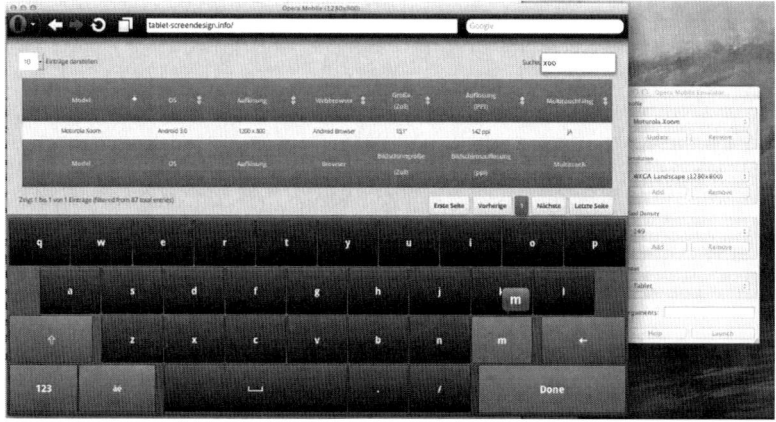

Abbildung 4.2: Im Opera-Mobile-Simulator lassen sich auch hochauflösende Bildschirme testen

Links und Quellen

[1] *http://gesturecons.com*

[2] *http://www.idc.com/about/viewpressrelease.jsp?containerId=prUK22729011*

[3] *http://nuisol.com/android-viewport.psd.zip*

[4] *http://mobile-patterns.com/*

[5] *http://itunes.apple.com/de/app/atomic-web-browser-browse/id347929410?mt=8*

[6] *http://www.opera.com/developer/tools/*

[7] *http://devblog.blackberry.com/2011/02/blackberry-playbook-simulator/*

[8] *https://developer.apple.com/devcenter/ios/*

[9] „Win8 Metro Testbed" im iTunes-Store: *http://itunes.apple.com/de/app/win8-metro-testbed-powered/id514878988*

[10] *http://www.thegalaxytabforum.com/index.php?/topic/621-detecting-android-tablets-with-javascript/*

4.3 Touch und Gesten

Was ist natürlich? Unmittelbarkeit

Ein Punkt, der neben dem OSIT-Prinzip die natürliche Nutzung ausmacht, ist die Unmittelbarkeit. Natürlich zu handeln bedeutet, Dinge möglichst unmittelbar, also direkt, ausführen zu können. So beschäftigten sich die Entwickler des iPhone-Operating-Systems zunächst ausschließlich damit, wie wir auf möglichst natürliche Art und Weise, also über unmittelbare Gesten, Funktionen und Abläufe, unsere Geräte erschließen und nutzen. Das Wissen über den natürlichen Umgang mit Objekten steht in einem Gesten-Styleguide (Tabelle 4.1), der Designern und Developern als elementares Grundlagenwerk für die Entwicklung von natürlichen Nutzungsoberflächen zur Verfügung steht. Der Styleguide gibt Aufschluss darüber: 1. welche Gesten so natürlich sind, dass sie sofort ohne Erklärung verstanden werden wie beispielsweise „Touch and Go", 2. die zunächst erlernt werden müssen, aber nur eine geringe Lernschwelle aufweisen wie das Drehen des iPhones, um in den Landscape-Modus zu gelangen, und 3. welches Spezialgesten sind, die eines Hinweises bedürfen, bevor wir sie verstehen, wie die Umlaute auf der iPhone-Tastatur. Kein Wunder, dass der Design- und Entwicklungs-Styleguide für das iPhone sehr viel Wert auf das Verhalten von Web-Apps legt.

Bezeich-nung englisch	Bezeich-nung deutsch	Was heißt das?	Bewegung
scroll	blättern	Einen Finger auf dem Bildschirm bewegen, um aufwärts und abwärts zu blättern	
rotate	drehen	Mit dem Zeigefinger auf den Touchscreen tippen und mit dem Mittelfinger einen Viertelkreis zeichnen – sehr praktisch für die Bildbetrachtung	
wipe	flippen	Sehr schnell vertikal mit dem Finger über den Touchscreen wischen, um beispielsweise schnell nach oben oder unten zu blättern	
shake	schütteln	Aktionen auslösen, beispielsweise Fotos verschicken	
flick	streichen	Leicht und sehr schnell horizontal mit dem Finger über den Touchscreen wischen, um beispielsweise im Kalender zwischen den Tagen zu navigieren	

Bezeich-nung englisch	Bezeich-nung deutsch	Was heißt das?	Bewegung
tap	tippen, antippen	Schnell mit der Fingerspitze deutlich, aber ganz leicht ein Anwendungssymbol auf dem Touchscreen berühren, um die Anwendung zu öffnen	
touch	touchen, berühren	Den Touchscreen berühren, um eine Aktion auszuführen	
multi-touch	Mehrfin-gerberüh-rung	Mit mehreren Fingern gleich-zeitig den Touchscreen berüh-ren, um Aktionen auszuführen	
swipe	durch-ziehen, wischen	Mit einem Finger auf der Touch-Tastatur entlang strei-chen, ohne ihn abzusetzen, kurz auf einem Buchstaben verweilen, um ihn einzugeben; ist ein Wort komplett, den Fin-ger kurz heben	
pan	ziehen	Finger langsam auf dem Touchscreen bewegen, um beispielsweise langsam durch eine Liste zu blättern	
pinch and stretch	zu- und aufziehen	Verkleinern (Herauszoomen) oder Vergrößern (Heran-zoomen) der Bildschirman-zeige	

Tabelle 4.1: Gesten (Grafik: Tina Wacek)[1]

---

1   Tabelle aus: „Single Source Publishing" von Sissi Closs, entwickler.press, 2011

4.4 Totgesagte leben länger. Flash don't go

Was wurde auf Flash geschimpft. Der Buhmann der Webnation wurde Flash sicher nicht ohne Grund. Jedoch war es Flash, das Bewegung in unser Web brachte. Spannung durch Bewegung und multimediale Inhalte wie Video und 3 D lassen eine schnöde kleine Website zum Entertainment-Feuerwerk mutieren, den User unterhalten, binden und involvieren. Das ist gelernt und wird erwartet. Glücklicherweise sind nun all diese Interactive-Designer, Motion-Designer, Multimedia-Producer diejenigen, die ihr Handwerk in Flash gelernt und zur Meistergüte trainiert haben. Sie sind auch weiterhin in der Lage, Inhalte wie Regisseure zu arrangieren und animieren. Flash ist tot, aber weil User Animationen lieben, gibt es Alternativen:

- Hype von tumult, einfache HTML5-Keyframe-Animation à la Flash: *http://tumult.com/hype/*

- Adobe Edge für hochwertige HTML5-Animationen im Flash-Stil.

- Flash lazy Fallback, um einfach Fallbacks für Flashinhalte zu generieren, ist Pflicht: *http://www.oyvindnordhagen.com/lazyfallback/*

Checkliste

- Verschaffen Sie sich einen Überblick über die verschiedenen Tablet-Betriebssysteme und ihre Eigenheiten.

- Informieren Sie sich über den aktuellen Marktanteil der Betriebssysteme.

- Überlegen Sie sich, in welchen App Stores Sie anbieten möchten.

- Möchten Sie eine native oder webbasierte Applikation anbieten?

- Unter *http://gesturecons.com* finden Sie eine Übersicht der verfügbaren Gesten auf den verschiedenen OS.

- Flash ist tot, aber User lieben Animationen.

5 Die App-/Website-UX

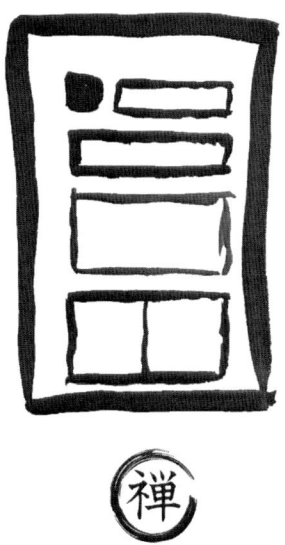

In Kollaboration mit Boris Fründt

Prinzipiell unterscheiden sich die Anforderungen an Tablets nicht von denen, die auch schon vor fünf Jahren jedem Projektbriefing zugrunde lagen. Keep it Simple, übersichtlich, kleine Datenmengen. Und dennoch werden Seiten gelauncht, auf denen man sich schnell verliert, die überladen sind mit Inhalten und dadurch langsam reagieren, und die in der Regel alles andere als eine Optimierung für Mobile Devices aufweisen. Dazu kommen für Maschinen geschriebene SEO-Texte ohne Seele und animierte Werbung, die nur dann gut ist, wenn sie auf den User, sein Interesse und seine Bedürfnisse zugeschnitten ist. Responsive Webdesign ist zurzeit die umfassendste Lösung, um eine Website auf allen Endgeräten professionell homogen darzustellen. Aber Vorsicht! Dass eine

Website auf allen Endgeräten darstellbar und nutzbar ist, bedeutet nicht, dass sie dadurch eine gute Usability oder sogar UX aufweist. Durch den Fakt, dass alle Mobile Browser HTML5 und MediaQueries voll unterstützen, gibt es zurzeit keinen Grund, der gegen Responsive Webdesign spricht. Für die Desktopversionen der Sites müssen Sie mit Polyfills noch die älteren Browser abholen. Eine Ausnahme bilden Microsites, die zum Beispiel speziell nur für das iPad erstellt werden. Die Regelwerke für die User-Interface-Gestaltung von Android, iOS und Windows 8 sind ein Muss für jeden Mobile-Webdesigner. Durch die Touch-Interfaces zu einfachen, flachen, intuitiven und kontextbezogenen Strukturen gezwungen, die verpackt in universell leicht zu erfassenden Icons und Buttons präsentiert werden müssen, stellen die Anbieter ihr geballtes Wissen in den jeweiligen Developer-Centern bereit. Auf dieses Wissen, das auf intensiven Analysen, Erfahrung und stetiger Verbesserung basiert, können Designer sich stützen. Vor allem dem Windows-Metro-Design, dem „Flat Design", sollte man Beachtung schenken. Es ist die konsequente Umsetzung eines generischen Design-prinzips für die Vielfalt der abzudeckenden Viewport-Größen. Zur Drucklegung dieses Buches ist eben dieses „Flat Design" als Webdesigntrend in aller Munde. Und sogar Apple hat bekannt gegeben, mit iOS 7 auf Flat Design als UI zu setzen.

UI-Design Manuals:

- Android: *http://developer.android.com/guide/practices/ui_guidelines/index.html*

- iOS: *http://developer.apple.com/library/ios/#documentation/userexperience/conceptual/mobilehig/*

- Windows 8: *http://download.microsoft.com/download/C/0/A/C0AEF0CC-B969-406D-989A-4CDAFDBB3F3C/Win8_UXG_GA.pdf*

In der Gestaltung der Webseite gilt es, zwischen einem individuellen Design und einem Identitätsverlust der Seite zugunsten einer starken Integration in die OS-Umgebung abzuwägen. Bei Web-Apps und Websites ist zu beobachten, dass sie sich in der Gestaltung immer mehr annähern und dadurch enger mit dem Endgerät verwoben sind, ganz zum Vorteil des Nutzers. Er findet sich schnell zurecht und erkennt anhand der gestalteten Elemente, wie Buttons und Icons, die dahinter liegenden Funktionen. Mittlerweile ist durch Usability-Untersuchungen bekannt, dass Apps mit iOS GUI auf Android-Geräten von den Nutzern nicht gerne verwendet werden. Ebenso verhält es sich mit Android GUI auf iOS-Geräten. Diese visuellen Welten passen einfach nicht in das Gesamtwerk. Leider gibt es bisher noch keine Beispiele von Websites, die aufgrund dieser Kenntnis Ihre Site mit entsprechenden OS-abhängigen GUI-CSS-Styles versehen haben. Dafür gibt es in der Regel kein Budget, obgleich eine stärkere „Stickyness" der User als Verkaufsargument zählen sollte. Nutzer lesen in der Regel nicht, sie scannen Inhalte.

Abbildung 5.1: Ein iOS Modal auf einem Android-Tablet – das passt nicht zusammen

Eine hilfreiche Sammlung an Mobile-GUI-Patterns findet sich unter anderem bei *mobile-patterns.com*. Für den Chrome-Browser ab Android 3.1 stellt *http://nuisol.com* eine Photoshop-Ebenen-Datei als Gestaltungshilfe zur Verfügung. Durch die Honeycomb-System-Menüleiste am unteren

Bildschirmrand ergibt sich eine Nettofläche von 1280 x 647 Px im Browser. Bei eingeschalteter Quick-Navi im Fullscreen-Modus erhalten wir eine Höhe von 752 Pixeln. Auch die Quick-Navi selbst sollte beim Gestalten berücksichtigt werden. Beim Einsatz von MediaQueries erweist sich das kleine Media Query Bookmarklet von Rob Tarr als sehr hilfreich. Es zeigt im Chrome-Browser auf Tablet und Desktop, welche tatsächliche Viewport Sie innerhalb des Browsers zur Verfügung haben und welches Ihrer CSS3-Viewport-Regeln zum Einsatz kommen. Eine Unterstützung für weitere Systeme ist in Planung. Auch der Webservice *http://www.responsinator.com* ist für einen schnellen Test der eben gecodeten responsive Site sehr zu empfehlen. Welches Tool Sie letztendlich nutzen, bleibt auch Geschmackssache.

Link: *http://seesparkbox.com/foundry/media_query_bookmarklet*

5.1 HTML5, die Dampfmaschine (HTML, JS, CSS3, Polyfills)

HTML5 ist für das mobile Web zu bewerten wie die Erfindung der Dampfmaschine für die Industriegeschichte. Ein neuer Antrieb, der eine Umwälzung von Markt, Nutzung und Produktivität hervorruft. Und das auf HTML5 basierende Firefox OS zeigt uns Möglichkeiten auf. Je mehr Zugriff wir Webentwickler mit HTML5 auf die Endgeräte, auf die Hardware bekommen, desto tiefgreifender können wir Web und Business beeinflussen. Die Entwicklung für mobile Geräte ist grundlegend in drei Bereiche zu unterteilen:

- Native App
- HTML5-Web-App (Websites)
- Hybrid App

Native App

Auf der einen Seite steht die native App-Entwicklung. Bei ihr kommen Programmiersprachen zum Einsatz, die nativ – also direkt und ohne Umwege über andere Sprachen oder mithilfe von Workarounds – durch die unterschiedlichen mobilen Betriebssysteme unterstützt werden. Etwa im Fall von Apples iOS ist hier also die Rede von Objective-C, für Android werden native Applikationen mit Java entwickelt.

„Nativ" bedeutet in diesem Zusammenhang weiterhin, dass die hiermit entwickelten Programme im direkten Kontext der Betriebssysteme laufen und auf alle Funktionalitäten zugreifen können, die die Hersteller – beispielsweise Apple und Google – externen Entwicklern bereitstellen, um die verschiedenen Möglichkeiten der Smartphones und Tablets auszureizen. Native Applikationen können zudem über die bereitgestellten betriebssystemabhängigen Vertriebskanäle den Nutzern zum Kauf oder zur kostenlosen Nutzung angeboten werden. Auch durch In-App-Verkäufe bieten sich hier lukrative Vertriebsmöglichkeiten, die innerhalb der jeweiligen Stores zum Einsatz kommen.

HTML5-Web-App

Auf der anderen Seite lassen sich Applikationen mithilfe von Webtechnologien umsetzen, die den mobilen Browser als Schnittstelle zum Nutzer verwenden. In diesem Fall spricht man von so genannten Webapplikationen – also Applikationen, die per Definition keine softwarebasierten Programme sind, da sie nicht nativ auf den Devices ausgeführt werden, sondern versuchen, ein solches Verhalten beispielsweise mit HTML5 nachzuahmen.

KOMPAKT: Webapplikationen sind also im Grunde nichts anderes als Websites.

Sie erweitern jedoch die Möglichkeit, Informationen nur anzuzeigen, um komplexere Funktionen, die denen einer nativen Applikationen entsprechen können, verfügbar zu machen. Als Beispiel wäre hier Google Docs zu nennen – ein Dokumentverarbeitungssystem im Web mit ähnlichem Umfang wie vergleichbare installierbare Softwarelösungen.

Bei der Entwicklung von mobilen Anwendungen in Form von Web-Apps gibt es zwei grundsätzliche Vorgehensweisen: Bei der ersten Variante wird die Web-App mit nativem HTML5 entwickelt und mithilfe eigener CSS-Klassen und JavaScript so angepasst, dass sie gut auf einem mobilen Gerät genutzt werden kann. Um die Webseite allerdings mehr wie eine native App wirken zu lassen, müssen umfangreiche CSS-Style-Anpassungen und die Unterstützung von Touch-Gesten implementiert werden. Um diesen initialen Aufwand für Basisfunktionen des User Interface und der Steuerung durch Touch-Gesten zu minimieren, bieten Frameworks wie jQuery Mobile (*jquerymobile.com*) vorgefertigte Styles mit Themes, diverse Touch-optimierte Steuerelemente und fertige Funktionen für Dialoge, Übergänge oder eine Eventsteuerung. Nachfolgend sind zwei Beispiele für Funktionen eines solchen Frameworks aufgeführt, die das Prinzip von jQuery Mobile verdeutlichen. Für die Webseiten wird natives HTML5 verwendet, d. h., es werden die normalen Elemente, wie Überschriften (z. B. *h1*, *h2*, *h3*), Abschnitte (*div*) und Steuerelemente (z. B. *input*, *label*), verwendet. Durch das Hinzufügen von verschiedenen Attributen erweitert jQuery jedoch das Aussehen und die Funktionalität. Durch das Data-Role-Attribut kann man spezifizieren, wie ein Element von jQuery Mobile verwendet wird. Bei dem in Listing 5.1 dargestellten HTML-Code bewirkt dieses Attribut, dass der Abschnitt mit dem Attributwert *collapsible* die einfache H3-Überschrift als einklappbaren Header rendert.

```
<div data-role="collapsible" data-theme="b">
  <h3>Überschrift</h3>
  <div>content</div>
</div>
```

Listing 5.1: Verwendung von Data-Role-Attributen

Beim Touch darauf wird der folgende Inhalt ein- beziehungsweise ausgeklappt. Das Attribut *data-theme* gibt an, welches Farbschema verwendet wird. Die zugehörige CSS-Klasse bietet bereits fertige CSS Themes, die natürlich individuell angepasst werden können. Mithilfe von Theme-Roller kann ein Theme mit wenig Aufwand erstellt werden. Im Bereich der Steuerelemente kann jQuery Mobile aus einem *Select*-Steuerelement mit wenigen Attributen ein sehr gutes Slider Control machen, das über eine Touch-Oberfläche bedient werden kann. Den Slider kann man mit dem Quellcode aus Listing 5.2 nutzen.

```
<div data-role="content">
  <div data-role="fi eldcontain">
    <label for="slider">Einverständnis:</label>
    <select name="slider" id="slider" data-role="slider">
      <option value="off">Nein</option>
      <option value="on">Ja</option>
    </select>
  </div>
</div>
```

Listing 5.2: Quellcode für ein Slider Control

In jQuery Mobile ist es mithilfe eines kleinen Skripts schnell möglich, die AJAX-Navigation für Links einer Website auszustellen, da dies gerade bei mobilen Endgeräten manchmal sinnvoll sein kann (Listing 5.3).

```
<script>
  $(document).ready(function() {
    $.mobile.ajaxLinksEnabled = false;
  }
</script>
```

Listing 5.3: Einstellen der AJAX-Navigation für Links einer Website

Das Basisframework von jQuery Mobile kann natürlich noch um eigene Ergänzungen erweitert werden, sodass man z. B. eine Split-View-Darstellung implementieren kann, wie sie von der mobile Facebook-Site her bekannt ist. jQuery Mobile ist geräte- und plattformunabhängig, d. h., das Framework kann ebenso auf Android-, BlackBerry oder Windows-

Phone-7-Geräten verwendet werden. Das spart den initialen Aufwand für die Entwicklung von Basisfunktionen. jQuery Mobile ist zudem kompatibel mit PhoneGap (siehe Hybrid-App).

Single Page Web-App vs. Multipage Web-App

Bei einer Single-Page-Website wird die gesamte Site mit allen Seiten einmal vom Webserver geladen und auf dem Endgerät verarbeitet. Das Frontend sorgt dafür, dass die Daten dargestellt werden, das Rendering geschieht vollständig im Browser des Clients. jQuery-Mobile-Anwendungen sind in der Regel Single-Page-Websites. Durch die Navigation wird immer nur der eine gewünschte Bereich der Seite angezeigt. Dadurch wird das Backend sehr entlastet. Das ist auch für normale Webanwendung sehr gut in Verbindung mit LocalStorage anzuwenden. Noch vor kurzer Zeit war dies aufgrund der langsamen Browser nicht zu empfehlen. Seit Kurzem aber geben sich die auf Tablets verbreiteten Browser einen Wettkampf um die schnellste Engine. Aber Achtung: Für SEO muss via extra API (Google) dafür gesorgt werden, dass die Inhalte der App für die Suchmaschinen auffindbar sind. Also eine separat definierte Darstellung der Inhalte. Serverseitige HTML-Seiten werden dann nur als SEO-Maßnahme erzeugt. Bei zum Beispiel firmeninternen Web-Apps hat es den Vorteil, dass die App (hoffentlich) nicht von Google gefunden werden kann.

Dagegen steht das Prinzip, alle Elemente auf Anforderung *call/request* vom Server zu holen, also die einzelnen Bestandteile und Seiten auf Anfrage zu laden. Die HTML-Seiten werden auf dem Server gerendert. Jeder Click ein Server Request. Der große Nachteil liegt in der Mobilität der Endgeräte. Ohne eine wirkliche Netzabdeckung mit durchgängig akzeptablen Durchsatzraten ist die Wahrscheinlichkeit sehr hoch, dass bei Abruf einer Site die Verbindung zu schlecht ist und es zu großen zeitlichen Verzögerungen kommt. Oft kann eine Site oder ein Element der Site nicht dargestellt werden. Animationen zwischen den Seiten sind dadurch nicht möglich, wenn sie vom Server geladen werden müssen. Sie sind nur in Single Page Websites realisierbar.

Hybride App

Als dritte Möglichkeit lässt sich die hybride App-Entwicklung nennen. Hierbei stoßen beide Welten aufeinander – die der nativen Apps und die der Webapplikationen. Im Fall von PhoneGap etwa – einem Framework zur Entwicklung von hybriden Apps – werden HTML und CSS als View verwendet. Per JavaScript lässt sich die Logik abbilden, und über Schnittstellen lassen sich native Funktionalitäten aufrufen und weiterverarbeiten. Eine in PhoneGap geschriebene App kann so beispielsweise die Kamera ansteuern, diverse Sensoren ansprechen sowie auf lokale Dateien zugreifen – Dinge, die in einer Webapplikation nur zum Teil möglich sind.

PhoneGap stellt also JavaScript-Schnittstellen bereit, um eben diese nativen Möglichkeiten auszuschöpfen. Außerdem können sämtliche Ressourcen einer hybriden App in Gänze auf dem Gerät gespeichert werden, wodurch Netzwerk-Requests während der Nutzung einer App reduziert bzw. komplett vermieden werden können.

Neben PhoneGap lässt sich Appcelerator Titanium als großes Framework im Bereich der hybriden App-Entwicklung nennen. Hierbei lassen sich per JavaScript nicht nur Funktionalitäten abbilden, sondern sogar sämtliche Views einer App. Über Schnittstellen werden native Komponenten initialisiert und genutzt. Der große Vorteil der hybriden App-Entwicklung sowie der Web-App-Entwicklung liegt in der Multiplattformfähigkeit. Theoretisch lassen sich mit nur einer Codebasis Apps für verschiedene mobile Betriebssysteme entwickeln.

Website oder App?

Als Entscheidungshilfe finden Sie hier die wichtigsten Gründe für mobile Sites und Apps:

Typ	Vorteile	
App	1. Native Apps bieten hervorragende Usability durch Gestaltungsfreiheit 2. Gute native Apps profitieren von guten Bewertungen in den App Stores und werden daraufhin häufiger gekauft 3. Viele Funktionen sind auch offline nutzbar; native Apps speichern ihre Daten dauerhaft auf dem Smartphone und sind daher schneller und unabhängig von einer Netzwerkverbindung 4. Voller Funktionsumfang der Plattform nutzbar, wie Lagesensoren, Microphon, internes Adressbuch 5. Performancestark, Native Apps sind für ein bestimmtes Betriebssystem optimiert und daher für komplexe und/oder rechenintensive Apps die sicherere Wahl 6. Kundenbindung: App-Nutzer kaufen im Schnitt häufiger und geben oft mehr Geld aus als Besucher eines mobilen Webshops	
Hybride App	1. Kann auf den gesamten Funktionsumfang der Plattform zugreifen 2. Kann in den App-Stores veröffentlicht werden 3. Bietet Plattformunabhängigkeit	
Website	1. Wird von Suchmaschinen gefunden, kann wie gewohnt verlinken 2. Gelerntes Surferlebnis 3. Vergleichsweise kostengünstig; Web-Apps funktionieren mit allen Betriebssystemen und auf allen Smartphones – man erreicht daher mit weniger Kosten mehr potenzielle Nutzer 4. Die Entwicklung einer Web-App ist in der Regel günstiger als die Entwicklung einer nativen App für ein einziges Betriebssystem 5. Standardisierte Technologien; vorausschauend programmierte Web-Apps können in native Apps umgewandelt werden und damit kostengünstig die Vorteile von nativen Apps erzielen 6. Bietet Plattformunabhängigkeit; Web-Apps können in Sekundenschnelle veröffentlicht und aktualisiert werden und müssen keinen langwierigen Zulassungsprozess durchlaufen, der insbesondere bei Apple viele Tage dauern und damit für Frust sorgen kann 7. Lauffähig auf Desktop, Mobile- und anderen Geräten	

Tabelle 5.1: Vor- und Nachteile von Mobile Sites und Apps

Nachteile	Primäre Programmiersprache
1. Für jedes Smartphonebetriebssystem wird in der Regel eine eigene App benötigt, d. h., sie läuft nur auf einer Plattform (Android/BlackBarry – Kooperation ausgenommen) 2. Optimierung ist an ein Update des Nutzers gekoppelt 3. Muss heruntergeladen werden 4. Kann nicht über einen Link angesteuert und zum Teil nur über App Stores veröffentlicht, werden 5. Vergleichsweise teuer (Entwicklung, Pflege, App-Vermarktung) und benötigt Entwicklerzertifikate, die oftmals kostenpflichtig sind	Plattformspezifisch Android: Java iOS: Objective-C BlackBerry: Java oder C++ oder JavaScript, Windows Phone 7: C# Windows 8: C#, HTML5
1. Verliert die Flexibilität der Web-App hinsichtlich des Vertriebs 2. Kann z. T. nur über App Stores veröffentlicht werden 3. Benötigt Entwicklerzertifikate, die oftmals kostenpflichtig sind	Plattformspezifisch und HTML5 (JavaScript + HTML + CSS)
1. Leicht eingeschränkte Usability 2. Noch geringe Reichweite und dazu langsamer, da der Browser eine weitere Abstraktionsschicht des Systems darstellt und Optimierung nicht im Umfang einer nativen Entwicklung gemacht werden 3. Wird im Vergleich zur App als weniger hochwertig wahrgenommen	HTML5 = JavaScript + HTML + CSS3

In der Praxis sieht es allerdings etwas anders aus. Möchte man Apps mit Webtechnologien entwickeln, sollten einem die Herausforderungen bewusst sein. Dazu zählen Performanceprobleme in Bezug auf die Leistung der Geräte sowie der Netzwerkgeschwindigkeit, unterschiedliche Displaygrößen und verschiedene Fähigkeiten der mobilen Browser sowie das Fehlen optimierter Tools zum Testen und Debuggen des Codes.

Eine mobile Web-App zu erstellen, die im Umfang und in der Anmutung einer native Applikation entspricht und somit eine gewisse „Native-App-Experience" beim Nutzer erzeugt, ist nicht ohne Weiteres zu erreichen. Auf der anderen Seite ist es dennoch keineswegs ausgeschlossen. Werden bei der Entwicklung gewisse Grundlagen und Prinzipien beachtet und spezielle Vorgehensweisen genutzt, lassen sich beachtliche Ergebnisse erzielen.

Nutzen sie den Cache, offline

Performanceprobleme kann man beispielsweise reduzieren, indem diverse Ressourcen der mobilen Web-App lokal auf dem Gerät gespeichert werden. Hier kommt der *ApplicationCache* zum Einsatz: Eine HTML5-Cache-Schnittstelle, die es erlaubt, mithilfe einer vorher zu definierenden Manifest-Datei Ressourcen offline verfügbar zu machen und so auch bei geringer bzw. nicht vorhandener Netzwerkverfügbarkeit die Funktionsfähigkeit der App zu gewährleisten. Da die Ressourcen im Cache lokal vorliegen, wird somit ebenfalls die Geschwindigkeit der App erhöht und die Serverlast verringert.

Doch nicht nur Ressourcen kann man lokal speichern, auch dynamische Daten können offline verfügbar gemacht werden. Die HTML5-Spezifikation „Web Storage" spezifiziert die Möglichkeit, über das JavaScript-Objekt *localStorage* Daten als Key/Value-Paare auf dem Device des Nutzers zu speichern. Hierbei wird dem Entwickler die Möglichkeit gegeben, Daten offline verfügbar zu halten und bei Bedarf und vorhandenem Netz wieder mit einer Serverkomponente zu synchronisieren.

Weitere Möglichkeiten, Daten im Browser des Nutzers zu speichern, sind durch die Spezifikationen „Web SQL Database" sowie *IndexedDB* durch das W3C-Konsortium dokumentiert und zu Teilen bereits einsetzbar. Hierbei können Daten in lokalen Datenbanken hinterlegt und synchronisiert werden.

Abbildung 5.2: Die FT-Web-App erkennt, wenn keine Datenverbindung mehr vorhanden ist, und zeigt dem Anwender, wie er seinen Cache aktivieren und aktualisieren kann

Um die Akzeptanz und den Erfolg einer App zu steigern, ist Performance ein wesentliches Kriterium bei mobilen Anwendungen. Für den Austausch von Daten mit den mobilen Endgeräten wird bekanntlich eine bestehende Datenverbindung benötigt, daher sollte der Datenverkehr für mobile Web-Apps verbessert werden. Es werden nicht nur die reinen inhaltlichen Daten, sondern auch die zugehörigen Styles, Skripte, Bilder und sonstigen Daten beim Aufrufen der Seite geladen. Um die Datenverbindung zu schonen, versucht man zu verhindern, dass diese Daten unnötig oft übertragen. Das tut man, indem man die Daten auf dem mobilen Endgerät cacht und man eine Art Offlinemodus einbaut.

Die Vorteile von Application Cache

Grundsätzlich empfehle ich Ihnen den Einsatz eines Applikation Caches für Ihre Site. Tablet-Websites sind meiner Auffassung nach HTML5-Web-Apps, und weil die Wahrscheinlichkeit sehr hoch ist, dass die Website auch offline genutzt wird, sollten Sie sich den verfügbaren Cache zunutze machen. Alle Browser nutzen einen Caching-Mechanismus; jedoch arbeitet dieser nicht unbedingt immer so, wie wir das erwarten.

- *Offline Browsing:* Der User kann die Site auch offline betrachten

- *Geschwindigkeit:* Daten im lokalen Cache werden rasend schnell aufgerufen

- *Serverbelastung:* wird reduziert; der Browser lädt nur neue Daten, wenn sich diese verändert haben

Folgende Dinge müssen auf dem Webserver eingerichtet werden, um offline Caching zu ermöglichen:

- AppCache-Manifest-Datei

- IIS-MIME-Typ

Mit der AppCache-Manifest-Datei gibt man an, welche Daten gecacht und welche geladen werden müssen. Listing 5.4 zeigt solch eine Manifest-Datei.

```
CACHE MANIFEST
CACHE:
index.html
css/core.css
scripts/myscripts.js
images/title.png
NETWORK:
http://mysharepoint/_vti_bin/ListData.svc
http://api.twitter.com
FALLBACK:
http://www.entwickler.de
img/placeholder.png
```

Listing 5.4: Manifest-Datei

- CACHE MANIFEST: steht immer am Anfang der Datei und kennzeichnet die Manifest-Datei

- CACHE: Alle hier aufgeführten Dateien werden auf dem Client für den Offline-Zugriff gecacht

- NETWORK: Die hier aufgeführten Ressourcen benötigen Internetzugriff und werden nie gecacht

- FALLBACK: Hier können Ersatzbilder definiert werden, falls eine Onlineverbindung für die angegebene Seite nicht zur Verfügung steht

Damit die AppCache-Manifest-Datei mit der Endung *.appcache* auch von den Browsern interpretiert werden kann, muss der MIME-Typ *text/cachemanifest* hinzugefügt werden. Der MIME-Typ sollte im IIS Manager eingerichtet werden.

Speichern von Daten auf den Geräten

Ebenso ein Feature von HTML5 ist Data Storage. Es ist die Persistierung von Daten auf den mobilen Endgeräten. Es werden verschiedene Möglichkeiten der Persistierung in HTML5 angeboten:

- *Application Cache:* Ressourcendateien und Webseiten können auf diese Art und Weise gecacht werden. Es empfiehlt sich aber nicht, diese Cache-Art für Inhaltsdaten zu verwenden, da sie sich zu schnell ändern.

- *Session Storage:* erlaubt die Speicherung von Daten während einer Browsersession. Nachdem der Browser geschlossen wurde, gehen die Daten verloren.

- *Local Storage:* erlaubt die permanente Speicherung von Daten.

- *Web SQL Database:* Nutzung einer SQL-Datenbank zur Speicherung der Daten.

- *Indexed DB:* eine Datenbank, die eine Mischung aus SQL-Datenbank und dem Key-Value-Verhalten des LocalStorage darstellt.

Wie man den Application Cache nutzt, wurde im letzten Abschnitt beschrieben. Den Session Storage zu verwenden, ist deutlich einfacher: Zum Abspeichern eines Werts werden im Endeffekt Key-Value-Paare gespeichert, zum Beispiel folgendermaßen:

```
sessionStorage['key']=value;
```

Zum Auslesen wird einfach der Wert aus dem Session Storage ausgelesen:

```
var value = sessionStorage['key'];
```

Auf den Local Storage greift man über das Objekt *window.localStorage* zu, indem man die Methoden *getItem(‚key')* und *setItem('key',value)* benutzt. Die wohl umfangreichste Methode, um Daten zu speichern, ist das Benutzen der SQL-Datenbank auf dem Clientgerät. Im Vergleich zu Local Storage und Application Cache ist die SQL-Datenbank viel flexibler, denn Local Storage und Session Storage können lediglich Key-Value-Paare als Zeichenketten speichern, was bei komplexen Datentypen Serialisierung und Deserialisierung erfordert. In SQL-Tabellen dagegen sind die bekannten Datentypen und Funktionen für mehrere Spalten benutzbar.

Durch die bekannten Select-Abfragen kann man individuelle Datensätze auslesen, da man bei SQL-Tabellen nicht auf das Auslesen einzelner Werte beschränkt ist. Die Indexed DB ist nicht vergleichbar mit einer SQL-Datenbank. Sie ist ein Object Store, in dem Objekte verwaltet werden können und über einen Index auffindbar sind.

Quelle: *http://www.html5rocks.com/en/tutorials/appcache/beginner/?redirect_ from_locale=de* (S&S JavaScript Special 2012)

Displaygrößen und Viewports

Der Herausforderung der unterschiedlichen Displaygrößen und dem damit zusammenhängenden Problem eines adaptiven Layouts kann aus technischer Sicht mithilfe verschiedener Herangehensweisen entgegengewirkt werden. CSS3 Media Queries sind beispielsweise ein Ansatz, mit dessen Hilfe die Displaymaße eines Devices analysiert werden können. Per HTML *media*-Attribut kann auf verschiedene Ausgabetypen (*screen*, *print*, *tv* etc.) als auch auf Maße (*min-width:500px*) und weitere relevante Device-Informationen (*orientation: portrait*, *device-aspect-ratio: 16/9* etc.) reagiert werden. Diese konditionellen Abfragen finden entweder direkt beim Einbinden der CSS-Files statt, oder aber innerhalb eines Stylesheets, in dem unterschiedliche Styles verschiedenen Ausgabetypen zugeordnet werden. Das hat den Vorteil, dass auf diverse Displayeigenschaften individuell reagiert werden kann.

Beispiel für die geräteabhängige Einbindung der CSS Styles mit MediaQueries

```
@media all and (orientation:portrait) {
   /* Hier der allgemeine CSS-Code für Geräte im
    * Portrait-Modus */
}

@media all and (orientation:landscape) {
   /* Hier der allgemeine CSS-Code für Geräte im
    * Landscape-Modus */
}

@media only screen and (min-device-width: 320px) and
                       (max-device-width: 480px) {
   /* Hier der CSS-Code für Smartphones wie z. B. iPhone,
    * Android, WebOS, Windows Phone 7 Geräte o.ä. */
}

@media only screen and (max-device-width: 480px) and
                       (-webkit-min-device-pixel-ratio: 2) {
   /* iPhone mit Retina Display */
}

/* Computer und Tablet CSS */
@media only screen and (min-device-width: 800px) {
   /* Hier der CSS-Code für Tablets und Computer ab einer
    * Mindestbildschirmweite von 800 Pixeln */
}
```

Listing 5.5: Geräteabhängige Einbindung der CSS Styles mit MediaQueries

Beispiel für die geräteabhängige Formatierung der HTML-Elemente

```
@media only screen and (min-device-width: 768px) and
                       (max-device-width: 1024px) and
(orientation : landscape) {
   /* Hier der CSS-Code speziell für das iPad */
```

```
    body {background:none;}
}

@media only screen and (min-device-width: 1536px) and
                       (max-device-width: 2048px) and
(orientation : landscape) and (-webkit-min-device-
                                   pixel-ratio: 2) {
  /* Hier der CSS-Code speziell für das „neue iPad"(3),
   * Neben der Größe muss die Pixel Ratio des Retina-
   * Displays beachtet werden*/
  body {background:none;}
}

@media only screen and (max-device-height: 800px) and
                       (max-device-width: 1280px) and
(orientation : landscape) {
  /* Hier der CSS-Code speziell für das Android-Tablet
   * mit 1 280 x 800 */
  body {background:#fff;}
  }
```

Listing 5.6: Geräteabhängige Formatierung der HTML-Elemente

Die meist verwendeten Pixel Ratios

```
Mobile/Tablet (low)   =    (-webkit-device-pixel-ratio:.75)
Mobile/Tablet (mid)   =    (-webkit-device-pixel-ratio:1)
Mobile/Tablet (high Portrait)   = (-webkit-device-
                                   pixel-ratio:1.5)
Mobile/Tablet (high Landscape)   = (-webkit-device-
                                   pixel-ratio:1.5) and
                                   (orientation:landscape)
Mobile/Tablet (Retina Portrait)   = (-webkit-device-
                                   pixel-ratio:2)
Mobile/Tablet (Retina Landscape) = (-webkit-device-
                pixel-ratio:2) and (orientation:landscape)
```

Listing 5.7: Pixel Ratios

Fragmentierung durch Tablet-Schwemme

Die Vielfalt an Viewports hat durch die Tablet-Schwemme stark zugenommen, und eine für das iPad optimierte Website wird einem Honeycomb mit 1280 x 800 px Auflösung nicht gerecht. Wenn das automatische Zoom in Chrome aktiviert ist, wird die Seite entsprechend im Viewport eingepasst, was aber zur Folge hat, dass die eingebundenen Bilder unscharf werden. Ist das Autozoom durch den Benutzer oder via *<meta>*-Tag deaktiviert, bleiben die Bilder scharf, doch die Bildfläche wird durch das unglückliche Seitenverhältnis mit ungenutzten Flächen an den Rändern nicht voll ausgenutzt.

Über einen *<meta>*-Tag kann das Zoomen deaktiviert werden. Darüber hinaus können die minimale und maximale Skalierung festgelegt werden.

```
<meta name="viewport" content="width=device-width;
   initial-scale=1.0; maximum-scale=1.0; user-scalable=0;" />
```

Auch wenn das Zoomen zu einer unschönen Darstellung führt, ist es doch ein Feature von Tablets, das vom Benutzer erlernt wurde und ihm deshalb nicht vorenthalten werden sollte. Er erwartet, durch die erlernte Gestik (Spread) den Inhalt vergrößern zu können. Wenn ihm das verwehrt bleibt, führt das zu Enttäuschung.

Wenn Sie am Desktoprechner mit Ihren bevorzugten Tools wie z. B. Photoshop Ihr Screendesign ausarbeiten, werden Sie schnell feststellen, dass Schrift auf dem iPad viel kleiner wirkt. Das liegt an der höheren Anzahl von Bildpunkten pro Inch. Reguläre Desktop-LEDs haben eine Auflösung von 72 bis 96 PPI, das iPad hat 133 PPI, das iPad 3 hat 264 PPI und das Android Wikipad sogar 271 PPI. Das sorgt dafür, dass die Tablets insgesamt schärfer in der Darstellung sind. Nur entsprechen die kleinere Darstellung der Elemente und der Schrift nicht mehr dem vom Designer vorgesehenen Schriftbild. Abstände und Schriftgrößen sollten daher früh in der am stärksten angestrebten Auflösung geprüft werden. Die Möglichkeit dazu bietet der oben erwähnte Opera Mobile Emulator, denn in ihm lassen sich die PPI-Auflösungen für die Simulation wählen. Jedoch ist die echte Hardware natürlich zu bevorzugen, dafür bietet sich auf iOS das App Air Display an, auf Android das App iDisplay. Einmal auf dem Tablet und den dazu gehörigen Client auf den stationären Rechner installiert, funktioniert das Tablet als zweiter oder sogar dritter Bildschirm und erweitert den Desktopbereich. Photoshop-Dateien lassen sich einfach via Drag-and-Drop auf den neuen Bildschirm, das iPad, ziehen und dort in echter 133-PPI-Auflösung betrachten. Die Maus lässt sich mit Fingerspitzengefühl gut benutzen.

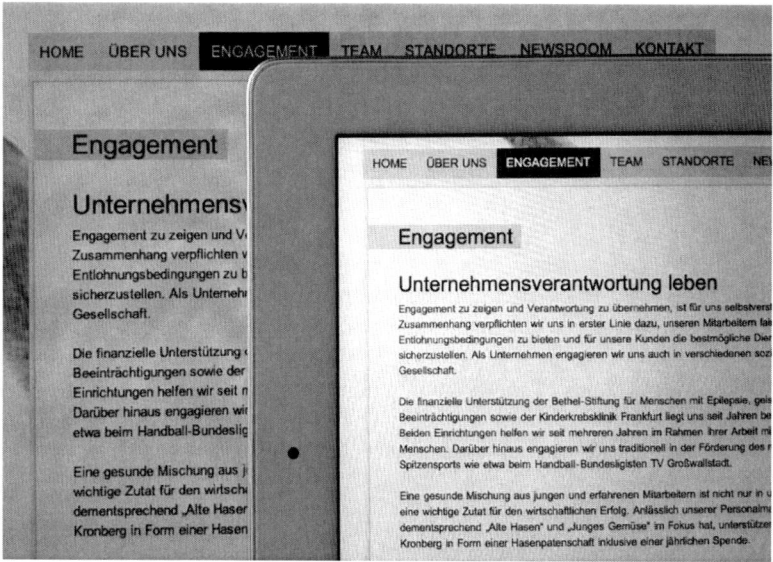

Abbildung 5.3: Eine Site verglichen an einem normalen LED-Display mit 72 PPI und dem iPad mit 133 PPI

http://avatron.com/apps/air-display

http://www.shapeservices.com/en/products/details.php?product=idisplay&
platform=android

Was müssen Sie bei hochauflösenden Displays beachten?

Tablets mit Retina Display liefern herausragende Grafik und stellen Webdesigner vor neue Probleme in der Gestaltung der UI und Darstellung von Bildern. CNET News veröffentlichte Tipps für Marken und E-Commerce-Seiten, wie sie sich auf das neue iPad einstellen können, das im Bereich Shopping Experience eine immer stärkere Relevanz bekommt als Smartphones oder Desktop-PCs. Nach der Studie der Online Publisher Association von 2011 hatten schon damals 52 Prozent der Tablet-Besitzer angegeben, dass sie lieber mit diesen Geräten online shoppen. Zudem sind die Tablet-User meist auch die lukrativeren Kunden, die über 20 Prozent mehr pro Einkauf ausgeben. Diese Werte haben sich auch 2012 und 2013 wieder bestätigt und wurden leicht nach oben korrigiert.

- Benutzen Sie Bilder in hoher Qualität. Bei Produktfotos aus dem Bekleidungsbereich kann beispielsweise die Texturdarstellung der verarbeiteten Textilien zur Geltung kommen. Mit adaptiven Bildern können Sie passend zum Ausgabegerät die optimalen Bilddaten ausliefern.

- Verwenden Sie echten Text für Headlines und Buttons. Nur dieser sieht auf hochauflösenden Bildschirmen, wie dem vom iPad 3, gestochen scharf aus. Auch Icons können Sie als Webfont verwenden und damit Ladezeit sparen.

- Optimieren Sie die Buttons, Logos und Grafiken. (Kauf-)Aufforderungen sind entscheidend für die Conversion Ihrer Webseite, derzeit verwendete Grafiken sehen oft unscharf, körnig und wenig einladend aus. Optimale Buttons sind die mit der einfachsten Gestaltung. Vermeiden Sie Reflexionen, Verläufe und andere Effekte. Auch bei Markenlogos und wichtigen Grafiken sollten Sie darauf achten, dass diese entsprechend dem Endgerät ausgeliefert werden.

Quelle: *http://www.gfm-nachrichten.de/news/aktuelles/article/wie-das-neue-ipad-das-web-design-veraendert.html*

Reduzieren Sie die Bilddaten, bitte!

Sie sollten in Betracht ziehen, Ihre im Onlineangebot verwendeten Bilddaten für eine Vielfalt an Endgeräten vorzuhalten. Mit „Adaptive Images" wird automatisch die Bildschirmgröße Ihrer User ermittelt und das optimale Bild aus dem Servercache statt des im HTML verlinkten Platzhalters geladen. So werden keine unnötig großen Bilder übertragen und es wird viel Zeit gespart. Ich empfehle die Verwendung in Verbindung mit einem Responsive Design und Fluid Images. Sie sparen Ihren Usern unnötige Ladezeit und gegebenenfalls dadurch sogar Kosten.

Quellen

http://adaptive-images.com/

http://RetinaJS.com

Content-Priorisierung

Eine weitere Möglichkeit, ein adaptives Layout per CSS zu implementieren, ist die Verwendung von relativen Maßeinheiten (z. B. *%* und *em*) sowie fluiden Grids auf Basis der CSS3-Eigenschaft *flexbox*. Flexbox ist meiner Auffassung nach die bislang beste Möglichkeit, Content anhand der Displaygröße neu zu priorisieren und Inhalte zu sortieren. Den Content für die jeweiligen Endgeräte neu anzuordnen, halte ich für notwendig, und das sollte bei jedem Projekt beachtet werden. Ein Content-Element, das in der Desktopversion in der Sidebar positioniert ist, sollte je nach Context auf dem Tablet oder Mobile im Header-Bereich positioniert werden. Die vielen Angaben im Footer der Desktopversion sollten in den meisten Fällen auf dem Tablet und Mobile ausgeblendet werden, insofern das rechtlich erlaubt ist.

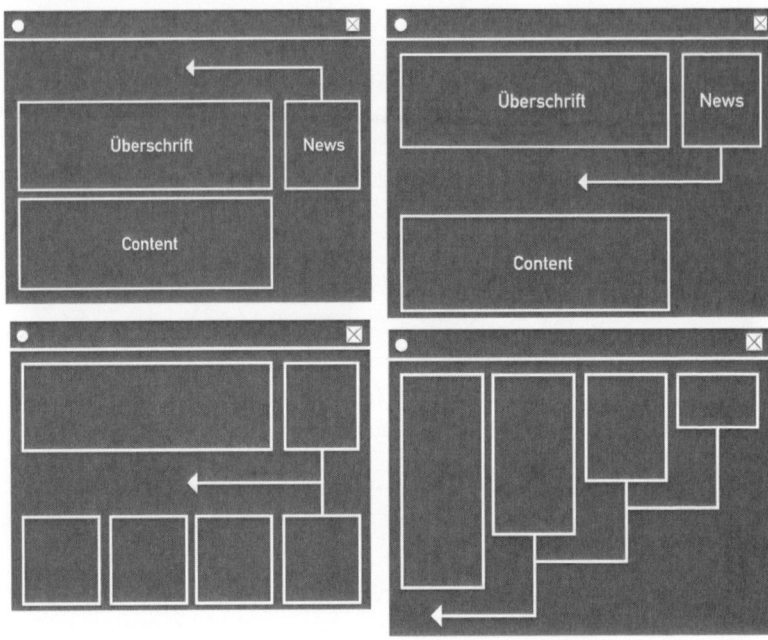

Abbildung 5.4: Der Content platziert sich kontextabhängig neu auf der Website

Beispiel:

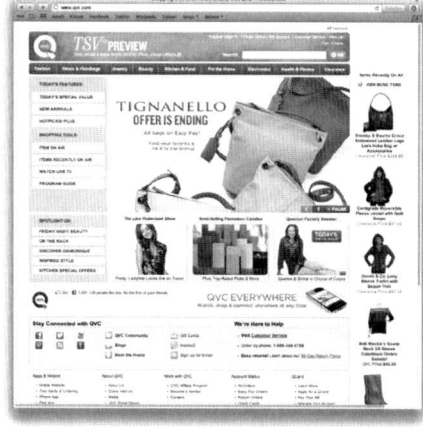

Abbildung 5.5: Die rechte Aside-Spalte auf der Qvc.com-Website wandert auf dem Tablet nach unten

Das HTML dazu:

```
<div id="container">
 <div class="row">
  <div class="news col">
    <p>Insert local news here.</p>
  </div>
  <div class="headlines col">
    <p>Insert headline code here.</p>
  </div>
 </div>
  <div class="row">
   <div class="content col">
    <p>Insert additional content stories here.</p>
   </div>
  </div>
 </div>
```

Und entsprechend das CSS:

```
.col {
  float: left;
  display: inline;
}
.headlines {
  width: 70%;
}
.news {
  width: 30%;
  float: right;
}
.content {
  width: 70%;
}

@media screen and (max-width: 33.750em) {
  .headlines {
    width: 100%;
  }
  .news {
    width: 100%;
  }
  .content {
    width: 100%;
  }
}
```

Listing 5.8: HTML und CSS von Content auf einer Webseite

Sehen Sie sich dazu auch eine Einführung zur Content-Choreografie auf Trent Walton's Blog an: *http://trentwalton.com/2011/07/14/content-choreography/*.

Eine gute Live-Demo stellt Jordan Moore in seinem Experiment Lab zur Verfügung: *http://www.jordanm.co.uk/lab/contentchoreography*.

Sie können Inhalte auch mit CSS Device-spezifisch anordnen, indem Sie verschiedene DIVs mit gleichem Inhalt, aber verschiedener Positionierung, Styling etc. anlegen:

HTML:

```
<div id="topic1-dektop"> Content</div>
<div id="topic1-mobile">Content-mobile</div>
```

CSS:

```
@media only screen and (min-width: 992px) {
  #topic1-desktop {display:block; position:absolute;
                             top:100px; left:20px;
  /*weitere Styles}
  #topic1-mobile {display:none; /*weitere Styles*/}
}
@media only screen and (min-width: 480px) {
  #topic1-desktop {display:none; /*weitere Styles*/}
  #topic1-mobile {display:block; position:absolute;
top:20px;
                                        left:0;
  /*weitere Styles samt neuer Positionierung*/}
}
```

Listing 5.9

Demo: *http://www.nuisol.com/media-queries/test.html*

Definieren Sie die Content-Priorität nach:

a) Situation (mobil, stationär)

b) Umfeld (Arbeitsplatz, privat)

c) Nutzungsmodi (Couch, in Bewegung)

5.1.1 Darüber hinaus fragen Sie sich, wie optimal Ihr Content inhaltlich strukturiert ist

Ist Content lesbar?

- Folgt er einem Styleguide?
- Ist er durch Tabellen, Absätze, nummerierte Listen übersichtlich gegliedert?
- Steht das Wichtigste oben und ist er in Form einer invertierten Pyramide verfasst?

Versteht man den Content?

- Gibt es Zusatzinfos, die kontextuell wichtig sind?
- Wird den Bedürfnissen der Personas entsprochen?
- Ist der Content dem Medientyp/Format angepasst?
- Ist das Leseniveau der Zielgruppe angepasst?
- Stellt der Text bereits bekannte Informationen auf eine neue Art und Weise dar?

Hat man das Verlangen, den Content zu teilen?

- Animiert er zu Reaktionen und spricht er im Allgemeinen emotional an?
- Besteht eine einfache Möglichkeit, den Content zu teilen?
- Begreift man die Aufforderung, den Content zu teilen?
- Gibt es Gründe, den Content zu teilen?
- Ist der Content individualisierbar (Hashtags etc.)?

entwickler.press

Möchte man nach dem Lesen handeln?

- Ist eine deutliche Call-to-Action vorhanden?

- Sind Links zu thematisch verwandten Inhalten enthalten?

- Ist das Teilen und Weiterleiten von Inhalten einfach und schnell nachvollziehbar?

- Besitzt der Text ein Kommentarfeld?

- Gibt es direkte Handlungsanweisungen?

Ist der Content auffindbar?

- Sind Metadaten wie Metabeschreibungen, Seitentitel und Meta-Keywords vorhanden?

- Enthält der Content Links zu anderen wichtigen Inhalten?

- Haben die Bilder Alt-Tags?

- Sind mindestens zwei H2 Tags und ein H1 Tag vorhanden?

Quelle: Weave-Artikel 01.13. Webinhalte planen

5.1.2   Responsive Layout Pattern

Werden Sie sich bewusst, welche Layout Pattern Ihr Webangebot ergibt und definieren Sie im Vorfeld, wie sich die Inhalte verhalten sollen. Wann soll wo welcher Inhalt dargestellt werden?

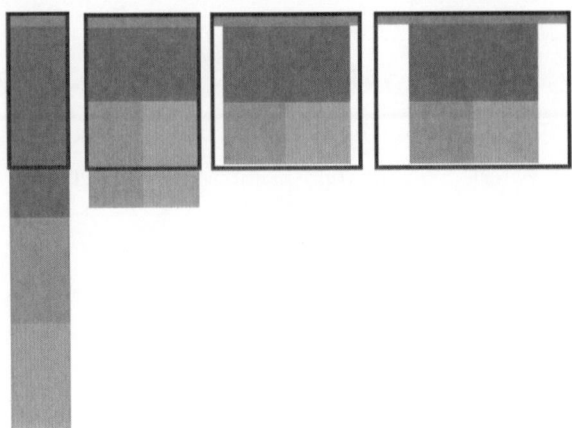

Abbildung 5.6: Das fluideste Layout bleibt bestehen, bis es auf einem kleineren Bildschirm angezeigt wird

Demo: *http://codepen.io/bradfrost/full/Iardn*

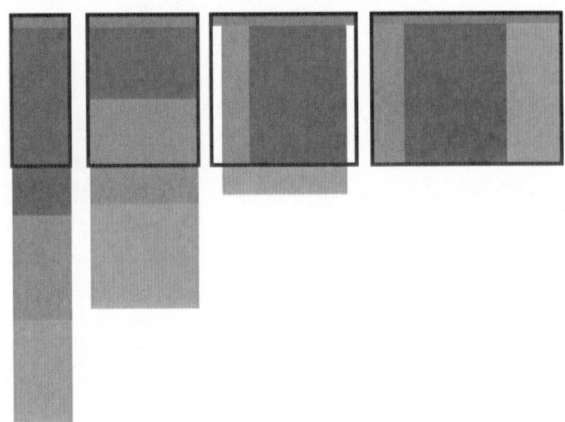

Abbildung 5.7: Bei dem Column Drop Layout wandert die rechte Spalte nach unten

Demo: *http://codepen.io/bradfrost/full/zhCwd*

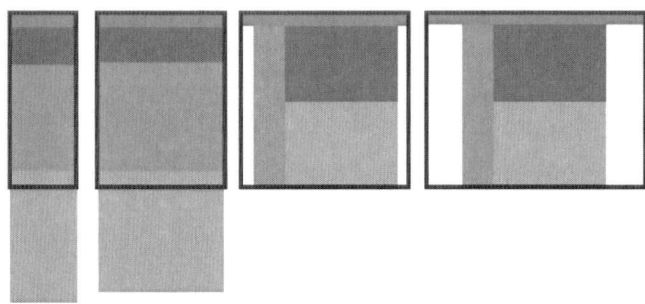

Abbildung 5.8: Das Layout Shifter Pattern erstellt ein eindeutiges Layout von jedem Breakpoint (definierten Breite) ausgehend

Demo: *http://codepen.io/bradfrost/full/LtryA*

Abbildung 5.9: Das Tiny Tweak Pattern ordnet Bilder, Schrift oder andere Komponenten in einem ansonsten einheitlichen Layout an

Demo: *http://codepen.io/bradfrost/full/brjFH*

Abbildung 5.10: Bei der Fix Column haben alle Spalte eine feste Breite, die dann entsprechend aus dem sichtbaren Bereich rutscht

Demo: *http://codepen.io/bradfrost/full/sjiCv*

Browser und Device-Features

Ebenso wie bei den Displaygrößen gibt es auch bei der Abdeckung der einzelnen Browserfeatures der Devices und Betriebssysteme große Unterschiede (siehe *http://mobilehtml5.org*). Möchte man möglichst viele Nutzer erreichen, ist es wichtig, dass die eingesetzten Features auf so vielen Geräten wie möglich unterstützt werden. Doch es gibt viele Lücken, die dabei zum Vorschein kommen. Eine Methode, diesen Gaps entgegenzuwirken, ist die Nutzung so genannter Polyfills. Hierbei handelt es sich um JavaScripts, die die Funktionalität eines HTML5-Features auf Geräten nachbilden, die dieses nicht oder nur teilweise unterstützen. Ein wichtiger Teil der Polyfills ist das Prinzip der „Feature Detection". Zu allererst wird also per JavaScript geprüft, ob das Gerät ein bestimmtes Feature unterstützt. Erst wenn es dies nicht tut, wird das eigentliche Skript des Polyfills ausgeführt.

Die Featureerkennung ist der zweite große Baustein bei der Herausforderung der Unterstützung von Funktionalitäten. Mithilfe der „Modernizr-Bibliothek" lässt sich beispielsweise eine Web-App auf eben diese Unterstützung hin überprüfen, sodass auf Basis dieser Informationen einem fehlenden Feature entgegengewirkt werden kann – sei es durch die Nutzung eines Polyfills oder durch Deaktivieren der Funktionalität inklusive Fehlervermeidung.

Wichtige Quellen für Ihre Web-App:

http://modernizr.com/

http://mobilehtml5.org

http://www.html5rocks.com/de/tutorials/flexbox/quick/

http://responsejs.com/

http://phonegap.com/

http://www.appcelerator.com

Erkennung der Orientation

Die Drehung des Bildschirminhalts, wenn das Endgerät gekippt wird, ist nur eines der Features von Smartphones und Tablets.

Beim Benutzen von nativen Apps, wie zum Beispiel dem mobilen Safari oder der Note-App, bietet das Gerät dem Nutzer eine verbreiterte Tastatur für die Eingabe von Daten an. Die Mail-App zeigt dem User im Portraitmodus die Mail an, dreht man es in den Landscape-Modus, tauchen auf der linken Seite die E-Mails samt Posteingang auf. Wenn Sie die Inhalte nicht für beide Modi optimieren können, sollten Sie unbedingt den User darauf hinweisen, da sonst die UX darunter leiden wird. Man kann dieses Verhalten auch in seine Web-App einbauen, indem man die Orientation des Geräts auslesen lässt und darauf reagiert.

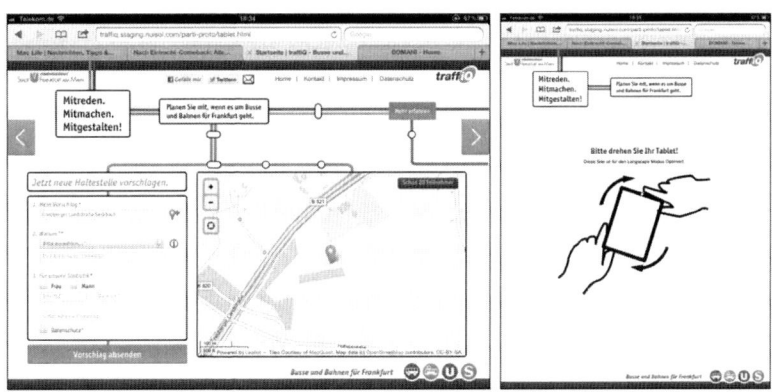

Abbildung 5.11: Die Orientation wird erkannt und die Inhalte werden angepasst

Leider unterstützen noch nicht alle Browser und Geräte die Erkennung der Orientation, da Eigenschaften wie *window.orientation* nicht erkannt werden.

Bisher gibt es zwei Ansätze zur Verwendung mit der Orientation.

In Listing 5.10 ist als Beispiel der EventListener für das *orientations-change*-Event mit der Methode *onOrientationChange()* eingebaut. Die andere Möglichkeit besteht darin, die Breite des Bildschirms beim Laden der Seite auszuwerten, um dadurch zu erkennen, ob das Gerät im Landscape- oder Portrait-Modus gehalten wird. Die Funktion *checkOrientation()* zeigt eine beispielhafte Umsetzung.

```
window.addEventListener('orientationchange',
                        onOrientationChange, false);
function onOrientationChange() {
  if (orientation == 0) {
    //portraitMode
  }
  else if (orientation == 90) {
    //landscapeMode
  }
  else if (orientation == -90) {
    //landscapeMode
  }
  else if (orientation == 180) {
    //portraitMode
  }
  else {
  }
}
function checkOrientation() {
  deviceWidth = $('body').width();
  if (deviceWidth == '320') {
    //portraitMode
  }
  else if (deviceWidth == '480') {
    //landscapeMode
  }
}
```

Listing 5.10: Event Listener für das „orientationschange"-Event mit der Methode „onOrientation-Change()"

Der Orientation Bug und wie man ihn löst

Leider gibt es einen lästigen Bug, der die UX stark beeinflusst. Wenn der User sein Gerät von z. B. Portrait auf Landscape dreht, wird die Website nicht korrekt eingezoomt. Das Resultat ist, dass der Viewport nicht korrekt ist und Teile der Website nicht sichtbar sind, sodass der User in die Site hinein- oder herauszoomen muss: Das ist nervig, wenn nicht gar enttäuschend. Mit folgendem Skript können Sie dem entgegenwirken.

```
<script language="JavaScript">
  if (navigator.userAgent.match(/iPhone/i) ||
                 navigator.userAgent.match(/iPad/i)) {
    var viewportmeta = document.querySelector('meta
                           [name="viewport"]');
    if (viewportmeta) {
      viewportmeta.content = 'width=device-width, minimum-
          scale=1.0, maximum-scale=1.0, initial-scale=1.0';
      document.body.addEventListener('gesturestart',
                                 function () {
        viewportmeta.content = 'width=device-width,
                    minimum-scale=0.25, maximum-scale=1.6';
      }, false);
    }
  }
</script>
```

Listing 5.11

Quelle: *http://filamentgroup.com/lab/a_fix_for_the_ios_orientationchange_ zoom_bug/*

Fass mich an, mit JavaScript

Technisch gesehen gibt es zurzeit noch keinen HTML5- oder JavaScript-Support für Touch-Events zum jetzigen Stand des sich entwickelnden W3C-HTML5-Standards. Apple hat in iOS Safari ein Set von „Touch- und Gesten-Events" implementiert. Diese sind noch im Draft beim W3C. Es ist damit zu rechnen, dass sie auch so übernommen werden.

Wie immer ist alles, was im HTML5-„Living"-Standard gerade noch nicht verabschiedet ist, ohne Gewähr. Diese stehen auch im Android, Chrome und Opera zur Verfügung und heißen *touchstart, touchend, touchmove, touchcancel*. Diese Handler im iOS ersetzen automatisch alle Click-Events durch Touch-Events und überschreiben die reguläre ~300 ms-Verzögerung beim Klicken. Das können Sie beobachten, wenn Sie einen normalen CSS-Hover-Zustand auf einen Link haben. Sie tippen ihn mit Ihren Fingern an und sehen kurz, wie sich zum Beispiel die Farbe ändert. Dabei ist der Hover-Zustand eigentlich nur für einen Mouseclick vorgesehen. Microsoft mit dem IE10 hat wiederum andere Event-Klassen eingeführt, die „Pointer Events" genannt werden und zurzeit die Mouse, den Finger-Touch und Eingabestifte unterstützen.

Damit Touch-Events websiteübergreifend auf Ihrem Tablet angewandt werden können, zum Beispiel, um einen Seitenwechsel mit einer Swipe-Bewegung auszulösen, müssen Sie allerdings diese Funktionen zusätzlich über eine JavaScript-Bibliothek hinzufügen.

```
<script type="text/javascript">
  var mybox = new scroller();

  mybox.scrollable_element = $('#swipeable');
  mybox.scroller_elemets = $('.swipable-box');
  mybox.fixed_stop_width = 1040;
  mybox.max_stops = 1;
  mybox.move_treshold = 0.15;
  mybox.bind_events();
  mybox.center_to_index(-1);

  //Ipad click wird nicht immer erkannt daher touchstart
  var ipadtouch = navigator.userAgent,
      event = (ipadtouch.match(/iPad/i)) ? "touchstart" :
                                                  "click";

  $(".jcarousel-control-next").bind(event, function(){
    mybox.next();
    checkScrollerIndex();
  });
```

```
$(".jcarousel-control-prev").bind(event, function(){
  mybox.previous();
  checkScrollerIndex();
});
</script>
```

Listing 5.12

Das Click-Event wird vom iPad falsch interpretiert und nicht in ein Touch-Event umgewandelt. Durch das Skript wird das eigentliche Click-Event durch ein Touch-Event ersetzt.

```
//Ipad click wird nicht immer erkannt daher touchstart
    var ipadtouch = navigator.userAgent,
        event = (ipadtouch.match(/iPad/i)) ? "touchstart" :
                                             "click";
```

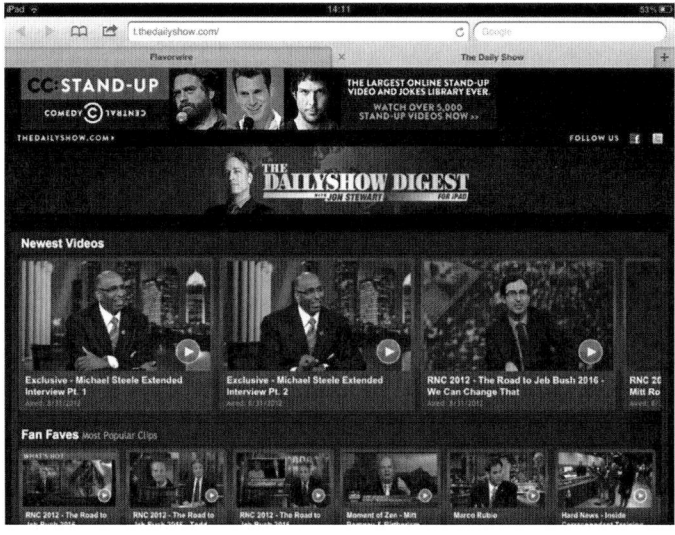

Abbildung 5.12: thedailyshow nutzt die Swipe-Box zur einfachen Auswahl Ihres Videoangebots

Neben den bekannten jQuery-Touch- und jQuery-Mobile-Frameworks sollten Sie sich auch einmal die geräteübergreifenden Lösungen von YUI 3.2.0, das auf jQuery basierende schlanke Framwork Zepto.js und mootools-mobile ansehen. Jquery Mobile und Touch sind aufgrund ihrer guten Dokumentation schnell zu erlernen. Zu kritisieren sind die hohen Datenmengen und die sehr starken optischen Ähnlichkeiten unter den damit erstellten Anwendungen. Gerade Zepto.js ist wegen seiner sehr kleinen Datenmenge sehr attraktiv. Wenn Sie mit jQuery vertraut sind, werden Sie mit diesem Framework keine Probleme haben. Mit jQuery Libary UI Touch Punch können Sie einen umfangreichen Touch Event Support für das jQuery UI einfügen. Es ist bisher auf iPad, iPhone, Android und anderen Touch-fähigen mobilen Endgeräten getestet. Generell sollten Sie beachten, dass Android-Browser ab 2.1 – in Abhängigkeit vom Endgerätehersteller – Touch-Events unterstützen. Auch kann die Funktionalität, z. B. der Swipe, einfach in den Einstellungen des Android-Browsers vom User deaktiviert werden.

Mehr Informationen finden Sie unter:

http://webkrauts.de/artikel/2012/einfuehrung-touch-events

https://developer.apple.com/library/safari/#documentation/UserExperience/Reference/TouchEventClassReference/TouchEvent/TouchEvent.html

http://blogs.msdn.com/b/ie/archive/2011/09/20/touch-input-for-ie10-and-metro-style-apps.aspx

http://jquerymobile.com/

http://yuilibrary.com/yui/docs/event/touch.html

http://zeptojs.com/

https://github.com/cpojer/mootools-mobile

http://touchpunch.furf.com

Virtuelle Flecken mit HTML5 Canvas entfernen – so geht ein Touch Advert

Zewa Wisch & Weg kennt jeder aus der Werbung. Wer im Frühjahr 2013 der offiziellen Website der Haushaltstücherexperten einen Besuch abstattete, konnte den Wisch-&-Weg-Effekt auch im Browser selbst nachvollziehen. Abgeleitet vom TV-Spot bewegte man ein digitales Küchentuch über einen virtuellen Kaffeefleck. Das „Touch Advert Special" wurde von meiner Agentur Nuisol entwickelt und nur auf kompatiblen Endgeräten angezeigt. Am besten erlebbar wird das Wischerlebnis natürlich auf einem Tablet, wenn man das digitale Tuch mit den Fingern bewegen kann.

Abbildung 5.13: Der User wird aufgefordert, zu schütteln: ein Kaffeefleck entsteht auf dem Tablet; das Küchentuch saugt langsam den Fleck auf – Call2Action

Bei diesem Promo-Gimmick lag das Hauptaugenmerk bei der Umsetzung auf HTML5 Canvas. Die HTML5-Spezifikationen definieren das Canvas-Element als „Auflösungsabhängiges Bitmap Canvas", das für das On-the-Fly-Rendern von Graphen, Spielegrafiken oder anderen visuellen Bildelementen vorgesehen ist. Hauptsächlich bietet Canvas ein Low-Level-Interface zum Zeichnen, das man via JavaScript anspricht. Seit es möglich ist, die komplette Programmiersprache quasi „at our disposal" zu haben, war es relativ einfach, die Zeichnungen in Animationen umzuwandeln und dann wieder in Game-Grafik.

Gerade um eine Interaktion mit dem User aufzubauen, beispielsweise über traditionelle DOM-Manipulation, ist das Canvas-Element eine gute Option, denn es erlaubt uns, Pixel individuell zu animieren und ist ebenfalls sehr gut für Bildmanipulation zu verwenden.

Doch die Bildmanipulation ist nur eine Seite der Medaille. Denn bei der Entwicklung stellte sich heraus, dass beispielsweise Browser auf Tablets beim Ausführen der Wisch-&-Weg-Aktion schnell an ihre Grenzen stoßen. Für uns war es deshalb eine der Hauptaufgaben, die Performance einer solchen Anwendung auf einem Device wie dem Tablet festzustellen. Das verlässlichste war das iPad mit Safari oder Chrome als Browser. Es ging vor allem darum, herauszubekommen, wie gründlich der Fleck entfernt wurde. Der einfachste Weg, um dies zu tun, war ein so genanntes Timed Event. Jedoch konnte die Timer-Frequenz nicht sehr hoch sein, andernfalls konnte das Tablet damit nicht umgehen. Die Lösung bestand darin, ein gutes Zeitintervall zu finden, das die Tablet-Performance nicht verzögert.

Ferner stellte sich heraus, dass Android-Browser das Skript nicht mit der gleichen Performance verarbeiten können wie der Safari auf iOS. Hauptsächlich ist dieses Problem dem Browser und seiner Art, das Canvas zu rendern, zuzuschreiben. Es findet eine Validierung statt, die das Timer-Intervall ändert, um zusätzlichen „Prozessstress" zu unterbinden.

Um herauszufinden, wie sauber das Canvas arbeitet, validierte unser Team die Gesamtmenge des zu wischenden Bereichs und verglich sie mit der vorherigen Datenspur. Und welche Devices werden nun unterstützt? Hauptziele waren der Safari unter iOS, der Desktop-Safari und der Desktop-Chrome. Es funktioniert ebenso unter Android Chrome, jedoch mit deutlich schwächerer Performance, und IE 9. Während des Testens nutzten wir das iPad 2 als Haupttestgerät, während des finalen Debugging-Prozesses verfolgten und überprüften wir die Datenperformance und Resultate durch die Konsole in den oben genannten Browsern.

Generell sollte eine Website in der Lage sein, folgende Skripte auszuführen, um die Wisch-&-Weg-Applikation zu hosten:

- jQuery 1.7.2 (oder früher)

- jquery md5 plugin

- JQ iOS Shake detection plugin

Am Wichtigsten ist ferner, möglichst alle JavaScripts zu vermeiden, die die normale Websiteperformance beeinträchtigen. Bevor das Touch Script auf die Homepage importiert wird, wäre es am besten, die Konsole zu checken, um Fehler zu verfolgen und die Ladeperformance zu überprüfen.

Na dann: Fröhliches Wischen allerseits!

Sie können das Touch Special weiterhin auf *http://nuisol.com* als Demo nutzen.

Schreiben auf Glas macht keinen Spaß!

Dieser Meinung sind zumindest die meisten User. Ich habe so viel auf meinem iPhone und iPad für dieses Buch „getippt", dass mir die Nutzung mittlerweile keine Probleme mehr bereitet. Ich gebe aber zu, am Anfang erhebliche Probleme gehabt zu haben, fehlt doch jegliches Feedback auf der virtuellen Tastatur. Fakt ist: Sie sollten es Ihren Usern einfach machen, sodass sie nur wenige Eingaben tätigen müssen. Zudem sollten Sie diese unterstützen, indem Sie die Eingabefelder mindestens 41 px hoch erstellen, da es ansonsten einfach nicht komfortabel ist, sie anzuwählen. Behalten Sie bei der Gestaltung von Formularen immer im Hinterkopf, dass über 60 % aller Touchs, die auf dem Tablet und Smartphone danebengehen, schlichtweg unbeabsichtigt sind. Dieser als „Wurstfingereffekt" bezeichnete Umstand lässt sich durch die richtige Gestaltung leicht verhindern.

„Auch Wurstfinger wollen kaufen!" Dennis Herzberger, Senior Conversion Architect bei Webarts AG

Mit herausragender UX brilliert zurzeit die Open Source JavaScript Library *http://parsleyjs.org/* von Guillaume Potier. Mittels DOM-Manipulation können Sie Ihren Usern State-of-the-Art-Form-Validation bieten. Die Library arbeitet sehr gut zusammen mit zepto.js und jQuery. Wer in einem mobilen Formular schon einmal mehrere Felder mit numerischen Werten füllen musste, kennt das Problem: Das ständige Wechseln von der Standardtastatur zur Eingabe von Ziffern kann auf Dauer ziemlich ermüdend sein. Eine herausragende Eigenschaft von mobilen Betriebssystemen ist zum Glück die Bereitstellung verschiedener Keyboardlayouts. Neben der Standardtastatur gibt es auf den verschiedenen Systemen ein numerisches Keyboard, ein Phone-Keyboard, eines für die Eingabe von URLs sowie eines für E-Mail-Adressen. Das Beste daran ist: sie lassen sich ohne großen Aufwand ansprechen (Listing 5.13).

```
// Numerisches Keyboard - iOS, Android, BlackBerry (QNX)
<input type="number" value="Numerische Eingabe" />
// Numerisches Keyboard - Alternative auf iOS
<input type="text" pattern="[0-9]*" value=
                       "Numerische Eingabe (iOS)" />
// URL-Keyboard –iOS, BlackBerry (QNX)
<input type="url" value="URL" />
// E-Mail-Keyboard - iOS, Android, BlackBerry (QNX)
<input type="email" value="E-Mail" />
// Telefon-Keyboard - iOS
<input type="tel" value="Telefonnummer" />
```

Listing 5.13: Das Ansprechen verschiedener Keyboardtypen

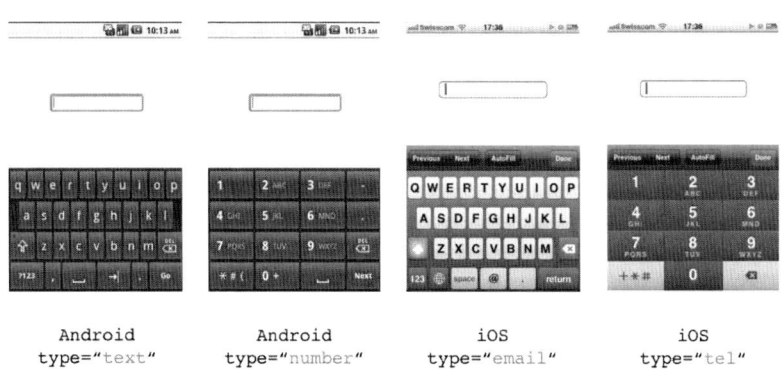

Android	Android	iOS	iOS
type="text"	type="number"	type="email"	type="tel"

Abbildung 5.14: Tastaturvarianten bei Android und iOS

Nutzen der Geolocation

Um die aktuelle Position eines Anwenders auslesen zu können, zum Bei-spiel in einem Google-Maps-Fenster in der eigenen Web-App, muss man sich die Hilfe des Geolocation API von HTML5 zunutze machen. Die Voraussetzung dafür ist natürlich, dass das Endgerät diese Möglichkeit unterstützt. Viele der neuen Mobilfunkgeräte und Smartphones haben GPS integriert, sodass man den eigenen Standort in seiner Web-App ver-wenden kann.

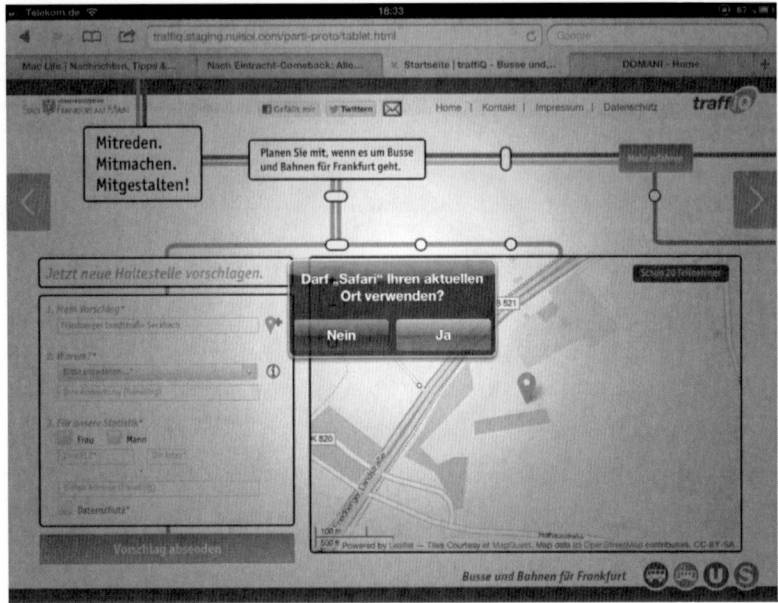

Abbildung 5.15: Fragen Sie Ihren User, wo er sich befindet, und bieten Sie ihm damit Mehrwert

Ein Script-Beispiel, das Ihnen zeigt, wie man mit wenigen Zeilen HTML und JavaScript den eigenen Standort in einem Google-Maps-Fenster anzeigt, steht als Download unter *www.entwickler-press.de/ux_design* zur Verfügung.

Das Auslesen der Geolocation wird durch das *navigator*-Objekt ermöglicht. Die Geolocation wird durch den Aufruf *navigator.geolocation. getcurrentPosition();* an die *ShowPosition*-Funktion übergeben, in der die Werte für Längen und Breitengrad als Ausgangspunkt für das Google-Maps-Fenster genutzt werden. Ebenfalls eine Eigenschaft des *navigator*-Objekts ist, dass es durch die Funktion *watchPosition* die Position des Objekts auch nach dessen Positionsveränderung erkennt. Das Potenzial des Geolocation API kann man anhand dieses kurzen Beispiels gut erkennen. Wenn man nun diese Funktionen mit den bekannten Funktionen des Google Maps API, zum Beispiel Points of Interest, Routen, verschiedenen Kartenansichten und Controls vergleicht, steht die Website einer nativen App in nichts nach.

Ladezeiten sind entscheidend

Ein Blick in die Analytics zeigt hier doch schnell, dass keine andere Nutzergruppe so schnell einen Besuch einer Site abbricht. Ladezeit und nicht optimal aufbereitete Inhalte finden keine Akzeptanz mehr. Seit einiger Zeit zählt für Google die Ladegeschwindigkeit einer Webseite ebenfalls zu den wichtigen Qualitätsmerkmalen. Verschiedene Untersuchungen haben gezeigt, dass Nutzer nach wenigen Augenblicken eine Seite verlassen, wenn nach dem Aufruf der Seite nicht schnell etwas angezeigt wird. Mobile Anwender reagieren hier noch viel empfindlicher als User am Desktop. Langsam ladende Webseiten haben eine negative Auswirkung auf das Nutzererlebnis, bilden somit einen geringeren Mehrwert und gehören nach Googles Auffassung nicht auf die obersten Suchergebnispositionen. Auch wenn der Einfluss dieses Faktors für Google im Moment nicht allzu groß ist, sollten Sie auf die Ladezeiten achten und gegebenenfalls einfache Verbesserungsmaßnahmen vornehmen. Hierzu ist beispielsweise das Firefox Add-on „Page Speed" (*https://developers. google.com/speed/pagespeed/*) ein nützliches Tool, das neben der Messung der Ladegeschwindigkeit auch direkt Tipps zu deren Verbesserung ausgibt. Auch Google bietet mit den Pagespeed-Tools server- und clientseitige Unterstützung. Nutzen Sie Minifyer wie zum Beispiel Codekit (*http:// incident57.com/codekit/*), der automatisch Ihre JavaScript-Daten reduziert, prüft und neu kompiliert. Der Anwender wird es Ihnen danken. Videos zum Beispiel werden am liebsten mobile und auf dem Tablet konsumiert, sind sie doch auch fester Bestandteil von News und Magazinen und werden immer mehr auch in Onlinestores verwendet. Sind Ihre Videos für Mobile Streaming optimiert?

HTML5-Videos für Tablets

Das Bewegtbild ist aus Webseiten nicht mehr wegzudenken, und das Ansehen von Videos ist eine der Hauptaktivitäten auf dem Tablet. HTML5-Videos in Websites einzubetten war bisher umständlich. Dank verschiedener Formatkompatibilitäten der Browser müssen meist drei Versionen eines Videos auf dem Server abgelegt und anschließend in den Quellcode eingebaut werden. Dieser Aufwand will bezahlt werden. Nun gibt es ein Programm, das die gesamte Arbeit für uns erledigt – vom Enkodieren der Videos bis hin zur Generierung des Quellcodes. Wenn es nach den Schöpfern des HTML5-Standards geht, sollten HTML5-Webvideos Flash-Videos schon längst abgelöst haben. Doch damit das gelingt, müssten erst einmal die Inkompatibilitäten der verschiedenen Browser mit verschiedenen Videoformaten behoben werden. HTML5-Videos können als Ogg-Theora-, MPEG4- oder WebM-Datei vorliegen. Und die meisten großen Browser unterstützen jeweils nur zwei der drei Formate. Um also maximale Kompatibilität zu gewährleisten, müssen Sie momentan alle drei Versionen auf ihrem Server hinterlegen und in den Code einbinden.

Abbildung 5.16: Screenshot videojs.com

Zum Glück gibt es auch die Open-Source Lösung *http://www.videojs.com*. Video.js nimmt Ihnen die Arbeit ab. Einfach Video im Ausgangsformat hochladen und alle benötigten optimal konvertierten Videodaten mit Quellcode herunterladen.

Noch einfacher ist es jedoch, wenn Sie Ihre Videos bei YouTube einstellen und sie dann auf Ihrer Site einbinden. YouTube nimmt Ihnen die Arbeit vollständig ab und liefert die Videos immer auch Mobile-optimiert aus.

Für die Verwendung von Videos im Responsive Layout sollten Sie sich das JQuery-Plug-in *http://fitvidsjs.com/* näher ansehen. Auch Ihre Videos können sich damit liquide an den Viewport angleichen.

Datenverbindungen

Viele Apps, Web-Apps oder native Apps benötigen das Senden und Empfangen von Daten und den damit verbundenen Austausch mit einem Backend-System. Apps sind durch dynamische Daten viel flexibler und „lebendiger" als statische Apps. Die betroffenen Daten werden in Web-Apps über spezielle Web Services, REST, spezielle Client-APIs oder direkten Zugriff via HTTP-Protokoll ausgetauscht. Die Daten können zur Erweiterung oder Manipulation der HTML-Seite genutzt werden.

> Unter *www. entwickler-press.de/ux_design* finden Sie ein Beispiel als Download, in dem ein Web Service eines Microsoft Share Point Servers beim Laden einer HTML-Seite aufgerufen wird.

Ein Datensatz von mehreren Listeneinträgen inklusive verschiedener Metadaten wird durch die Methode *GetListItems* geliefert. Das zurückgegebene SOAP XML in *xData.responseXML* wird durchiteriert und in Form einer mit Metadaten angereicherten Hyperlinkliste dem Document Object Model (DOM) hinzugefügt.

In einem Projektportal werden durch die Ausgabe die Hyperlinks zu Projektseiten angezeigt. In diesem Hyperlinktitel bzw. dem Tooltipp stehen der Kundenname, der Projektname und eine Beschreibung.

Durch das Aufrufen eines REST URL im Beispiel, das Ihnen als Download unter dem bereits oben benannten Link, zur Verfügung steht, lassen sich ähnliche Ergebnisse erreichen, werden aber im leichter handhabbareren JSON-Format zurückgegeben.

Fazit

Werden all die genannten Vorgehensweisen beachtet, Performanceoptimierungen durchgeführt bzw. von vornherein implementiert und Tools zum Testen und Debuggen verwendet (Kapitel 6), ist es durchaus möglich, eine mobile Webapplikation zu erstellen, die der Experience einer nativen App entspricht.

BEISPIEL: Mit höherer Geräteperformance, schnelleren Internetverbindungen sowie besseren Tools wird die Relevanz der mobilen Web-App-Entwicklung in Zukunft stetig zunehmen. Auch die so genannten Device-APIs werden schon bald dazu beitragen, dass der mobile Browser immer mächtiger wird und man auch per JavaScript auf weitere native Funktionalitäten zugreifen können wird.

Einen Artikel von Annika Brinkmann, der den Aufbau und die Umsetzung einer einfachen „Responsive Website" ganz ohne Backend zeigt, finden Sie als Download unter *www.entwickler-press.de/ux-design.*

5.2 UI/UX Screendesign

Wenn Sie eine Website, Mobile App oder ein anderes User Interface designen, haben Sie eine gewisse Vorstellung, was Sie machen möchten, oder Ihr Auftraggeber hat bereits einige Richtlinien (Corporate Identity), an die Sie sich halten müssen. Aber vielleicht sind Sie sich nicht sicher, ob Ihre Ideen die bestmögliche Lösung sind. Oder Sie haben sogar Probleme, überhaupt irgendwelche Ideen zu finden. Das ist der Punkt, an dem Sie anfangen müssen, sich von außen Inspiration und Ressourcen zu holen. Um dies zu tun, können Sie Stunden damit verbringen, durch Galerien zu surfen, um nach Ideen zu suchen, oder Sie können eine Menge Geld ausgeben und Pakete mit fertige Elementen kaufen, die Sie vielleicht nicht benutzen werden. Oder Sie können sich eine Menge Zeit sparen und einfach UICloud besuchen. UICloud sammelt die besten UI-Elemente der Welt und legt sie an einem Platz ab, wo Sie nicht nur Inspiration bekommen können, sondern auch Daten downloaden, um Sie in ihren eigenen Designs zu benutzen: *http://ui-cloud.com/*

Ebenso sollten Sie es als Training verstehen, regelmäßig bei *http:// littlebigdetails.com/* vorbeizusurfen. Die Macher der Wireframe/Sketching-Software Balsamiq Mockup teilen hier Ihre Leidenschaft für UX und User Interfaces. Fast täglich werden hier die besten Fundstücke präsentiert.

Doch bei jedem Designer sollten folgende Regeln an der Wand hängen, die von Dieter Rams stammen. Dieter Rams gestaltete unter anderem über Jahrzehnte bei der Firma Braun Designgeschichte, und dessen Designs gelten als Vorlage für viele Apple-Produkte wie den iPod.

Dieter Rams: Zehn Thesen für gutes Design

1. Gutes Design ist innovativ

2. Gutes Design macht ein Produkt brauchbar

3. Gutes Design ist ästhetisches Design

4. Gutes Design macht ein Produkt verständlich

5. Gutes Design ist ehrlich

6. Gutes Design ist unaufdringlich

7. Gutes Design ist langlebig

8. Gutes Design ist konsequent bis ins letzte Detail

9. Gutes Design ist umweltfreundlich

10. Gutes Design ist so wenig Design wie möglich

Die Macht der Bilder

Ein gutes Bild sagt immer mehr als tausend Worte. User wollen nicht lesen, sie scannen Websites nach Informationen. Andy Warhol sagte: „Ich lese nicht, ich schaue mir nur die Bilder an." Machen Sie sich das zu Nutze, denn unser Bildgedächtnis ist viel besser in unserem neuronalen Netz verankert als z. B. das Sprachgedächtnis. Wir erinnern uns bis zu 80 % durch das Sehen, denn unser Gehirn speichert vor allem visuelle Reize. Eine Faustregel von Werner Kroeber-Riel ist: „Je stärker uns eine Sache emotional in ihren Bann zieht, umso tiefer ist der Eindruck, den sie in unserem Gedächtnis hinterlässt." Das Gefühl und das Bild hängen immer miteinander zusammen.

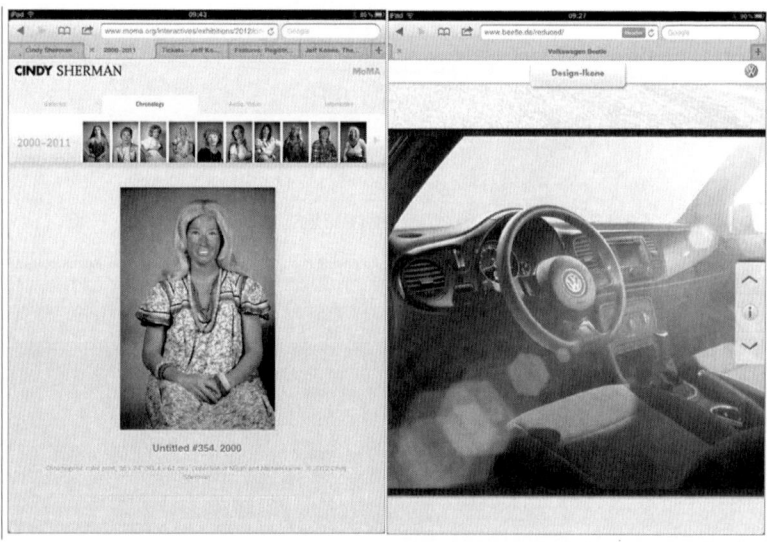

Abbildung 5.17: Gute Fotos wecken Emotionen und kreieren Atmosphäre

Nutzen Sie Icons. Sie sind leichter zu erfassen und unterstützen den User bei einer schnellen und intuitiven Navigation. Vorsicht! Die Voraussetzung ist, dass die Icons so eindeutig gestaltet sind, dass sie sich selbst erklären oder bereits so bekannt, dass sie jeder kennt. Wenn Sie sichergehen möchten, schreiben Sie unter das Icon, was es darstellen soll. Ein Vorteil aus technischer Sicht ist, dass man Icons auch als Spriteset oder Font anlegen und laden kann. So bleiben sie bei jeder Bildschirmauflösung knackig und scharf.

Beispiel: Was bedeuten diese Icons? Ich bin mir sicher, Sie können mindestens zwei richtig zuordnen. Das zweite von links stammt vom Apple iOS für das Weitergeben von Inhalten und hat sich mittlerweile etabliert. Aber was soll die Rakete? Damit hat diese Navigationsunterstützung ihr Ziel verfehlt. Hier kann es hilfreich sein, unter den Icon die Funktion mit einem Wort zu beschreiben.

Abbildung 5.18: Icons als Funktionsleiste

Quelle: Werner Kroeber-Riel: Bildkommunikation, München 1993, S. 53

Das veränderte Navigationsverhalten

Gastbeitrag von Prof. Wolfgang Henseler

Der Wandel von grafischen Benutzungsoberflächen (Graphical User Interfaces) zu natürlichen Benutzungsoberflächen (Natural User Interfaces) findet in allen Interfacebereichen statt, also bei Webseiten genauso wie bei Betriebssystemen für Desktopcomputer, Applikationen für mobile Endgeräte oder Multitouch-Systemen. Im Kern geht es darum, den Computer durch wesentlich natürlichere Handlungsprinzipien zu bedienen und dadurch dessen Gebrauchstauglichkeit zu erhöhen, also User Experience und Usability zu verbessern.

Die meisten von uns benutzen für die Interaktion mit dem Computer oder einer Webseite meist immer noch die Maus, die den Cursor steuert. Handeln wir heute also nur mittelbar, können wir uns vorstellen, wie viel schneller eine direkte Manipulation eines Objekts wäre, wenn wir es direkt berühren könnten. Wissenschafter wie Ben Shneiderman oder Jens Wandmacher haben herausgefunden, dass die Effizienzsteigerung durch NUI-basierte, also unmittelbar zu bedienende, Benutzungsoberflächen bei bis zu 30 % gegenüber indirekt zu manipulierenden Systemen liegt. Nutzer könnten Aufgaben wesentlich schneller erledigen, als das heutzutage der Fall ist. Dass die direkte Interaktion neben der Steigerung der Arbeitseffizienz und einer Verbesserung der Usability auch zu einer Zunahme am Nutzungserlebnis führt, beweist bereits der Erfolg des iPhones.

Zudem bedeutet ein synchrones Benutzen von Hand, Stift, Maus und Tastatur, dass der Mensch in Bewegung bleibt und dadurch die Ergonomie positiv beeinflusst wird. Die Unmittelbarkeit des Handelns und das sukzessive Verschwinden der Maus zugunsten von Stift und Finger fordern, diesen neuen Interaktionsformen ein adäquates Design gegenüberzustellen. Der größte Unterschied zur Gestaltung der grafischen Nutzungsoberflächen liegt also darin, dass Designer nicht mehr nur für den Cursor, sondern für eine synchrone maus-, stift- und fingerbasierte Steuerung des Systems gestalten müssen. Konkret bedeutet das, dass sich die Größe der Interaktionselemente nicht am Cursor, sondern am Finger orientieren muss. Interaktive Elemente müssen greifbar erscheinen und taktile Qualitäten vermitteln. Damit der Finger den Blick auf die dazugehörigen Beschriftungen nicht verdeckt, muss der Text darüber und nicht mehr unter oder auf dem Element stehen.

Gestaltungsmerkmale von Natural-User-Interface-Systemen

Sobald Konzepter, Designer und Entwickler die natürlichen Handlungsmodelle kennen, können sie diese für die Gestaltung von NUI-basierten Systemen zugrunde legen. Ein Bereich des Neuen ist also eine stärker an Handlungen als an der Grafik angelehnte Gestaltung. Gestalterisches Denken bewegt sich nicht mehr in Aspekten des Aussehens, sondern dreht sich um Handlungen und Verhalten und reduziert Gestaltung auf das Wesentliche, das Situativ-Relevante.

Natural User Interfaces stellen die nächste Generation im Umgang mit Computer, Smartphone oder Web dar. Auch wenn wir uns zurzeit noch in den Anfängen dieser neuen Mensch-Computer-Interface-Dimension befinden, so zeigen diese bereits auf, dass ein Leben ohne Handbücher und ohne klassische Softwareprogramme die Interaktion mit dem Computer wesentlich angenehmer und erlebnisreicher gestalten wird, als sich das viele von uns heutzutage vorstellen können. Die bessere Usability, eine gesteigerte User Experience sowie ein hoher Grad an Wirkungseffizienz bei der Nutzung geben einen Ausblick, was in den nächsten Jahren auf uns zukommen wird. Die große Herausforderung besteht nun darin, eine medienadäquate Sprache hierfür zu finden und den Mut zu haben, sich von den bekannten Formen zu lösen und eine neue, den Technologien entsprechende Bildsprache zu entwickeln. Konzepter, Designer und Developer sind aufgerufen, gemeinsam daran zu arbeiten, diese neue Welt der Interfaces zu erschließen.

Zehn Guidelines zur Gestaltung von Natural User Interfaces

- Natural User Interfaces sollen sich kontextsensitiv und adaptiv verhalten, also den Interessen, Bedürfnissen und Erwartungen eines Nutzers anpassen

- Das NUI-Verhalten sollte der natürlichen Gestenwelt der Nutzer entsprechen

- Bildschirmobjekte sollen sich zum Nutzer hin ausrichten; dies ist besonders wichtig bei Multitouch-Tischen

- Da NUIs mit dem Finger bedient werden können, sollten Bildschirmelemente keine „spitzen" sondern eher abgerundete Ecken aufweisen

- Objekte am Bildschirm sollten zoomfähig sein, sich bei Bedarf also auf einen Nutzer zubewegen können, ähnlich dem Lightbox-Prinzip

- NUI-Objekte sollen sich immer dynamisch öffnen, vergrößern oder zurückziehen, damit der Nutzungskontext für einen Nutzer erhalten bleibt

- Denken Sie bei der Gestaltung immer an eine Fläche, auf der sich Dinge verschieben, skalieren, aufsliden, sortieren oder filtern lassen

- NUI-Systeme müssen immer direktes, unmittelbares Feedback (auditiv, taktil oder visuell) geben – Latenzzeiten hierfür sollten unter zwei Sekunden liegen; ein gutes Beispiel hierfür ist eine Suche, die bei der Eingabe direkt die ersten Ergebnisse anzeigt

- Bei Multitouch- und Multiuser-Interfaces empfiehlt sich zudem eine kreisförmige Anordnung der Inhalte, da die Nutzer sich von allen Seiten dem Interface nähern können

- Überprüfen sie mittels der wesensspezifischen Merkmale, ob ihr gestaltetes NUI alle Kriterien berücksichtigt

Quelle: *http://createordie.de/cod/artikel/Von-GUI-zu-NUI-2819.html*

Ein Appell an unsere Zunft

Dieses Buch schreibe ich für Markenverantwortliche, Mediengestalter, Interaction-, Grafik-, Kommunikationsdesigner und Entwickler jeglicher Fachbereiche. Kurzum, es geht um interdisziplinäres Arbeiten. In den 15 Jahren, in denen ich in der Werbe- und Medienbranche arbeite, ist der Graben zwischen Designern und Entwicklern spürbar kleiner geworden, jedoch für viele noch oft unüberwindbar. Gerade die Grafikdesigner, Artdirektoren und eben auch die Herren aus der Elektronik der alten Schule sollten sich anstrengen, aufeinander zuzugehen. Ich erlebe seit Jahren, wie aufgrund von fehlender Bereitschaft und Empathie Unsummen von Zeit, Kraft und Budget verbrennen.

Entwickler sollten einfacher erklären. Applikationen zu programmieren, ist komplex, und den meisten Designern fehlt das Hintergrundwissen – behalten Sie das im Hinterkopf. Prinzipiell sollte heutzutage alles umsetzbar sein, jedoch rechnet sich der Aufwand im Kontext zum Nutzen nicht immer. Geben Sie früh ein Feedback auf die Umsetzbarkeit von Designideen. Wenn Sie nicht gefragt werden, bieten Sie sich ruhig einmal an.

Entwickler sollten sich an die Gestaltungsvorgaben und die Details halten. Gutes Design lebt eben auch von Details und vor allem von genauer Umsetzung. Ein Designer hat sich bei den Farben, Formen, Schatten, Verläufen, Schriftgrößen und vor allem der Font-Familie etwas gedacht. Wenn Sie das ignorieren, kommt das einer Beleidigung nahe. Sie möchten doch auch Ihre saubere Arbeit wertgeschätzt bekommen. Wenn Sie als Entwickler den Eindruck haben, etwas sei falsch, dann fragen Sie den Designer, bevor Sie es ändern. Setzen Sie sich mit dem Basiswissen der Gestaltungslehre auseinander.

Designer sollten die Technologien kennen. Halten Sie sich auf dem Laufenden über die Möglichkeiten. Besuchen Sie Konferenzen, lassen Sie sich von Experten regelmäßig beraten, tauschen Sie sich regelmäßig aus. Es kann doch nicht sein, dass die Designer auf Basis der Technik von vorgestern gestalten. Im Jahr 2007 wurde das iPhone veröffentlicht und hat die Möglichkeiten der Websitegestaltung nachhaltig und maßgeblich beeinflusst. 2006 ist somit das neue 1990.

Machen Sie sich Gedanken über die Übergabe an den Entwickler. Nur wenn er Ihre Gestaltung versteht, mit Ihren Anwendungsfällen und möglichen Zuständen, kann er sie entsprechend umsetzen. Es genügt nicht (mehr), ein paar Layouts abzuliefern. Erläutern Sie ausführlich und intensiv Ihr Vorhaben, planen Sie ein, in kurzen Intervallen mit Ihren Entwicklern zu sprechen.

- Starten Sie früh gemeinsam im Projekt (Kreationsphase)

- Tauschen Sie Wissen und Erfahrung aus (Gestaltung und Prototyping)

- Wertschätzen Sie das gemeinsame Produkt – ohne die Entwickler ist Ihre Idee nicht nutzbar, ohne die Gestalter ist ihre App nicht schön (Launch)

- Beachten Sie Prozesse – nur weil digital alles geändert werden kann, sollte es dennoch nicht kurz vor 12 gemacht werden

KOMPAKT: UX Design bedeutet auch: Wer nicht kollaboriert, verliert.

5.3   UX-Typografie

Schriftfamilie, Schriftgröße, Laufweite, Zeilen- und Zeichenabstand, Kontraste

Ein Gastbeitrag von Heiko Stiegert (*http://webstandandard.info*)

Für die Entwicklung einer intuitiven Benutzeroberfläche einer Webseite, die auf bzw. mit mobilen Endgeräten wie Tablets betrachtet wird, sind viele Schritte in einem oftmals sehr langwierigen Gestaltungsprozess notwendig. Denn neben vorliegenden Gestaltungsgrundlagen auf Basis eines Corporate Designs muss für die Gestaltung eines Interfacedesigns für Tablets auch einer unter Umständen recht speziellen Bedingung wie dem Nutzungsumfeld Rechnung getragen werden. So müssen insbesondere bei Webseiten oder -Anwendungen, deren Zielgruppe dem Outdoorbereich zuzuordnen sind, mögliche Witterungsbedingungen, wie starke Sonneneinstrahlung oder Dunkelheit, bei der Gestaltung berücksichtigt werden.

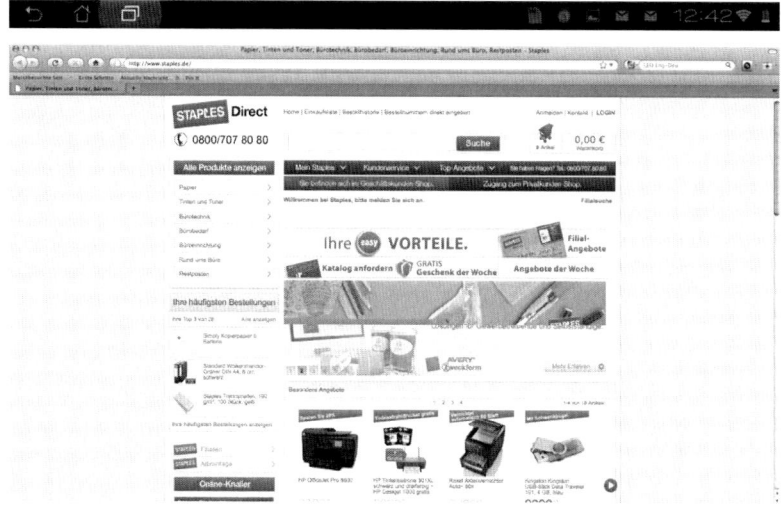

Abbildung 5.19: Screenshotvergleich – Desktopdesign vs. Tablet-Design

Ein weiterer Aspekt für eine gute Benutzerführung auf bzw. mit einem Tablet wie dem iPad ist der, dass eine Anwendung unabhängig von einer Orientierungsänderung sowohl im Landscape- als auch im Portrait-Modus uneingeschränkt und fehlerfrei funktioniert. Das führt dazu, dass man sich bei der Gestaltung bereits von vornherein im Klaren sein muss, welche inhaltlichen Elemente (nicht zuletzt aufgrund der vorhandenen „Platzverhältnisse") wie angeordnet werden müssen. Dazu gehören auch die Definition der Schriftgröße der einzelnen Elemente und deren Laufweite. Das heißt, die Ausmaße der Elemente und die Dimensionen, in denen sie abgebildet werden und in denen sie zueinander stehen, müssen „passen", ohne den Lesefluss und die damit verbundene Benutzerführung des Nutzers negativ zu beeinflussen. Denn letztendlich werden die Elemente mit den Fingern bedient und nicht auf Desktoprechnern mit der Maus. Die Elemente müssen also nicht nur größer werden, weil sie so besser zu erkennen sind, sondern weil sie so besser zu bedienen sind. Diese Herangehensweise verringert die kognitive Anstrengung, die der User hierfür unter Umständen aufbringen müsste. Das wiederum ermöglicht es ihm, sich auf das Wesentliche zu konzentrieren – auf die Inhalte. Denn für unnötigen Schnickschnack, wie man ihn teilweise von Desktopanwendungen kennt, steht auf Tablets teilweise schlichtweg kein Platz zur Verfügung. Welche Aspekte bei dieser Art der Reduzierung von textlichen Inhalten auf das Wesentliche zu berücksichtigen sind, werden die folgenden Abschnitte zeigen.

Optimierung der Schriftgröße

Bei der Gestaltung eines responsive Webdesigns eines Webprojekts ist die Optimierung der Schriftgrößen der jeweiligen Inhaltselemente, wie Überschriften, Fließtexte, Navigationselemente oder Buttons, für unterschiedliche Endgeräte von immenser Bedeutung. Denn während man mit einem herkömmlichen Desktopmonitor Fließtexte mit 12 Pixel noch relativ gut lesen kann, ist das gerade bei mobilen Endgeräten wie Tablets je nach Auflösung und Pixeldichte nicht mehr unbedingt der Fall. Denn wie die folgende kleine Auflistung an verschiedenen Tablets zeigt, besitzen diese unterschiedlich hohe Pixeldichten, sodass bei der neuesten Generation die Geräte eine so hohe Bildschirmauflösung mit sich bringen, dass das menschliche Auge die einzelnen Pixel kaum mehr wahrnehmen kann.

- Apple iPad 3 – 263 ppi

- Apple iPad 2 – 131 ppi

- ASUS Transformer Infinity – 224 ppi

- Samsung Galaxy Tab 8.9 – 169 ppi

LINKTIPP: Eine aktuelle Liste mit den ppi-Auflösungen finden Sie unter *http://Tablet-screendesign.info*

Daher sollte man anstatt fester Pixeleinheiten für Schrift bei einem Design für Tablet-Anwendungen eher flexiblere und wesentlich leichter skalierbarere Schrifteinheiten wie *em* oder % verwenden. Auf diese Weise kann man sicher gehen, dass bei Schriftgrößenangaben von 1 em oder 100 % die Standardschriftgröße des jeweiligen Tablets verwendet wird. Denn während eine Schriftgröße von absoluten 12 Pixeln für den Fließtext auf dem Desktoprechner noch unproblematisch lesbar sein mag, artet dies auf dem Tablet, in einen echten Sehtest aus.

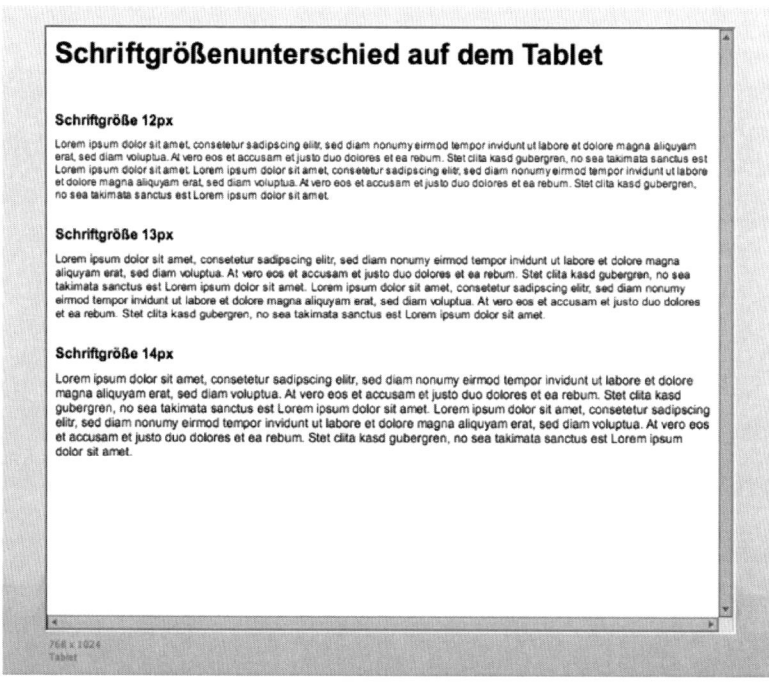

Abbildung 5.20: Relative Schriftgröße, die in etwa 12 px, 13 px oder 14 px entspricht

Da Tablet-Nutzer einen Text mit solch kleiner Schriftgröße auf Basis absoluter Schriftgrößenangaben manuell mittels entsprechender Gestensteuerung vergrößern würden, sollte man sich vorher die Frage stellen, ob dieser Ansatz besonders benutzerfreundlich ist.

Die Schriftart und der Kontrast zwischen Schriftfarbe und Hintergrundfarbe

Bei der Wahl des Kontrasts zwischen Textelementen und Hintergrund muss man bei einem für ein Tablet optimiertes Design aufgrund der bereits erwähnten Nutzungsumstände (Outdoor) im Sinne einer guten Lesbarkeit für noch mehr Kontrast sorgen. Wer das nicht berücksichtigt, stellt die User wieder vor die Herausforderung, den Text erst überhaupt erkennen, geschweige denn, ihn gut lesen zu können.

Abbildung 5.21: Textvergleich mit niedrigen (links) und hohen Farbkontrasten zwischen Schrift- und Hintergrundfarbe

Neben der Wahl dieser beiden Farbwerte spielt für eine gute Lesbarkeit der Texte auch die Wahl der Schriftart eine nicht zu unterschätzende Rolle. Die grundsätzliche Aussage, dass serifenlose Schriften wie bspw. Verdana immer und überall gut lesbar sind, mag unter Berücksichtigung der Schriftgröße stimmen, aber Schriftarten mit Serifen, wie z. B. Times New Roman, sind es nicht minder. Die folgende Abbildung verdeutlicht die Bedeutung der Kombination aus Schriftart und der Farbgebung der Schrift und dem Hintergrund. Denn man erkennt relativ leicht, dass der links befindliche Fließtext mit schwarzer Schriftfarbe auf weißem Hintergrund bei identischer Schriftgröße von 12 Pixeln schlanker und leichter lesbar wirkt. Das gilt sowohl für Verdana als auch für Times New Roman. Bei einer möglichen Überschrift mit einer Schriftgröße von 25 Pixeln wirkt die weiße Headline auf schwarzem Hintergrund zwar dicker, allerdings lässt sie sich unabhängig davon sehr gut in Szene setzen und kann somit die Wirkung auf den Betrachter leichter auf sich ziehen.

Abbildung 5.22: Textvergleich mit verschiedenen Kontrasten (Schriftfarbe dunkel und Hintergrundfarbe hell vs. Schriftfarbe hell und Hintergrundfarbe dunkel

Schriften werden, wie Abbildung 5.26 verdeutlicht, auf Monitoren und mobilen Displays mit Kantenglättung, dem so genannten Antialiasing, dargestellt. Das bedeutet, dass nicht nur die ursprünglich ausgewählte Schriftfarbe des Textes verwendet wird, sondern auch teilweise transparente Farbwerte für einzelne Pixel zur Abrundung der einzelnen Buchstaben verwendet werden.

Android hat mit dem Ice Cream Sandwich UI eine neue, für hochauflösende Tablets optimierte Schrift mit den Namen „Roboto" vorgestellt. Es ist damit zu rechnen, dass Font-Distributionen in nächster Zeit weitere Fonts für hochauflösende Displays wie Retina anbieten werden.

Die kostenfreie Roboto können Sie für Android laden: *http://developer.android.com/design/style/typography.html*

Abbildung 5.23: Android UI Roboto Specimen

Wirkung von Zeilenhöhe und Laufweite

Eine weitere gestalterische Eigenschaft, die sich auf mobilen Endgeräten wie Tablets positiv auf die Lesbarkeit auswirken kann, ist der so genannte Weißraum. Dieser kann aufgrund entsprechender Abstände von Elementen entstehen, ebenso ist er bei textlastigen Designs das Ergebnis der typografischen Eigenschaft Zeilenhöhe. Diese Art des Leerraums zwischen den Texten und den Textzeilen ermöglicht es dem Betrachter, die Inhalte besser zu strukturieren. Das äußert sich darin, dass die Texte übersichtlicher wirken und eine bessere Lesbarkeit erzeugen. Der auf der Zeilenhöhe basierende Weißraum eines Fließtextes unterstützt das Auge bei der Suche nach dem Ende einer jeder Schriftzeile, um von dort leichter den Anfang der nächsten Textzeile zu erreichen.

Verdana in 12 Pt, Laufweite 0

Verdana in 12 Pt, Laufweite +25

Verdana in 12 Pt, Laufweite +50

Verdana in 12 Pt, Laufweite +75

Verdana in 12 Pt, Laufweite +100

Verdana in 12 Pt, Laufweite +200

Verdana in 12 Pt, Laufweite +250

Verdana in 12 Pt, Laufweite +500

Verdana in 12 Pt und einem Zeilenabstand von 12 Pt. Tem facestia sequae vereperunt. Picipie nimpossitior rectur sundit, quam, quia verferf erciis aut evellest que nimil ipsam, sit liEhenectur? Quia dipis alit et illa vendit ommodit quostiscia di tecus, expercium velicab id esequi officip it

Verdana in 12 Pt und einem Zeilenabstand von 14,4 Pt. Dies ist die Standard Einstellung des Zeilenabstans in InDesign. modit quostiscia di tecus, expercium velicab id esequi officip itEst pro tem nulparum dolorporio dolo ommolorem que voloreius, ius atquas volorem faccae sequi

Verdana in 12 Pt und einem Zeilenabstand von 18 Pt. modit quostiscia di tecus, expercium velicab id esequi officip itEst pro tem nulparum dolorporio dolo ommolorem que voloreius, ius atquas volorem faccae sequiUt incia sunt

Verdana in 12 Pt und einem Zeilenabstand von 24 Pt. modit quostiscia di tecus, expercium velicab id esequi officip voloreius, ius atquas volorem faccae sequiUt incia sunt

Verdana in 12 Pt, einer Laufweite von 0 und einem Zeilenabstand von 12 Pt. Tem facestia sequae vereperunt. Picipie nimpossitior rectur sundit, quam, quia verferf erciis aut evellest que nimil ipsam, sit liEhenectur? Quia dipis velicab id esequi officip itFictatureptio quidia nimustiis es

Verdana in 12 Pt, einer Laufweite von +50 und einem Zeilenabstand von 12 Pt. modit quostiscia di tecus, expercium velicab id esequi officip que voloreius, ius atquas volorem faccae Escim aut inOmnihilibus sin res que volupta dsi berum nem hic

Verdana in 12 Pt, einer Laufweite von +100 und einem Zeilenabstand von 12 Pt. modit quostiscia id esequi velicab id esequi officip itEst pro tem nulparum dolorporio dolo ommolorem que voloreius, ius atquas volorem faccincia sunt

Verdana in 12 Pt, einer Laufweite von 0 und einem Zeilenabstand von 24 Pt. Tem facestia sequae vereperunt. Picipie nimpossitior rectur sundit, quam, quia verferf erciis

Verdana in 12 Pt, einer Laufweite von +50 und einem Zeilenabstand von 24 Pt. modit quostiscia di tecus, reius, ius atquas volorem faccae Escim aut in

Verdana in 12 Pt, einer Laufweite von +100 und einem Zeilenabstand von 24 Pt. modit quostiscia di tecus, expercium velicab id esequi officip itEst

Verdana in 12 Pt, einer Laufweite von 0 und einem Zeilenabstand von 18 Pt. Tem facestia sequae vereperunt. Picipie nimpossitior rectur sundit, quam, quia verferf erciis aut evellest que nimil ipsam, sit liEhenectur? Quia dipis

Verdana in 12 Pt, einer Laufweite von +50 und einem Zeilenabstand von 18 Pt. modit quostiscia di tecus, expercium velicab id esequi officip que voloreius, ius atquas volorem faccae Escim aut in Ga. Ut

Verdana in 12 Pt, einer Laufweite von +100 und einem Zeilenabstand von 18 Pt. modit quostiscia di tecus, expercium velicab id esequi officip itEst pro tem nulparum dolorporio dolo ommolorem

Abbildung 5.24: Vergleich zwischen kurzer und langer Laufweite von Texten, mit niedriger und hoher Zeilenhöhe

Wie die kleine obige Auflistung von Tablets der neuesten Generation zeigt, erlebt die Qualität der Darstellung der Inhalte einen Quantensprung. Die Auflösung hat sich bspw. beim iPad (131 ppi vs. 263 ppi) erhöht. Das heißt, ein Pixel im iPad 1 oder iPad 2 wird nun durch 2 x 2 Pixel im iPad 3 dargestellt. Das führt dazu, dass die Farbdarstellung des Textes zusammen mit dem Hintergrund und dem daraus resultierenden Kontrast wesentlich besser geworden ist. Die Texte sehen, wie Abbildung 5.31 zeigt, dank der neuesten Retina Displays einfach wesentlich detaillierter aus.

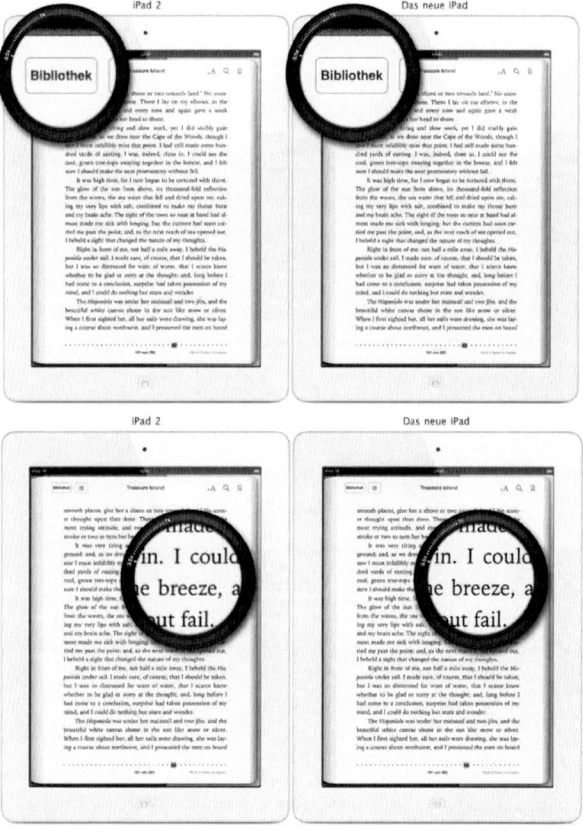

Abbildung 5.25: Vergleich der Pixeldichte 263 ppi vs. 131 ppi (iPad 3 vs. iPad 2)

Responsive Typo

FitText macht Schriftgrößen flexibel. Benutzen Sie dieses JQuery-Plug-in in Ihrem Liquid oder Responsive Layout und erhalten Sie automatisch skalierbare Headlines, die sich innerhalb Ihres Layouts einpassen.

http://fittextjs.com/

Mit dem JavaScript Molten Leading sparen Sie sich viel Arbeit. Normalerweise müssen Sie für ein ordentliches Schriftbild und Lesbarkeit die

Zeilenhöhe für alle Ansichten in Ihrem Responsive Layout händisch in den Media Queries anpassen. Mit dem Skript definieren Sie einmal die optimalen Werte, magisch: *https://github.com/Wilto/Molten-Leading*

Aus der Praxis: Das Android-Font-Drama

Bei der Arbeit an meinem ersten Tablet-Projekt 2010 stieß ich auf das Problem, dass, ganz gleich, welcher Browser auf einem Froyo oder Honeycomb installiert ist, ganz gleich auch, welche Standardwebschrift wie Verdana, Arial oder Times in der Website genutzt wird, die Fonts durch den entsprechenden Schriftschnitt der Google-Droid-Font-Familie ersetzt werden (Abb. 5.27). Das hat sich auch mit Jeally Bean noch noch nicht geändert. Für den gewöhnlichen User mag das kein Problem sein, sind die Droid Sans, Serif usw. doch immerhin screenoptimierte Schriften, die sich dank der kostenfreien Verteilung durch Google großer Beliebtheit bei Webdesignern erfreuen. Dieser Mechanismus sorgt aber bei Artdirektoren und Webdesignern für graue Haare und ist für CI- und Marketingverantwortliche oft nicht akzeptabel. In Gestaltungs- und Abstimmungsprozessen mit Agenturen und Kunden ist das Erscheinungsbild der Schrift ein relevanter Punkt. Wenn nicht die durch die Corporate Identity festgelegte Hausschrift zum Einsatz kommen kann, dann sollte wenigstens eine einheitliche Copyfont medienübergreifend eingesetzt werden. Doch die Rettung naht. Dank Font Embedding mit *@font-face* und einem stetig wachsenden Angebot an Schriften kann für ein medienübergreifendes Schriftbild gesorgt werden, das sich allerdings immer nur auf Kosten der Ladezeit umsetzen lässt. Für eine Standardschrift wie Arial extra einen Font vom Server zu laden, kann nicht im Interesse des Nutzers liegen.

Abbildung 5.26: Die Website mit Helvetica

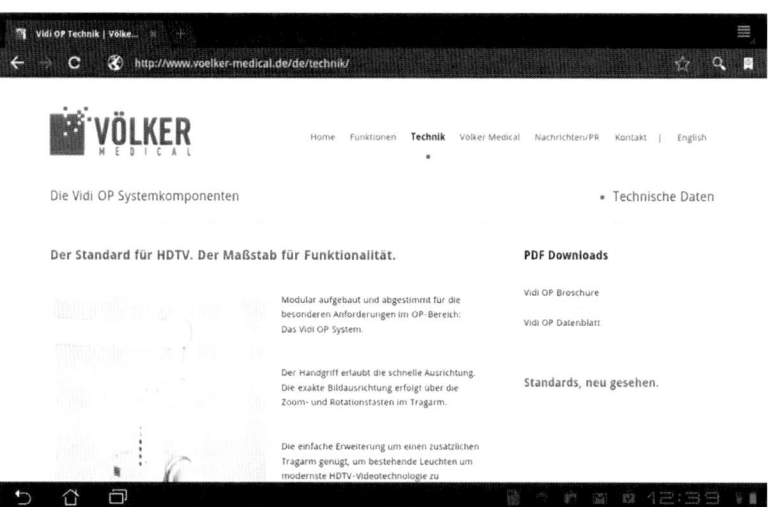

Abbildung 5.27: Website mit der durch Android ersetzten Droid-Schriftenfamilie

5.4   Digital Publishing mit HTML5

Nicht für jeden Content ist ein Websitelayout die ideale Wahl. Die digitale Umsetzung eines Kundenmagazins als PDF ist jedoch nicht zeitgemäß und in vielen Fällen, weil als Printlayout angelegt, nicht für die Ansicht auf dem Tablet geeignet. Um auf den Nutzungskontext optimal einzugehen, sollte daher eine digitale Adaption immer auch Tablet-optimiert sein. Um Ihre Publikationen, wie Kataloge, Broschüren, Jahresberichte und Magazine Tablet-gerecht zu publizieren, müssen Sie sich zurzeit zwischen zwei Ansätzen entscheiden.

Publizieren mit Printtools

Adobe InDesign und Quark Xpress bieten für Ihre Desktop-Publishing-Programme Erweiterungen, um Printlayouts mit Animationen, Videos und interaktiven Elementen zu gestalten und über den Apple iTunes Store als Magazin, auch im Abo, zu verlegen. Diese Variante ist mit erheblichen Kosten für Software, Hosting und Lizenzen pro Ausgaben verbunden und daher für viele Vorhaben zu teuer.

Publizieren mit HTML5

Das *http://asidemag.com/* demonstriert eindrucksvoll, wie das Verlegen mit Webtechnologie funktioniert und stellt zugleich das aside Magazine Grid unter *http://grid.asidemag.com/* der Webgemeinde zur freien Verfügung. Mit dem Grid-System können Sie Magazinlayouts für das iPad im Handumdrehen erstellen. Es setzt auf ein ultramodernes CSS-Framework auf und bietet alle für Buchdesign notwendigen Designelemente, wie z. B. die Paginierung und Absatzelemente.

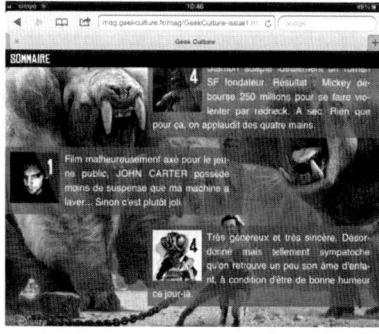

H ommage incompris à la SF de la première moitié du XXe, **John Carter** diffuse en filigrane une mélancolie à l'imagerie puissante. Dans la lignée d'un Simak ou d'un Bradbury, sublimé par un Giacchino plus John Williams que jamais, Andrew Stanton épouse littéralement le genre comme s'il se projetait au début du siècle, se payant au nez et à la barbe de Mickey un planet opera à 250 millions hors du temps, perfectible mais foutrement généreux. N'en déplaise à ceux qui sont passés à côté : avec **John Carter**, nous, nous sommes passés à un pet de loutre du chef-d'œuvre.■

Pan

De Andrew Stanton, avec Taylor Kitsch, Lynn Collins et Samantha Morton. Sortie le 7 mars 2012. Durée : 2h20.

A dulé comme un petit Jésus par une bande de gentils intégristes incapables de prendre du

AVENGERS, GROSSE PAR-TOUSE PLANI-FIÉE ET INTRO-

plume pour le crossover Avengers, grosse partouse planifiée et introduite au gravier par une série de métrages

Abbildung 5.28: Das digitale Magazin Geekculture, erstellt mit dem aside Grid (Bilder mit freundlicher Unterstützung von Johannes Ippen)

Von Florian Franke stammt das Laker Compendium. Eine Sammlung von fertigen Magazinlayouts, Frameworks, Technik und Tipps, um Ihr digitales Magazin zu publizieren. Man benötigt lediglich Basiskenntnisse in HTML und CSS. Mit einen Mac und Xcode können Sie Ihr Magazin auch als App exportieren.

http://www.lakercompendium.com/

Vorteile:

- Kurze Einarbeitungszeit für Webentwickler
- Kurze Einarbeitungszeit für Layouter
- Keine Lizenzkosten
- Einfaches Hosting

- Aufruf via URL, allen zugänglich

- Einfache Wartung durch CMS

- SEO-gerecht

Nachteile:

- Paywall ist umständlich umzusetzen

- Offline-Nutzung eingeschränkt (Application Cache, Local Storage)

- Performance (Web-App vs. App)

Das Publizieren mit HTML5 hat meiner Meinung nach entscheidende Vorteile gegenüber einer App-Variante mit einer Digital Publishing Suite.

> Ein Tutorial mit dem aside Magazine Grid finden Sie als Download unter www.entwickler-press.de/ux_design.

5.5 UX Design und SEO

Klassisches SEO ist sowas von vorgestern

Ein Gastbeitrag von Andreas Witt

Oder anders gesagt: Was Suchmaschinenbetreiber richtig machen (Webseiten aus Sicht des Menschen beurteilen) und Webseitenbetreiber falsch machen (Webseiten aus Sicht einer Suchmaschine erstellen).

Von den Suchmaschinenbetreibern lernen und sie nicht verurteilen

Obwohl die Suchmaschinenbetreiber, allen voran Google, stetig bestrebt sind, die Suchalgorithmen so zu verbessern, um dem Suchenden den für ihn passenden Content mit dem optimalen Nutzererlebnis (User Experience) anbieten zu können, geht das Bestreben der Webseitenbetreiber eher dahin, ihre Webseiten so optimal wie möglich für die Suchmaschinen aufzubereiten. Angesichts des „Kampfes" um die wenigen sichtbaren Plätze der Suchergebnisseite auch verständlich, jedoch sollte eventuell ein anderer Ansatz gewählt werden.

Mit dem Erscheinen des Google-Panda-Updates Mitte August 2011 gab es (wieder einmal) einen Aufschrei in der SEO-Welt. Schnell wurde von Gewinnern, Verlierern und Betroffenen sowie von Sünden, die es zu meiden gilt, gesprochen. Doch wer sind eigentlich die Betroffenen? Sind es diejenigen Webseiten, die nicht mehr unter den Top-Ten-Suchergebnissen zu finden sind, oder sind die Betroffenen nicht eigentlich die Besucher von (sündigen) Webseiten, die nicht das halten, was sie versprechen? Ich tendiere eher zum Letzteren.

Google als dominierender Suchmaschinenbetreiber möchte Webseiten so bewerten, wie es der Mensch tut. Denn Google möchte, dass die Nutzer seiner Software zufrieden mit der Suchmaschine sind. Daher passt der Suchmaschinenbetreiber unter anderem stetig seine Algorithmen zur Bewertung der Webseiten an. Andererseits muss Google seine Algorithmen ebenfalls anpassen, um Manipulationen entgegenzuwirken. Manipulationen entstehen z. B. dann, wenn Betreiber einer Webseite versuchen, die Inhalte abweichend von den veröffentlichten Handlungsempfehlungen der Suchmaschinenbetreiber durch Reverse Engineering erworbenes Wissen zu „optimieren". Dieses Vorgehen lässt sich mit dem Benutzen nicht dokumentierter Funktionen eines API vergleichen. Solange die internen (nicht dokumentierten) Funktionsaufrufe des API nicht verändert werden, funktioniert alles wunderbar – bei Änderungen kann es sein, dass die bis dato funktionierende Implementierung gar nicht mehr nutzbar ist.

Für mich ist SEO, wie sie derzeit oft (aber nicht überall) zur Anwendung kommt, vergleichbar mit der Nutzung nicht dokumentierter (Google-) Bewertungsalgorithmen zur (manipulativen) Beeinflussung des Ergebnis-Rankings. Dadurch lassen sich gewiss Wettbewerbsvorteile erzielen, jedoch muss mit entsprechenden Konsequenzen (siehe Google-Panda-Update) gerechnet werden.

Quellen:

http://blog.searchmetrics.com/de/2011/08/13/google-panda-update-in-deutschland-gewinner-und-verlierer/

http://t3n.de/news/panda-update-5-sunden-google-bestraft-326682/

http://de.wikipedia.org/wiki/Reverse_Engineering

http://de.wikipedia.org/wiki/Programmierschnittstelle

User Experience Optimization (UXO) statt SEO

Was Google mit dem Panda-Update deutlich gemacht hatte, wünschen sich die Besucher von Webseiten schon lange – gute, qualitative Inhalte (Content).

Content definiert sich nicht mehr allein durch Text und Bilder. Daneben haben Videos und Podcasts (Audio) an Bedeutung gewonnen – mittlerweile gibt es für alles ein Video. Diese verschiedenen Content-Elemente müssen zielgruppengerecht und optimiert für das jeweilige Ausgabemedium (Papier, Webbrowser, mobil) zur Verfügung gestellt werden. Die gelungene Verknüpfung von Erwartungen des Nutzers und der Darbietung (inkl. Nutzung) von qualitativ guten Inhalten unter Berücksichtigung technischer Möglichkeiten schafft ein optimales Nutzererlebnis – die so genannte User Experience – und wird nicht nur vom Besucher, sondern künftig auch von Suchmaschinen (noch stärker) positiv bewertet.

Ähnliches gilt auch für die Verbreitung (Vermarktung) des Contents. Wie bei jedem anderen Produkt auch, zählt es nicht allein, ein gutes Produkt zu haben, es muss auch konsumiert/nachgefragt werden. Um eine möglichst große Verbreitung zu erreichen, ist es bspw. hilfreich, eine hohe Sichtbarkeit in Suchmaschinen zu erzielen. War das vor einiger Zeit noch das A und O, so verändert sich die Bedeutung der Suchmaschinen beim Konsum erheblich. Laut einer aktuellen Bitkom-Studie (PDF) zur Nutzung digitaler Netzwerke nutzen ca. 76 % der Befragten soziale Netzwerke wie Facebook und Twitter mehrere Stunden täglich. Dabei steht nicht nur der Kontakt zu „Bekannten", sondern auch das Konsumieren, Erstellen und Teilen von Informationen (Content) im Fokus der Nutzer.

Anders als von einigen SEO-Experten propagiert, führt das Google-Panda-Update (meines Erachtens) nicht dazu, dass man jetzt noch mehr mögliche KPIs und deren Bedeutung beim Ranking analysieren und berücksichtigen muss, sondern dazu, dass sich jeder Betreiber einer Webseite allumfassend und strategisch mit (s)einer Content-Strategie beschäftigen muss. Also: Welchen eigenen Content kann ich anbieten, wie kann ich ihn eventuell sinnvoll mit weiteren (externen) Content-Quellen (Stichwort: Content Aggregation) ergänzen, um einen Mehrwert zu schaffen, und wie begeistere ich meine Leser/Zuschauer (Stichwort: User Experience)? Einen ersten sehr guten Einblick gibt der Autor Nicolai Schwarz in seinem Artikel „Content is King" (Schwarz, Nicolai: „Content is King – Geld mit Inhalten verdienen", Ausgabe 11, Webstandards Magazin, 2011).

Unter Berücksichtigung der zurückliegenden und zukünftigen Entwicklungen sollten sich Webseitenbetreiber die Frage stellen, ob vergangene Optimierungsstrategien auch zukünftig Erfolg haben werden. Zwar wird SEO auch zukünftig von Bedeutung sein, jedoch in einer anderen als der jetzigen Form. Denn wie bei der Nutzung jeder anderen Software, benötigt man für die optimale Nutzung von Suchmaschinen einen Experten, der sich damit auskennt. Bei der Nutzung sollte man sich jedoch auf die vom Hersteller der Software zur Verfügung gestellte Dokumentation beschränken. Somit ändern sich auch die Anforderungen, die an die SEO-Experten gestellt werden. Hier könnte die Entwicklung vom SEO-Experten zum SE-Manager gehen.

BEISPIEL: Wer zukünftig nicht den Suchmaschinenbetreibern „hinterherrennen" möchte, sollte sich mit User Experience Optimization (UXO) und einer nachhaltigen Content-Strategie befassen – denn Content is King, Marketing is Queen und User Experience is our Princess!

Andreas Witt ist Autor, Akademischer Mitarbeiter an der Fachhochschule Brandenburg und unter dem Stichwort Webmanagement als selbstständiger Webprojektmanager tätig. Außerdem engagiert er sich als Vorstandsmitglied im webEdition e. V. bei der Weiterentwicklung des Open Source CMS webEdition. Den Originalartikel „SEO war vorgestern" finden Sie unter *http://www.andreas-witt.net/blog/2012/seo-war-vorgestern/*.

Quelle: *http://www.bitkom.org/files/documents/BITKOM_Publikation_Soziale_Netzwerke.pdf*

Fazit: Optimieren Sie für den User, nicht für Google und Co.!

Arbeiten Sie mit Ihrer Tablet- und Mobile-Website, und nicht um die Websites herum. Die Entwicklungen in den letzten Jahren zeigen immer eindeutiger, dass Google stetig intelligenter und nachhaltiger gegen alle Arten von Maßnahmen vorgeht, die nur die Verbesserung des Rankings zum Ziel haben. Und immer öfter ist am Ende das Gegenteil der Fall. Viel wichtiger als Ihr gutes Geld und Ihre Energie in das Hochpeitschen Ihres Rankings mit Tricksereien zu investieren, ist es, die eigenen Websites so gut wie es nur geht und stetig für Ihre User, Ihren Kunden zu optimieren. Dann gefällt sie auch Google und Co. Ihre Websites sollten auf alle potenziellen Suchanfragen Ihrer User die richtige Antwort bieten, den gesuchten Content liefern, den User abholen und mit Mehrwert und Aha-Erlebnis auf Ihren Websites halten. Das ist schwieriger und sicherlich ein langfristig ausgerichteter Weg, aber vor allen Dingen definitiv auch ein nachhaltiger. Beachten Sie: Google gestaltet die Suchergebnisse immer individueller und auf den User zugeschnitten (Stichwort: Mircotargeting). Es ist unerlässlich, auch Aspekte wie die lokale Suche (Google Venice Update) oder Social-Media-Aktivitäten (vor allem Google+) ganzheitlich in die SEO-Strategie mit einzubeziehen.

5.6 Von den Anderen lernen

Zum Ende dieses Kapitels möchte ich mir mit Ihnen ein paar Webseiten ansehen und sie bewerten. Für mehr Eindrücke zur gelungen UX möchte ich Ihnen einen Besuch auf folgenden Seiten empfehlen. Es handelt sich hier um eine kleine Auswahl.

Case: Tablet-first-Website ING-DiBa.de

Die 2012 relaunchte Website *http://ing-diba.de/* wurde „Tablet first" konzipiert.

Die Startseite der iPad-Variante der ING-DiBa-Seite ist auf den ersten Eindruck sehr klar und aufgeräumt. Relativ große Anteile an weißem Raum lassen die Seite nicht „vollgestopft" wirken. Ebenso relativ schnell zu erkennen ist die für das Tablet hervorragend nutzbare Größe der Typografie. Kein anstrengendes Zoomen, und man muss sich nicht anstrengen, um jede Headline oder den Copytext zu erfassen. Die Navigation hat deutliche Flächen, die zur Touch-Benutzung auf dem Tablet bestens geeignet sind und den User einfach durch die Navigationsstruktur führen. Das Drop-down Menu ist im Gegensatz zu vielen anderen „Tablet-optimierten" Websites sehr komfortabel. Durch Tippen auf den Hauptnavigationspunkt fährt es sich aus und verharrt auch in dieser Position, damit die großen und fingerfreundlichen Subnavigationspunkte gut auszuwählen sind.

Der Startseiten-Slider besitzt drei Captions, die als Buttons zu erkennen sind. Hier wird dem User ein einfacher Einstieg in den Content-Bereich gegeben und direkt auf die für ING-DiBa aktuell wichtigsten Themen verwiesen.

Der Content-Bereich der Startseite ist in drei Spalten eingeteilt, die nicht gequetscht wirken und dem User Einblick auf drei wichtige Themen geben. Hier ist anzumerken, dass die Social-Buttons für die Benutzung durch die Finger nicht von Vorteil sind, da der Abstand zu klein ist und man mit Pech zwei Buttons auf einmal drückt.

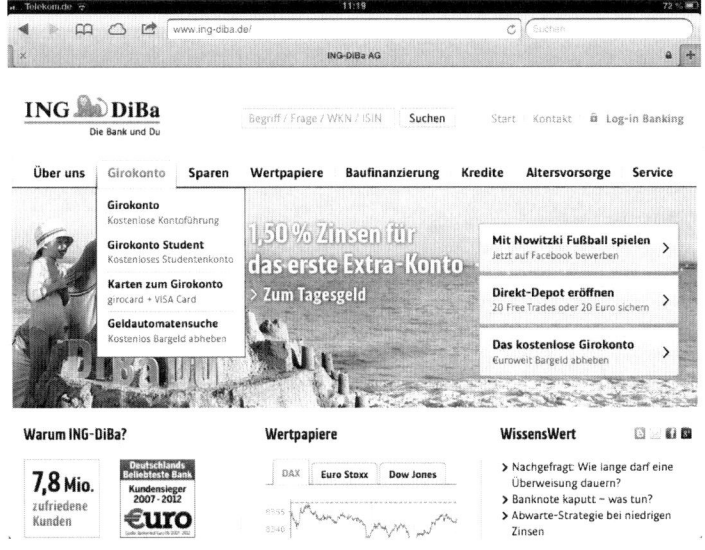

Abbildung 5.29: Startseite

Content-Bereich

Der Content-Bereich der Tablet-Variante der ING-DiBa-Webseite ist in drei übersichtliche Tabs gegliedert, die durch deutlich differenzierte Karteikarten benutzt werden können. Hier ist die Priorisierung der Inhalte durch eine eindeutig abgesetzte Größe der Headline-Typografie vom eigentlichen Content abgesetzt. Durch die Anordnung: links Headline, rechts Content entsteht wieder viel Weißraum, der die Website ruhig und ausgeglichen wirken lässt und zudem nervige Reflexionen im Glas reduziert.

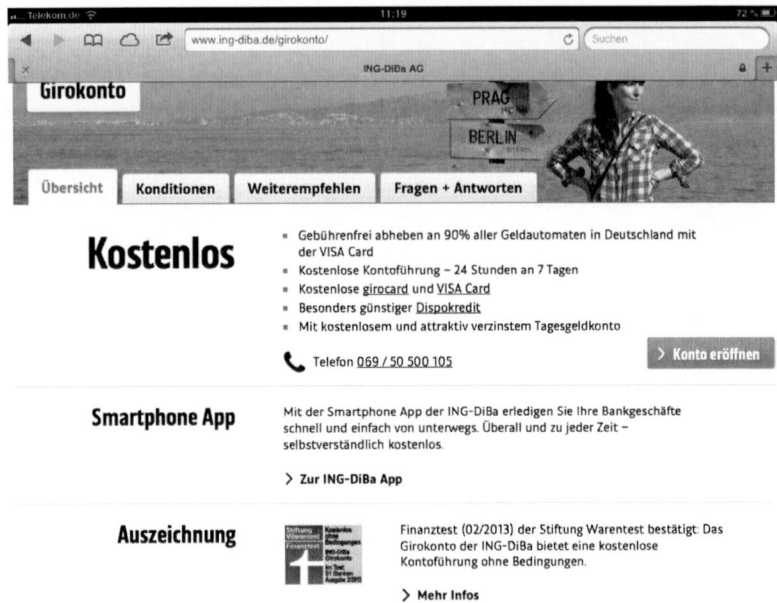

Abbildung 5.30

Im Content-Bereich wurde darauf geachtet, dass für den User in allen Situationen, in denen eine gute Usability erforderlich ist, entsprechende Funktionen für die Benutzung durch die Finger optimiert sind. So zum Beispiel der Schieberegler zur Kurserwartung. Gelernte Dinge werden auf dieser Website direkt umgesetzt und so macht es fast schon Spaß, die Seite zu benutzen.

Abbildung 5.31

Einfach zu erfassende Piktogramme und Grafiken lassen den Nutzer auf schnellste Art und Weise den Bezug zum Content aufnehmen und verdeutlichen ihn.

Startseite

- Typogröße

- Klare Navigation, große Touch-Flächen

- Gutes Drop-down

- Subnavi gut zu benutzen

- Große Buttons, finger friendly

- Klare Strukturierung

- Wichtigste Kategorien auf einen Blick

Content-Seite

- TABs als Content-Bereich
- Übersichtlichkeit
- Größe der Headlines = Priorisierung des Contents
- Alle Links gut per Touch zu bedienen
- Klare Gliederung
- Typografie ist Tablet-optimiert
- Drop-downs in Content-Bereich und Schieberegler in Touch-Version

Case: Tablet-Version Staples-Onlinestore staples.com

Der für das Tablet separat konzipierte Onlineshop von Staples begrüßt den Nutzer mit einer aufgeräumten Startseite. Der User bekommt die Möglichkeit, über die große Suchleiste direkt seine Suche zu starten, oder er benutzt die übersichtliche, sehr reduzierte Navigation darunter.

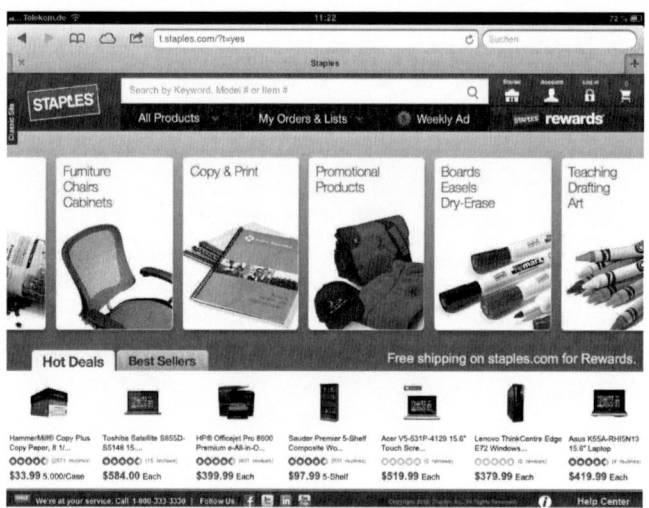

Abbildung 5.32

Das Drop-down Menu der Seite ist für das Tablet optimiert und hat eine fingerfreundliche Subnavigation. Sie ist vom Style her sehr an die Auswahl-Menus aus dem iOS angelehnt und hat somit den Vorteil, dass der User das bereits Bekannte und Gelernte direkt wiedererkennt und sich schnell zurechtfindet.

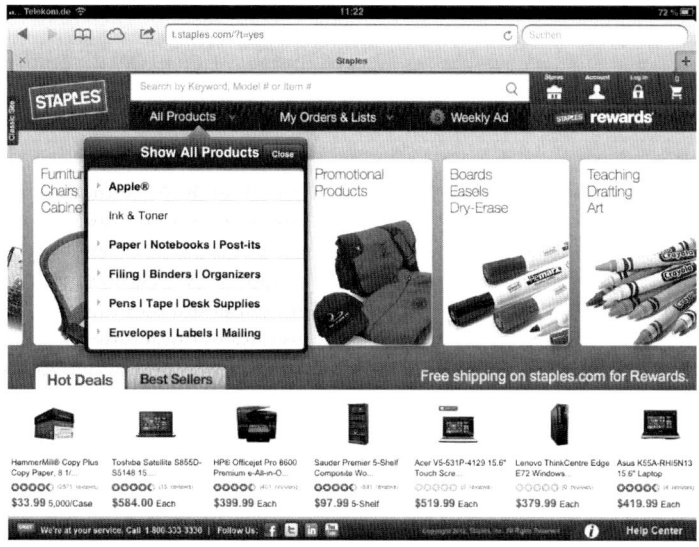

Abbildung 5.33

Die auf nur drei Punkte reduzierte Hauptnavigation lässt den User auf seine bereits getätigten Einkäufe sowie wöchentliche Angebote zurückgreifen. Neben der Hauptnavigation gibt es eine mit Piktogrammen versehene Sidenavigation, in der der User seinen Account, sein Login, den Warenkorb sowie Stores in der Nähe finden kann. Diese ist ebenso „finger friendly" erstellt. Der Haupt-Content-Bereich der Startseite besteht aus einem Produkt-Carousel, das den User per Swipe durch die aktuellen Staples-Produkte führt. Darunter findet er die Hot Deals und Bestseller, die sich auf Touch öffnen.

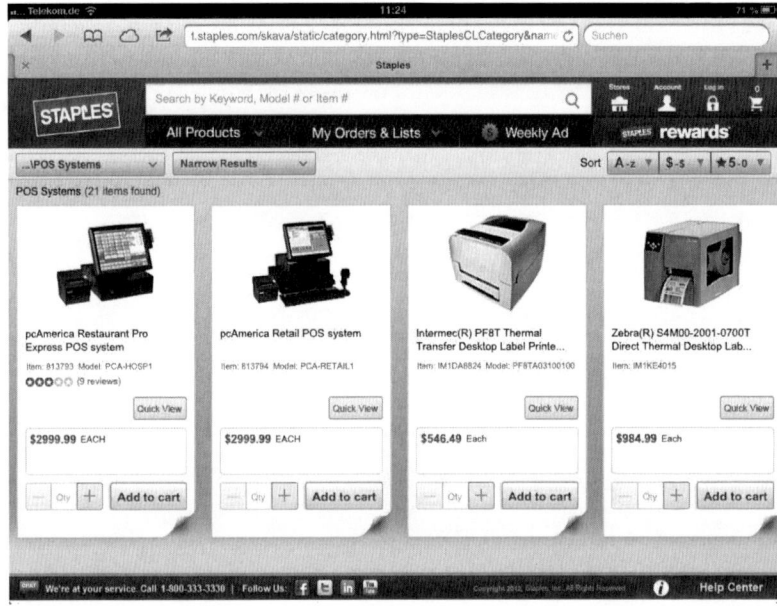

Abbildung 5.34

Die Content-Seiten sind ebenso wie die Startseite sehr übersichtlich gestaltet. Hier wird als Produktnavigation wieder das Carousel mit Swi-
pe-Geste benutzt. Wie in Abbildung 5.34 zu sehen, sind alle Produkte
schnell auswählbar, ebenso die Anzahl der gewünschten Produkte, die
über den Button +/-hinzuzufügen bzw. zu entfernen sind.

Eine Quickview-Möglichkeit gibt dem User einen schnellen Eindruck
vom Produkt. Dieser Quickview geht in einer Lightbox auf, die auf dem
Tablet nicht immer zu empfehlen ist. Im gezeigten Beispiel funktioniert
jedoch alles tadellos.

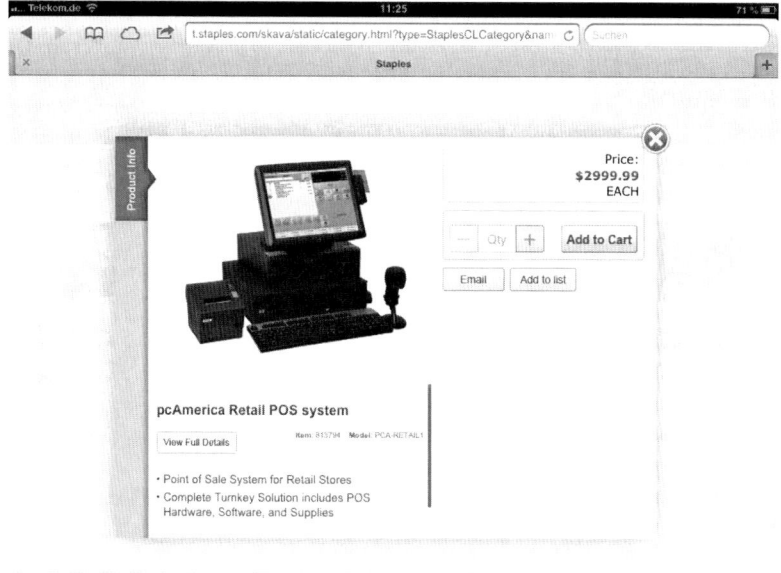

Abbildung 5.35

Die Detailseite der Produkte gibt umfangreiche Informationen über das
gewünschte Produkt. Hier bekommt man über eine seitliche Tab-Navi-
gation die Auswahl zwischen Reviews, Q & A und Support bzw. Acces-
sories. Das Hinzufügen zum Warenkorb funktioniert ebenso wie in der
Übersicht vorher durch Betätigen der großen Buttons, die es auch Usern
mit größeren Fingern erlaubt, einen Kauf abzuschließen.

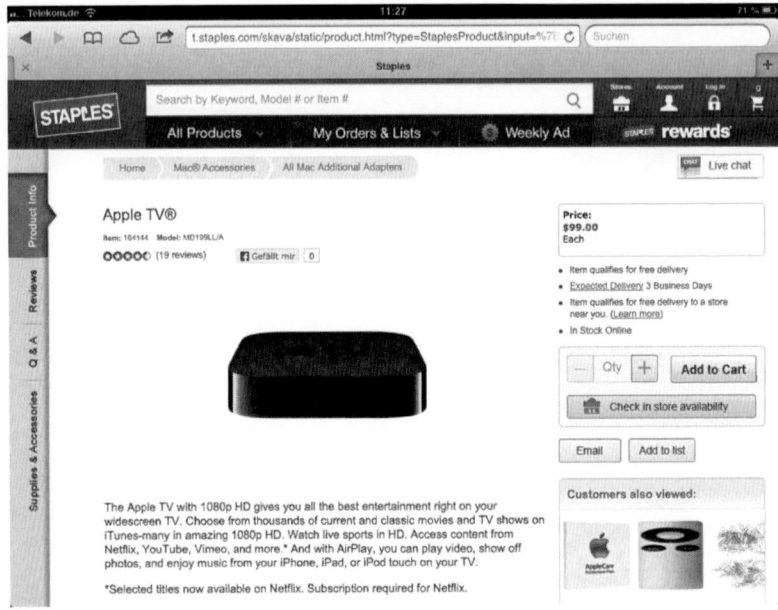

Abbildung 5.36

Case: The Dailyshow.com Tablet-Version

Die Tablet-optimierte Website der US-Comedy Show „The Dailyshow Digest" ist eine auf das Minimum reduzierte Tablet-Website, die den User nicht mit großartiger Navigation aufhält, sondern allen Content direkt durch zwei einfache Carousel Menus präsentiert, die durch einfaches Swipen navigiert werden. Die Seite beherbergt hauptsächlich Videos, die durch einfaches Fingertippen geöffnet werden können. Diese spielen sich dann kontextuell in einer Lightbox ab. Damit haben die Betreiber das Bedürfnis Ihrer User genauestens erkannt. Denn diese möchten die Comedy Show schlichtweg ansehen können. Couchsurfing pur.

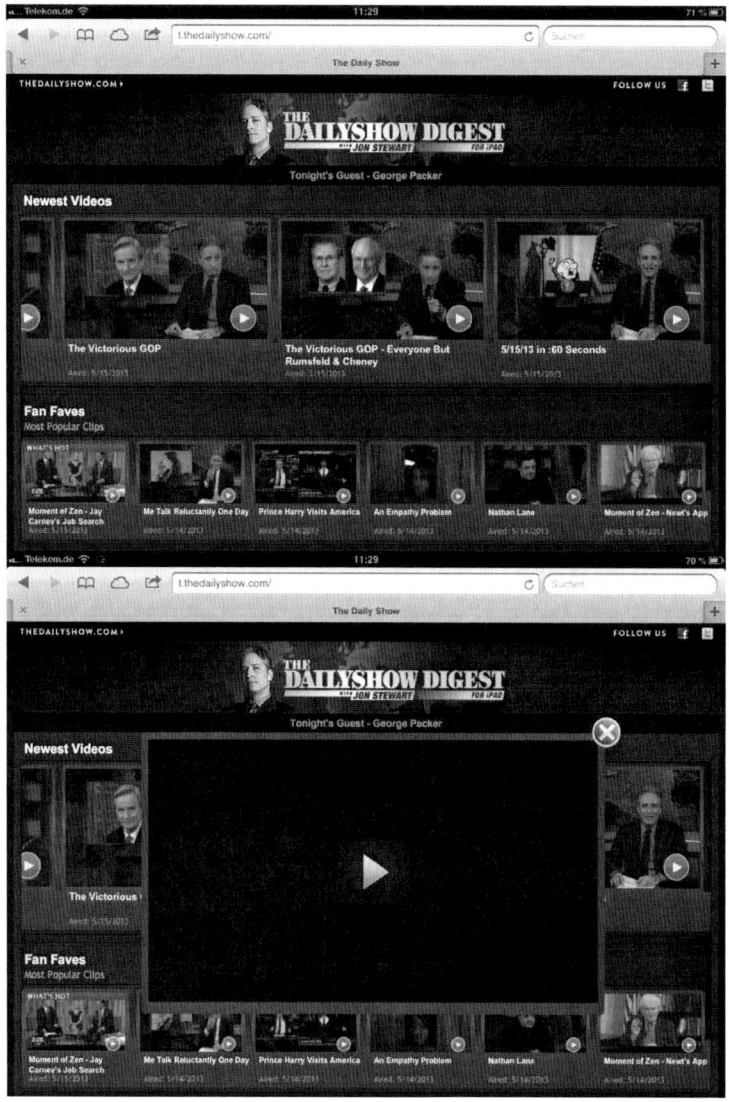

Abbildung 5.37

Case: Toys'r'us Onlinestore für Tablets

In diesem letzten Beispiel möchte ich Ihnen demonstrieren, wie unvorteilhaft die Nutzung einer Nicht-Tablet-optimierten Website für den Kunden sein kann.

Abbildung 5.38

Der User kommt auf die Seite und wird erst einmal mit einer Flut an Informationen überschüttet. Die Navigation scheint auf den ersten Blick Tablet-optimiert zu sein, doch sobald man auf einen Navigationspunkt toucht, geht eine überdimensionales Drop-down Menu auf, das auch direkt wieder verschwindet, da man durch den Touch auf den Hauptnavigationspunkt auf eine Übersichtsseite weitergeleitet wird, die alle Marken anzeigt. Die Startseite beinhaltet wenig bis keinen Weißraum und ist mehr als unruhig. Die Eindrücke, die der User in den ersten Momenten bekommt, motivieren eigentlich nur zum Abbruch des „Shoppingerlebnisses".

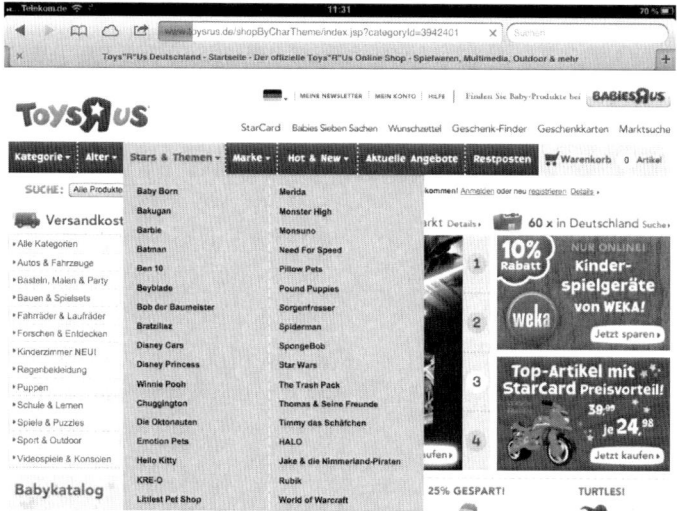

Abbildung 5.39

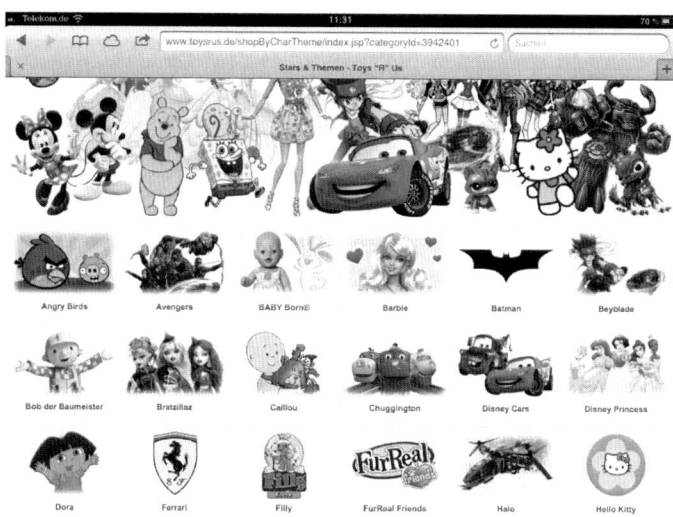

Abbildung 5.40

Auf der Markenübersichtsseite wird der User mit einer großen Anzahl an Markenlogos erdrückt und weiß nicht so recht, was zu tun ist. Positiv ist zu erwähnen, dass die Bilder per Fingertip geöffnet werden können.

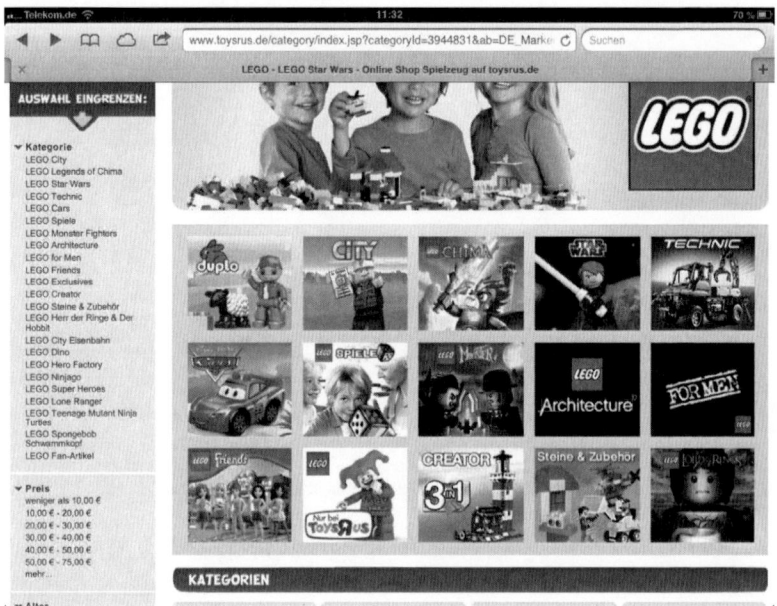

Abbildung 5.41

Dieser Fingertip führt uns dann zur Produktübersichtsseite der Marke. Hier bekommt der User die Möglichkeit, die Sidebar-Navigation, bei der man gerne drei Navigationspunkte auf einmal drückt, zu benutzen, jedoch ist das ohne Zoomen der Seite nicht möglich.

Nach einem weiteren Fingertip hat der User nun endlich die Möglichkeit, das Produkt seiner Wahl zu bestellen. Auswahl und Bestellung sind jedoch nur mit etwas Fingerspitzengefühl möglich oder mit einem erneuten Zoomen der Seite.

Abbildung 5.42

Typografisch ist die Seite für das Tablet im Allgemeinen nicht wirklich gut ausgelegt. Headlines und Copytext sind unnötig klein, und allen Elementen fehlt es allgemein an Luft. Die Buttons sind zwar größer gewählt als normal, jedoch verzweifelt der Nutzer manchmal an der dahinter versteckten Technik. Alles in allem keine zufriedenstellendes UX auf dem Tablet.

Der Fairness halber möchte ich darauf hinweisen, das Toys'r'us die Notwendigkeit erkannt hat und auch an der Entwicklung einer Tablet-Version arbeitet.

Tablet-Websites

- *App.ft.com*
- *dasautomagazin.de*
- *Coca-colajourney.com*
- *Youtube.de*
- *T.staples.com*
- *Google.de*
- *Zeit.de*
- *Mitmachen.traffiq.de*
- *Thedailyshow.com*
- *Thenextweb.com*
- *Nike.com/us/en_us*
- *Emmas-enkel.de*
- *Nuisol.com*

5.7 Checkliste

Tablet-optimierte Websites sollten folgende Merkmale aufweisen:

- Einfachheit und Reduzierung auf das Wesentliche (Simplicity)
- Weißraum: Helle Flächen fördern die Übersicht und reduzieren Spiegelungen im Touchscreen
- Fotos, Grafiken, Icons und Buttons sind optimiert für Retina Displays

- Weniger Bilder, um auch bei geringer Bandbreite gute Ladezeiten zu ermöglichen

- Navigation wird nach NUI-Prinzipien erstellt

- Das Design der Navigations- und Funktionselemente (Icons) ist an die aktuellen GUIs des Betriebsystems angelehnt; das bietet einen hohen Wiedererkennungswert für den Nutzer und eine bessere Integration in die Umgebung.

- Direktes Feedback von Navigationselementen

- Daumenfreundliche Navigationselemente

- Klare Gestaltungsprinzipien für Touchable-Elemente

- Layout ist optimiert für Landscape- und Portrait-Modus

- Content hat die höchste Priorität, flache Informationshierarchie

- Der Content ist auf seine Nutzung in diversen Umgebungen optimiert und lesbar

- Identifizieren Sie die geräteübergreifenden Pattern

- Minimale Dateneingabe für die Touchable-Formulare

- Größere Schriftgrößen als bei der Desktopversion

- Scrollen und Swipen nur in eine Richtung

- Es wird eine Anleitung zur Nutzung der Gesten bereitgestellt

- Nutzung der Inhalte auch Offline (Local Storage, Session Storage)

- „Fast keine" Werbung

- Schnelle Ladezeiten

6 Warum Testing so wichtig ist

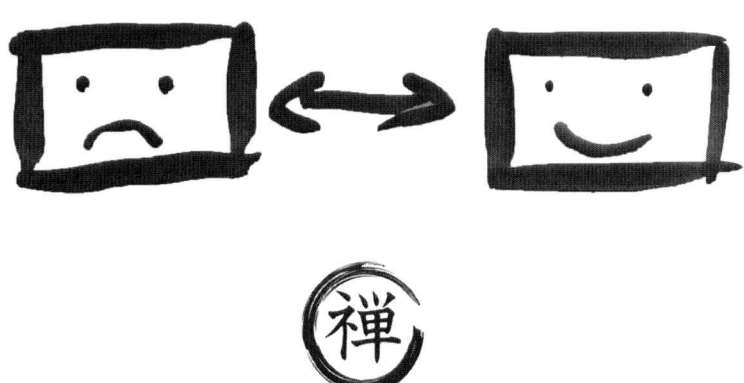

Sie drehen sich im Kreis: beobachten Sie, verbessern Sie.

Fakt ist, dass eine Website nie fertig ist. Je mehr Planung und Vorarbeit Sie in Ihr Projekt investieren, desto sicherer sollte sich der Erfolg der Site einstellen. Doch der zeitgenössische Anwender nutzt mehrere Geräte: Smartphone, Tablet, Laptop/Desktoprechner und den Smart-TV. Bei der Nutzung Ihres Angebots erwartet er zunehmend auf allen Geräten einen gleichwertigen Service in einer gleichwertigen User Experience zu erhalten. Was bedeutet das für Ihr Onlineangebot? Haben Sie ein Feature auf Ihrer Site, in Ihrem Onlineangebot, das einer geräteübergreifenden Erwartung ähnelt? Dann sollten Sie alles daran setzen, die Erwartungen Ihrer Anwender zu erfüllen. Bei dem schnell anwachsenden Überangebot von ähnlichen Leistungen könn-te ein solcher Vertrauensverlust irreparabel bleiben. Auch sind die Meister unserer Zunft nicht vor Betriebsblindheit geschützt, gelten wir doch job-bedingt als Heavy User, bedienen unsere Endgeräte im Schlaf und besitzen sie meist vor unseren Auftraggebern, den Usern. Mir selbst, meinen Mitarbeitern und unseren Geschäftspartnern sind schon wahrlich unangenehme Bugs, Content- und Denkfehler widerfahren. Um eine vollkommene User Experience zu erreichen, sollte daher auf keinen Fall nach dem Launch Schluss sein. Wenn Sie können, bauen Sie Usability- und User-Experience-Tests mit einer Optimierung fest in Ihre Projekte ein. Versuchen Sie, Ihren Auftraggebern die Vorteile dieser Qualitätsmanagementmaßnahme schmackhaft zu machen. Es ist eine einfach zu belegende Investition. Den Beweis für eine erfolgreiche Umsetzung können Sie mit der in diesem Kapitel beschriebenen User Experience Analytics und Kano-Analyse erbringen.

Test early, test often

Das so genannte TETO-Prinzip sollte bei jedem Webdesignprojekt angewandt werden. Usability-Tests helfen dabei, kritische Einsichten in signifikante Probleme zu finden, die auf ein gegebenes Layout zurückzuführen sind. Testen Sie nicht zu spät, nicht zu wenig und nicht aus den falschen Gründen! Im letzteren Fall ist es notwendig, zu verstehen, dass die meisten Designentscheidungen lokal sind. Das bedeutet, dass man z. B. nicht universell sagen kann, dass das eine Layout immer besser sei als das andere.

Folgendes sollten Sie noch beachten:

- Nach Steve Krug ist es zu 100 % besser, einen User zu testen als gar keinen. Außerdem ist es besser, einen User im Projekt früh zu testen als 50 User am Ende des Projekts. Nach dem Boehm'schen Gesetz passieren die meisten Fehler während der Konzeptions- und Designphase. Diese Fehler kosten Sie umso mehr, je später sie entdeckt und behoben werden.

- Testen ist ein iterativer Prozess. Das bedeutet, dass Sie etwas designen, es testen, die Fehler beheben und dann wieder testen. Es gibt nämlich

Probleme, die man während der ersten Testrunde nicht finden kann, da sie von anderen Problemen überdeckt werden.

- Usability-Tests produzieren immer nützliche Resultate.

- Gemäß „Weinbergs Gesetz" ist ein Entwickler dazu ungeeignet, seinen eigenen Code zu testen. Das Gleiche gilt auch für Designer. Nachdem Sie an einer Website wochenlang gearbeitet haben, können Sie diese Erfahrung nicht einfach ausblenden und quasi jungfräulich die Webseite benutzen und testen. Sie wissen dann, wie die Webseite aufgebaut ist und wie sie funktioniert. Sie besitzen also ein Wissen, das ein Tester oder ein Besucher Ihrer Webseite nicht haben wird.

Schlussfolgerung: Wenn Sie eine erfolgreiche und gute Webseite haben wollen, dann müssen Sie testen![1]

6.1 Usability Testing mit Menschen

Nichts geht über das Testen mit der Zielgruppe. Der Ablauf eines Usability-Tests mit Menschen für Tablets und andere Endgeräte umfasst in der Regel die folgenden Phasen:

1. Planung

In enger Zusammenarbeit mit dem Kunden wird die Testsession im Detail geplant. Dabei sind neben Usability auch die Mobile-Strategie sowie die Unternehmensziele zu berücksichtigen.

Folgende Punkte sind dabei genau zu definieren: die Forschungsziele, Szenerien, Mobile-/Tablet-Betriebssysteme (z. B. iOS, Android) und wer für die Mobile-Usability-Tests rekrutiert werden sollte.

---

1 Quelle: Vitaly Friedman: Smashing eBook #17 | User Experience, Practical Techniques, Volume 1.24

2. Rekrutierung

In der Regel werden 6–15 Teilnehmer rekrutiert. Dabei sollte man darauf achten, User zu finden, bei denen alle Kriterien passen, wie z. B. User bestimmter Marken oder Modelle von Tablets, oder User, die ein bestimmtes Mobile-Webbrowser- oder App-Verhalten an den Tag legen.

3. Die Testsessions

Bei den 1-zu-1-Tests ist es besonders hilfreich, wenn die Teilnehmer alles laut aussprechen, was sie denken. Achtung: Keine suggestiven Fragen stellen wie z. B. „Würden Sie einen größeren Button besser finden?" Geschulte Moderatoren stellen neutral und nicht beeinflussend die vorher abgestimmten Fragen und entlocken den Testern so die Gedanken zu dem Produkt, der Site. Zeichnen Sie die Testsessions auf, am einfachsten geht das mit einer Aufsichtskamera (Stativ). Besser noch ist ein vollständiger Screen Capture vom Tablet und dem Touchen. Dazu bietet sich z. B. das DVI2USB-Capture-Gerät epiphan an. Das Tablet wird mit einem HDMI-auf-DVI-Adapter an das Capture-Gerät angeschlossen und auf einem stationären Rechner mit wahlweise voller Auflösung aufgezeichnet. Der Wechsel von Landscape- in Portraitmodus wird automatisch erkannt. So können Sie die Videos der Tests für den Auftraggeber archivieren und für weitere Analysen verwenden.

Für Mac und PC ist die App „Reflector" sehr zu empfehlen. Mittels AirPlay-Technologie wird das, was Sie gerade auf iPhone und iPad touchen, swipen und interagieren, auf Ihrem Desktoprechner live abgebildet, mit automatischer Erkennung von Landscape und Potraitmodus. Zur Killer-App wird Reflector durch die Möglichkeit, alles als Screen Capture aufzuzeichnen.

entwickler.press

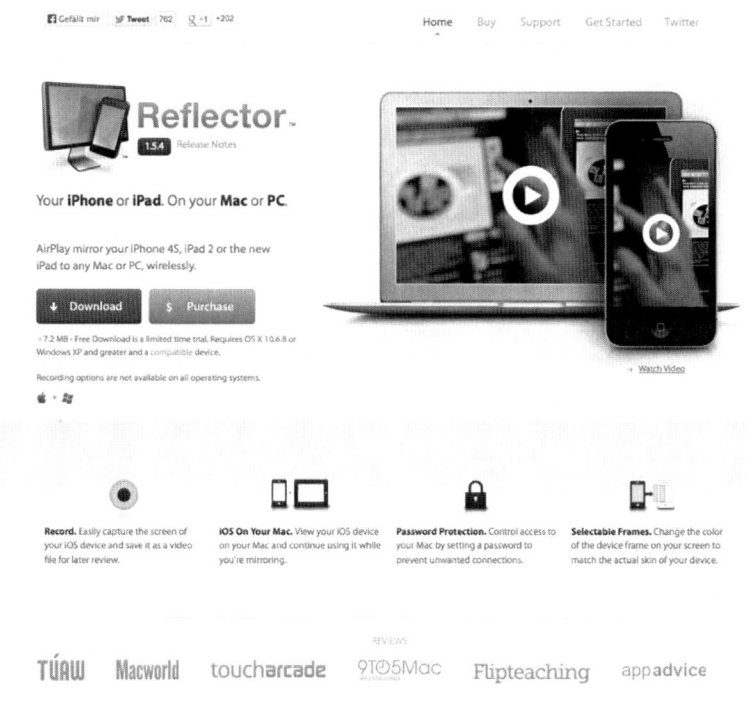

Abbildung 6.1: http://www.reflectorapp.com/

4. Analyse

Unmittelbar nach der Mobile-Usability-Testsession werden alle Erkenntnisse überprüft und analysiert. Alle Fragen sollten noch einmal durchgesprochen und es sollte bei einem Brainstorming nach möglichen Lösungen für die getestete Tablet-Website oder App gesucht werden.

5. Empfehlung

Nach einem Test folgen in der Regel ein Bericht, eine Präsentation und/ oder ein Workshop mit allen Ergebnissen und Empfehlungen, leicht verständlich und greifbar.

Das Feedback hängt allerdings von den Anforderungen des Kunden und dem getesteten Produkt ab. Ohne Ziele gibt es auch keine Erfolgsmessung.

Abbildung 6.2: Die oberen drei Monitore zeichnen den Probanden und seine Körpersprache auf. Die beiden unteren Monitore sind fürs Eye Tracking. Darunter befindet sich der Recoder für Audio- und Videomaterial.

6.2   Usability Testing mit Maschinen

Permanentes Testing und laufende Qualitätssicherung sind die Erfolgsgaranten eines Onlineshops. Während so genannte A/B-Tests bzw. multivariate Tests zwischenzeitlich doch immer häufiger – gerade bei größeren Onlineshops – zum Einsatz kommen, fristen automatisierte

Oberflächentests, mit denen die reibungslose Funktionalität der wichtigsten Features eines Onlineshops gewährleistet werden kann, derzeit noch ein recht stiefmütterliches Dasein.

Die Vorteile derartiger Testverfahren liegen klar auf der Hand:

- Minimierung des Ertragsausfallrisikos

- Automatische Benachrichtigung bei Problemen (z. B. per SMS)

- Verkürzung etwaiger Downtime

- Zeitersparnis

- Konstante Sicherstellung der Qualität

- Automatisierung relevanter Anwendungsfälle

- Abdeckung aller Betriebssysteme und Browser

- Übersichtliche und informative Testdokumentation (auch per Video)

- Schnelle Implementierung im laufenden Betrieb

- Keine Programmierung notwendig

Moderne Webapplikationen haben die Anforderung der stetigen Erreichbarkeit, korrekten Funktionalität und Bedienbarkeit in allen auf dem Markt verbreiteten Browserarten und Betriebssystemen. Ein Onlineshop lebt von der permanenten Weiterentwicklung und Optimierung. Da jedoch bereits kleinste Codeänderungen weitreichende Folgen haben können, die im schlimmsten Fall den kompletten Ausfall des Systems nach sich ziehen, sind kontinuierliche (Funktions-)Tests im Frontend zur Qualitätssicherung unabdingbar.

Mit solchen automatisierten Oberflächentests können die wichtigsten Funktionalitäten eines Onlineshops wie von Geisterhand mit den unterschiedlichsten Betriebssystemen und Browservarianten live und permanent getestet und überwacht werden. Dazu gehört als zentrales Element insbesondere der Checkout und die problemlose Sicherstellung der dortigen Funktionalitäten.

Ein Oberflächentest umfasst generell die Überprüfung der Funktionen einer Applikation aus der Sicht des Benutzers, sodass z. B. Fehler beim Checkout-Prozess rechtzeitig erkannt und damit verbundene Umsatzausfälle vermieden werden können. Ist beispielsweise lediglich die Bezahlung per Kreditkarte durchschnittlich drei Tage im Monat unbemerkt nicht möglich, entspräche das bei einem Jahresumsatz von 2 Mio. Euro und einem Zahlungsanteil per Kreditkarte von 30 % einem Umsatzausfall von ca. 60 000 Euro jährlich. Denn nur die wenigsten Kunden wechseln die Zahlungsart.

Die Ergebnisse solcher Oberflächentests lassen sich auf Video aufzeichnen, um höchstmögliche Transparenz und Nachvollziehbarkeit für den Shopbetreiber gewährleisten zu können.

Zur Durchführung derartiger Tests stehen unterschiedliche Tools zur Verfügung. Im Open-Source-Umfeld bietet beispielsweise die Software Selenium eine sehr umfangreiche Ausgangsbasis zur Implementierung von automatisierten Oberflächentests.

Bei Selenium handelt es sich um ein Testframework für Webanwendungen. Es wurde von einem Programmiererteam der Firma ThoughtWorks entwickelt und als freie Software unter der Apache-2.0-Lizenz veröffentlicht. Mit seiner Hilfe ist es möglich, Interaktionen mit einer Webanwendung aufnehmen zu lassen und diese Tests automatisiert beliebig oft zu wiederholen. Es kann vor allem Entwicklern von Webanwendungen sehr viel Tipparbeit abnehmen – beispielsweise beim Ausfüllen von Webformularen – und macht das Testen dadurch schneller, flexibler und verlässlicher. Selenium basiert rein auf HTML und JavaScript.

Der Aufwand für die Implementierung solcher Tests darf dabei nicht unterschätzt werden, der Gewinn daraus allerdings ebensowenig – insbesondere dann, wenn der Shop über entsprechenden Traffic und ein umfangreiches Bestellaufkommen verfügt.

Zwei weitere interessante Testtools kommen von TestObjects. Zum einen bietet TestObjects INSTAshot an. Mit dem Werbespruch „Does your Website look awesome? Everywhere?" erklären sie den Nutzen ihres Tools. Mit INSTAshot können Webseiten aus vielen Blickwinkeln betrachtet werden. Genauer gesagt kann man seine Webseite in das Tool eingeben und sich ansehen, wie sie sich zum Beispiel in verschiedenen Browsern oder unter den verschiedenen Android-Versionen verhält.

Dagegen ist CONTINUOUS ein Tool, um gezielt Apps oder Webseiten zu testen, und das Ganze auch noch automatisch. Mit diesem Tool soll man Fehler finden, bevor es der User tut. Tests können aufgenommen und z. B. nach einem Update nochmals durchlaufen werden. Für Integrationstests ist das Tool also sehr gut geeignet.

Quellen

[1]   *https://de.wikipedia.org/w/index.php?title=Selenium&oldid= 118169534*

[2]   *http://testobject.com/*

[3]   *http://www.estrategy-magazin.de/mehr-erfolg-fuer-ihren-shop-durch-automatisiertes-testing.html*

6.3   Prototyping, Testmethoden

- *Schnelles Prototyping:* Probleme und Änderungswünsche können durch schnelles Prototyping rechtzeitig erkannt und entsprechend bearbeitet werden. Der Vorteil an Prototypen ist, dass man sehr schnell eine Visualisierung erhält und somit in einem sehr frühen Stadium Fehler bearbeiten kann.

- *Rapid Iterative ProtoSketching:* Eine Prototypenvariante mit relativ geringem Detailgrad. Es werden erste Entwürfe und Scribbles erstellt, die sich nach und nach weiter entwickeln, bis eine finale Version daraus entsteht.

■ *Man on the street:* Sie bauen einen Prototyp und begeben sich damit auf die Straße. Sie sprechen Passanten an, stellen ihnen aber nie direkte Fragen, die Sie beantwortet haben möchten, denn so kann es vorkommen, dass Ihnen wichtige Informationen verloren gehen. Geben Sie den Passanten stattdessen lieber kleine Aufgaben und beobachten Sie deren Lösungswege. Hier können sich dann Zwischenfragen ergeben, die Ihr Produkt verbessern werden.

■ *Crowdsourcing:* Das Benutzen aller Social-Media-Kanäle, um ein Feedback für Designprozesse einzuholen.

■ *Body Storming:* Anstatt wie beim Brainstorming seine Gedanken auf ein Blatt Papier oder eine Projektwand zu schreiben, geht man z. B. in eine Drogerie und analysiert, welche Abläufe man selbst durchläuft. Sie sollten sich fragen, welche Barrieren Sie zu überwinden haben.

■ *Designing the box:* Man lädt mehrere Personen zum gemeinsamen Verpackungsdesigntreffen ein. Die Aufgabe der Personen besteht darin, ein Verpackungsdesign zu entwerfen, begleitet von der Fragestellung: „Welche Merkmale befinden sich wo auf der Verpackung, angenommen, dies ist ein kommerzielles Produkt."

■ *Burrito Lunch:* Es werden Testpersonenanforderungen an Probanden gesendet, die als Zielgruppe in Frage kommen. Dies wird meist durch Incentives getan, um die richtige Zielgruppe auszuwählen. Dann werden etwaige Zielgruppenangehörige zur Gruppendiskussion eingeladen. Als Gegenleistung lädt man die Probanden z. B. zum gemeinsamen Essen ein.

■ *User/Browser Role Playing:* Ein Moderator übernimmt die Rolle des Browsers. Die Testperson wird nun aufgefordert, mit dem Browser eine bestimmte Aufgabe oder einen bestimmten Ablauf durchzuspielen. Der Moderator/Browser gibt entsprechendes Feedback, je nachdem, wie die Testperson handelt. Das tut er, indem er Fehlermeldungen oder Interface-text vorliest. Dieses System soll z. B. Hürden im Bestellvorgang eines Shops früh aufdecken.

- *Unmoderated Testing:* Es gibt eine ganze Reihe an Tools, mit denen Tests ohne Moderation möglich sind. Sie sind einfach zu integrieren und man erhält dank des Besuchers, der aufgefordert wird, einige Tasks zu erledigen, einen guten Überblick, wie dieser Besucher auf der Seite interagiert.

- *Remote/Online Usability Testing:* Die zeit- und ressourcensparende Remote-Variante eines Usability-Tests findet im Gegensatz zu herkömmlichen Tests im tatsächlichen Nutzungskontext der zu testenden Anwendung statt. Testperson und Testleiter können durch spezielle Software miteinander kommunizieren.

- *Mobile Testing:* Die Interaktion eines Testusers mit dem Mobiltelefon wird von Kameras festgehalten und ergibt so einen ersten Usability-Test.

- *Split-Traffic-Test oder A/B-Test:* Zwei Namen, eine Sache. Beim Split-Traffic-Test wird jedem Besucher eine Testvariante gezeigt, also entweder A – die Originalwebsite, oder B – die für die Testvariante. Je stärker die Unterschiede in beiden Varianten, desto stärker das Ergebnis. Sie sollten einen A/B-Test mindestens ein Wochenende, besser eine ganze Woche laufen lassen. Nach dem Ende des Tests überprüfen Sie, welche Version zu mehr Conversion geführt hat. Der Vorteil liegt bei diesem Verfahren in der günstigen Umsetzung im Gegensatz zum Labortest. Es muss lediglich ein JavaScript eingefügt werden. Schreiben Sie den Code der Testvarianten untereinander in ein Template und blenden Sie ihn via JavaScript und CSS ein oder aus. Google Analytics und andere Tracking Suites unterstützen A/B-Tests für die einfache Auswertung. Der Nachteil bei diesem Testverfahren ist jedoch, dass über die Conversion nur harte Fakten geschaffen werden. Die Conversions kommen auch ohne eine gute UX zustande. Weil Ihr Content z. B. umsonst ist, Ihr Produkt besonders günstig oder nur bei Ihnen erhältlich. Diese Conversion können Sie zwar damit steigern, aber eine nachhaltige Kundenbindung, einen Markenbotschafter, werden Sie ohne ein optimales, positives und emotionales Erlebnis nicht schaffen können. Dafür sind ganzheitliche Labortest besser geeignet (vgl. hierzu: *https://www.google.com/analytics*).

In der Wissenschaft haben sich inzwischen auch Methoden zur Messung von Usability und User Experience entwickelt. Die Methoden unterteilen sich in empirische und analytische.

Zu den empirischen Methoden zählen:

- Usability-Test

- Fokusgruppe

- Fragebögen

- Analyse von Blickbewegungen und physiologischen Daten

- Logfile-Auswertung und Web Analytics

Zu den analytischen Methoden, auch Evaluationsmethoden oder Inspektionsmethoden genannt, zählen:

- Heuristische Evaluation

- Cognitive Walkthrough

- Pluralistic Walkthrough

- Keystroke-Level-Modellierung

- Modellierung der Textverständlichkeit

Speziell für die User Experience wurde eine formative Evaluation entwickelt: Die Valenzmethode (Burmester et al. 2010).

6.4 User Experience Analytics

Was sind User Experience Analytics?

User Experience Analytics (UXA), auch Costumer Exprience Analytics genannt, analysieren das komplette Onlineverhalten von Nutzern. UXA liefern so tiefe Einblicke, die es einem Unternehmen ermöglichen, die

User Experience und damit die Einnahmen drastisch zu erhöhen. User Experience Analytics fügt eine Visualisierung des Verhaltens eines Webseitenbesuchers zu existierenden Analyseplattformen hinzu, die bisher nur auf Statistiken und die Navigation zwischen Seiten spezialisiert waren. UXA-Technologie ist der nächste Schritt der Analysefähigkeiten, das Onlinenutzerverhalten auf eine sehr intime Art und Weise zu analysieren.

Während traditionelle Analysetools nur das „Was?" aufzeigen, beantworten UXA die Frage „Wie?".

Wieso braucht man UXA?

Die meisten existierenden Analyselösungen nehmen das Navigieren zwischen den einzelnen Seiten auf einer Webseite oder die Webseite, auf der ein Nutzer landet, auf. Das ist wichtig für quantitative Informationen wie den Traffic einer Webseite, die Pageviews, die Anzahl der Webseitenbesucher und die Zeit, die sie auf einer Seite verbringen. Diese Tools zeigen aber nicht auf, was ein Nutzer innerhalb oder auf einer expliziten Seite genau macht.

UXA zeichnen also weit mehr auf als traditionelle Analysetools. Sie visualisieren und analysieren das komplette Onlineverhalten eines Nutzers.

UXA können aber nicht die komplette Webanalyseinfrastruktur ersetzen, sie verbessern nur deren Leistung. UXA erlauben tiefere Einblicke, ein besseres Verständnis von den Usern, den Kunden und liefern einen höheren Return on Investment (ROI).

Die folgende Tabelle bietet einen Überblick zum Unterschied von traditionellen Web-Analytics und UXA.

	Traditionelle Web-Analytics	User Experience Analytics
Gesammelte Informationen	Seitenübergänge, Traffic-Quellen, vordefinierte Events	Mausbewegungen, Klicks, Scrolls, Hotspots, Aufmerksamkeit
Art des Reports	Spreadsheets, 2-D-Graphen, Charts	Besucheraufzeichnung, Site-Overlays, Heatmaps, Conversion-Analyse
Fokus	Sitenavigationen, Einstiegsseiten, Ausstiegsseiten	Onlineverhalten, Kundeninteraktion, Conversion
Key-Performance-Indikatoren	Pageviews, Seiten pro Besucher, Verweildauer auf Seite, Bounce-Rate	Engagement-Zeit, Scroll-Reichweite, Seiten-Hotspots, Fokus auf Content

Tabelle 6.1: Unterschied von traditionellen Web-Analytics und UXA

Ein Unternehmen aus Dresden, m-pathy, ist bekannt für ihre Mouse-tracking-Software. Zum Beispiel zeigt der m-pathy UX Insight Player ein 1:1-Abbild des Bildschirms, so wie der Nutzer ihn sieht. Sämtliche Interaktionen mit der Website – Klicks, Mausbewegungen, Scrolling, Tastatureingaben – werden aufgezeichnet und als Film in Echtzeit wiedergegeben. Die innovative Mouse-Tracking-Technologie ermöglicht es, sich in die Nutzer hineinzuversetzen und ihren Umgang mit einer Website besser zu verstehen. Durch diese Visualisierung realer Nutzungssituationen werden Usability-Probleme sichtbar – ganz so, als würde man tatsächlich hinter dem Nutzer stehen und ihm über die Schulter schauen. Weiterhin bietet m-pathy eine Movementmap, Clickmap, Scrollingmap, Formularanalyse und eine Mustererkennung an.

Seit 2013 wird auch m-pathy UX Insight Mobile angeboten. Damit kann man nun auch mobilen Nutzern über die Schulter schauen. m-pathy

mobile bietet eine Darstellung und Auswertung der typischen Touch-
und Multitouch-Gesten auf mobilen Endgeräten wie m-pathy Player an.
Zoom-, Klick- und Scroll-Verhalten werden in Einzelsessions und aggre-
giert in Heatmaps sichtbar. Aus Sicht der User Experience Analytics ist
es natürlich toll, dass es solch ein Tool gibt, denn damit kann das Verhalten eines Nutzers aus der Ferne und in echten Situationen aufgezeichnet
werden. Nutzer besuchen mobile Websites meist mit klarer Intention,
meist in stressiger Umgebungssituation und oft unter Zeitdruck. Ein Test
mit Probanden im Labor liefert hier oft nicht so gute Ergebnisse.

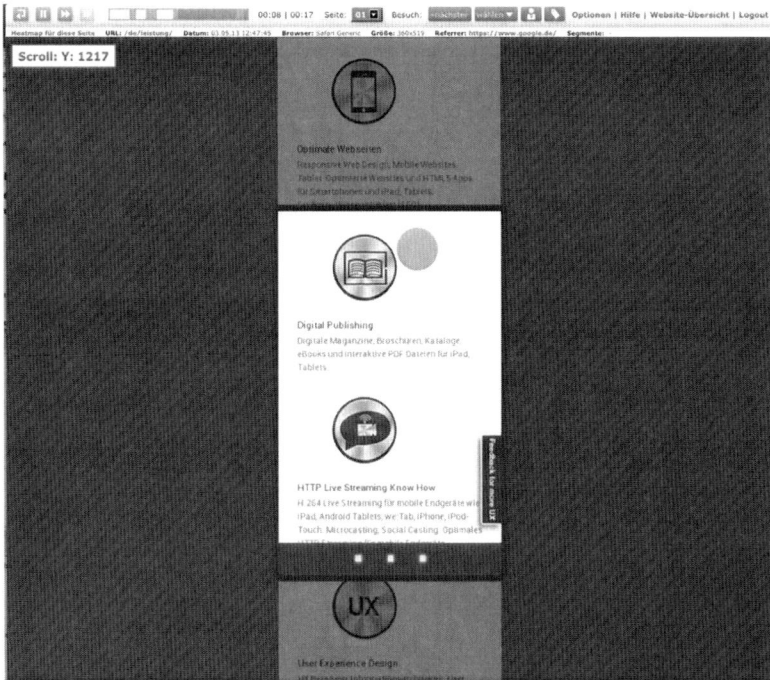

Abbildung 6.3: UX Insight Mobile in der Anwendung von unserer Agenturseite in Tablet- und Smartphone-Version, die blauen Punkte zeigen die Touch-Interaktionen

Quellen

[1]   *http://www.m-pathy.com*

[2]   *http://research.clicktale.com/rs/clicktale/images/Customer%2520*
       Experience%2520Analytics%2520introduction.pdf

[3]   *http://www.clicktale.com*

6.4.1 Anwendungsfelder von User Experience Analytics

User Experience

- Usability
- Design
- Content-Analyse
- Brand loyalty
- Engagement
- Viralität (Weiterempfehlungen)

Conversion-Optimierung

- Formularoptimierung
- Lead-Generierung
- Warenkorboptimierung
- Registrierung

Landing-Pages-Optimierung

- Calls to Action
- A/B Testing

Marketing

- SEO
- SEM
- Display Advertising
- Affiliate-Programme

6.4.2 Mobile Monitoring

Als Alternative zu teuren, komplexen und ungenau arbeitenden Monitoring-Lösungen für mobile Geräte misst z. B. die Gomez-Mobile-Monitoring-Lösung die Performance von mobilen Websites und Anwendungen direkt von den Browsern und nativen Anwendungen ihrer Echtanwender. Sie können so die Performance der mobilen Websites und Anwendungen bei Ihren Endanwendern überwachen und die Auswirkungen der Endanwender-Wahrnehmung mobiler Websites und Anwendungen auf das Unternehmen beurteilen. Ebenso lohnt sich auch ein schneller Performancetest auf *http://loadtimer.org/*. Wie schnell wird Ihre Tablet-Website in Vergleich zu anderen geladen? Eine einfache Übersicht zeigt die folgende Abbildung. Interessant ist der Leistungsunterschied, wenn beim Amazon Kindle Silk Browser die Neigungssensoren eingeschaltet sind.

🌐 Loadtimer Results

harness about code contact

These are the median page load times for popular websites. The times are in milliseconds. The number of resources is shown in parentheses.

- Devices that receive mobile-specific versions of the site have a gray background .
- The slowest time is shown in red.
- The fastest time is shown in green for devices that received the desktop version.
- Devices that received a mobile version of the site and were faster than the desktop version are shown in non-bold green (with a gray background) .

Table 1: Median page load time (milliseconds)

browser	Yahoo	Amazon	Wikipedia	Craigslist	eBay	LinkedIn	Bing	MSN	Engadget*	CNN	Reddit	# data
☑ Galaxy 10	4,287 (46)	3,145 (43)	12,537 (50)	793 (4)	2,982 (64)	1,810 (2)	1,406 (13)	2,930 (47)	21,614 (215)	5,264 (124)	2,015 (21)	9
☑ Galaxy 7	6,866 (67)	1,587 (19)	2,087 (32)	1,303 (4)	921 (22)	1,147 (2)	2,696 (7)	1,925 (47)	23,222 (215)	2,098 (20)	2,902 (21)	9
☑ iPad 1 S	4,082 (60)	5,383 (43)	8,625 (50)	1,307 (4)	4,557 (64)	1,592 (11)	1,520 (13)	5,540 (47)	16,410 (215)	8,997 (124)	3,440 (21)	9
☑ iPad 2 S	2,386 (23)	2,465 (43)	5,723 (50)	790 (4)	2,541 (64)	902 (11)	1,146 (13)	2,713 (47)	8,034 (215)	4,483 (124)	2,249 (21)	9
☑ Silk (accel off) 1	3,431 (58)	4,289 (43)	9,955 (50)	646 (4)	1,094 (18)	1,021 (11)	1,035 (13)	4,143 (47)	13,162 (215)	5,599 (124)	1,894 (21)	9
☑ Silk (accel on) 1	4,319 (58)	5,691 (43)	10,168 (50)	764 (4)	1,366 (18)	1,085 (11)	1,248 (13)	4,907 (47)	16,132 (215)	7,231 (124)	2,246 (21)	9

Compare Selected   Reset

◉ blog post's data
○ Silk update data
○ all data (including public)

Abbildung 6.4: Vergleich von bekannten Webportalen in den gängigen Tablet-Browsern

Quellen

[1]   *http://loadtimer.org/.results.php*

[2]   *http://www.compuware.de/application-performance-management/
mobile.html*

6.5   Kano-Analyse

Die Analyse und Klassifizierung der Userwünsche bzw. Useranforderungen nennt man Kano-Analyse. Bei der Produktentwicklung werden die Wünsche der Kunden herausgefiltert und berücksichtigt. Ich empfehle, die Kano-Analyse besonders in E-Commerce-Projekten regelmäßig durchzuführen. Vor allem innerhalb eines definierten Zeitraums nach dem Launch als Qualitätsmanagementmaßnahme. Wurden die Wünsche Ihrer User getroffen?

Hier erläutern wir kurz die drei wesentlichen Anforderungen der Analyse:

- *Basisanforderungen:* Fehlen die Basismerkmale, löst das Unzufriedenheit beim User aus. Allerdings sind diese Merkmale so selbstverständlich, dass sie nur bei Nichterfüllung bemerkt werden. Werden die Anforderungen erfüllt, ist der User zufrieden, aber es entsteht noch kein Mehrwert.

- *Leistungsanforderungen:* Werden diese grundlegenden Anforderungen erfüllt, ist der User zufrieden, und das kann zu einer höheren Kundenbindung und Weiterempfehlungsquote führen. Eine Nichterfüllung führt zu Enttäuschung und evtl. Verärgerung des Users. Im Worst Case empfiehlt er anderen Usern, Ihr Produkt oder Ihre Website nicht zu nutzen.

- *Begeisterungsanforderungen:* Begeisterung beim User führt zu einem nennbaren Mehrwert. Damit ist es möglich, sich von der Konkurrenz abzuheben. Aus Usern werden Fans, und diese empfehlen Ihre Website weiter. Begeisterungsmerkmale können mit der Zeit zu Basismerkmalen werden, da ein Gewöhnungseffekt entsteht. Inhalte, Services und Tools werden zum Standard.

Die Kano-Analyse bietet die Möglichkeit, die Merkmale einer Website verschiedenen Userbedürfnissen zuzuordnen. Hiermit kann eine Auswahl an Features getroffen werden, die die User begeistert, und sie nicht nur zufriedenstellt.

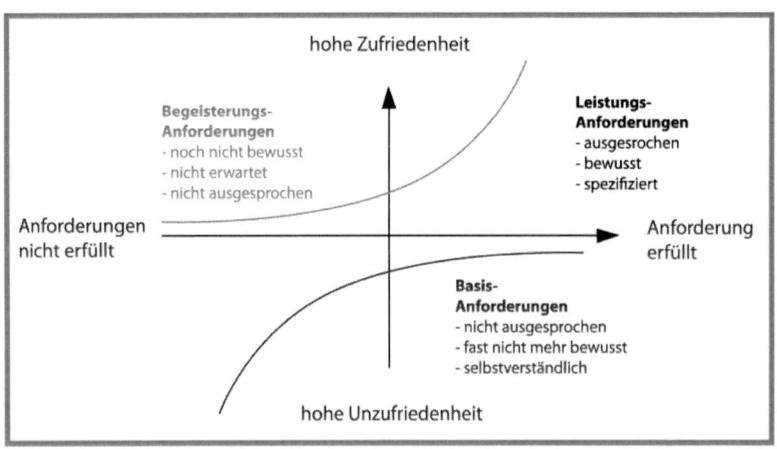

Abbildung 6.5: Kano-Analyse-Diagramm

Bei der Bewertung der einzelnen Features unterscheiden wir nicht nur in den drei Bereichen der Kano-Analyse, sondern auch zwischen den Kriterien Conversion Rate, Kundenbindung, Neukundengewinnung, Warenkorbgröße und Joy of Use. Die Bewertung erfolgt auf einer Skala von 0 bis 5. 5 beschreibt eine sehr hohe Steigerung des Kriteriums durch das Feature, wohingegen 0 keine Auswirkung des beschriebenen Features auf das Kriterium darstellt. Die in diesem Beispiel aufgeführten Features sind alle sowohl umsatzsteigernd als auch markenbildend. Die Features wurden daher nach diesen Kriterien bewertet.

- *Conversion Rate:* errechnet sich aus Käufen/Besuchern und stellt den Teil der Besucher eines Onlineshops dar, die zu Käufern werden.

- *Kundenbindung:* zeigt die Entwicklung von einem gelegentlichen Kunden zum Stammkunden und wie stark die Bindung des Kunden an das Unternehmen oder die Marke ist.

- *Neukundengewinnung:* spricht vor allem Interessenten an, die zum Kauf bewegt werden sollen.

- *Warenkorbgröße:* beschreibt die Gesamtsumme der im Warenkorb liegenden Produkte. Dieses Feature kann zu einer Steigerung des Warenkorbs und somit der Bestellsumme führen, wenn dieses Kriterium besonders gut bewertet ist.

- *Joy of Use:* so bezeichnet man den Spaß an der Nutzung einer Website. Der Spaß sollte durch Design, Usability und Emotionen beeinflusst werden. Besticht eine Internetseite durch eine ansprechende User Experience und ist sie übersichtlich aufgebaut, so kann dies ein gutes Gefühl oder sogar Begeisterung beim User entfachen. Es kann sehr einfach passieren, wird nur unbewusst wahrgenommen und keinesfalls auf das Feature zurückgeführt.

6.6 Checkliste

- Test early, test often

- Sie müssen verstehen, dass Testen nicht optional ist

- Testen Sie mit Menschen

- Testen Sie auch mit Tools

- Testen Sie nicht allein Ihr eigenes Produkt

- Testen ist ein iterativer Prozess

- Suchen Sie für sich etablierte Testmethoden heraus

- Nutzen Sie das Potenzial von Prototyping

- Erkennen Sie das Potenzial von User Experience Analytics

- Führen Sie regelmäßig Kano-Analysen durch

 Ein Zen-Zitat lautet: Immer, wenn du glaubst, erleuchtet zu sein, beginnst du wieder am Anfang.

7 Future UX – Die Zukunft wird heute entschieden

Sie haben in den letzten sechs Kapiteln gelernt, was User Experience ist, wie sie geplant, konzipiert und umgesetzt werden kann. Den User zu überraschen, seine Erwartungen in einem gewissen Maß zu übertreffen, ist ein Teil davon. Mit Wissen über den User selbst kommen Sie sehr weit, er sagt uns bereitwillig schon sehr viel darüber, wie er Produkte und Services nutzen möchte, wir müssen nur zuhören. Doch mit Innovationen, dem vermeintlich noch nicht Dagewesenen, dem Neuen werden Sie bei ihm einen nachhaltigen Eindruck hinterlassen. Das ist der „Feenstaub" in Ihren Projekten. Es war Henry Ford, der sagte: „Wenn ich meine Kunden gefragt hätte, was Sie wollen, Sie hätten geantwortet: schnellere Pferde". In diesem letzten Kapitel möchte ich Ihnen aufzeigen, wo Sie in die Glaskugel schauen können und verrate Ihnen Ihr ganz persönliches Rezept, um „Feenstaub" zu erzeugen.

Zukunft im ZEN

Die Zukunft lässt sich nur positiv gestalten, wenn wir selbst bereit sind für Veränderungen. Es gibt keinen Grund, in ungewissen Zeiten vor Angst zu erstarren, denn die Zukunft ist stets ungewiss. Positive Zeiten kommen auf uns zu – jedoch nur, wenn wir das auch wirklich wollen. Jeder von uns ist in der Lage, die eigene Zukunft positiv zu gestalten.

7.1 The Long Nose of Innovation

Jede Technologie, die einen signifikanten Einfluss auf die nächsten 10 Jahre haben wird, ist mindestens schon 10 Jahre alt. (Bill Buxton, 2010)

Öfter haben wir schon erlebt, dass manch einer der Auffassung ist, Apple habe Multi-Touch erfunden. Tatsächlich konnten wir einen eindeutigen Erfinder nicht ausfindig machen. Diese Sachlage scheint auch noch nicht vor Gericht oder beim Patentamt geklärt worden zu sein. Apple hatte sogar versucht, ein Patent für Multi-Touch anzumelden, doch dieser Antrag wurde abgelehnt. Als ein Vorreiter auf dem Gebiet des Multi-Touch und der Gestensteuerung kann man Bill Buxton ansehen, der schon 1984 an einem Gerät arbeitete, das Multi-Touch-fähig war. Auch Jaff Han, der 2006 bei TED seinen Multi-Touch-fähigen Touchscreen vorgestellt hat, sollte hier genannt werden. Wie bereits erwähnt, ist Multi-Touch nicht etwas Neues, das Apple in diesem Jahrtausend erst erfunden hat. Tatsächlich gab es Multi-Touch schon mehr als 20 Jahre vor dem Erscheinen des iPhones und bevor ein Produkt mit Multi-Touch mehr als eine Milliarde Dollar Umsatz brachte.

People sometimes say, "You work in the fastest-moving industry in the world." I don't feel that way. I think I work in one of the slowest.

Steve Jobs erklärte 1994 in einem Interview mit dem Kult-Magazin Rolling Stone, er habe das Gefühl, in der langsamsten Industrie zu arbeiten. Das gesamte grafische Interface des Macintosh wurde von Xerox PARC (das legendäre Palo Alto Resarch Center) zusammen mit Doug Engelbart vom SRI (ein zukunftsorientierter Think Tank der Standford Universität) entwickelt. Das war in den 1970ern, und erst in den 1990ern wurde es von Apple erfolgreich auf dem Markt platziert. Das sind lange 20 Jahre [4].

Auf der folgenden Abbildung ist dieser Prozess, genannt „The Long Nose of Innovation", zu sehen.

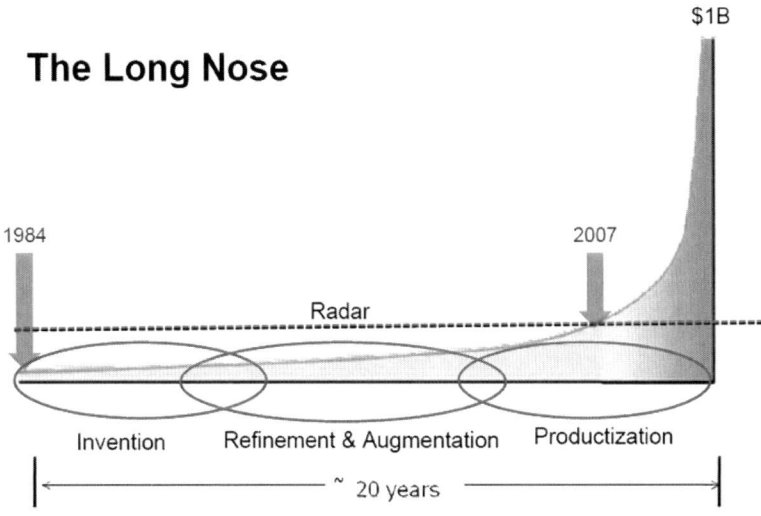

Abbildung 7.1: The Long Nose of Innovation (Bill Buxton, 2010: https://orangepost.files.wordpress.com/2012/04/bill-buxton-the-long-nose.png

Durch dieses Beispiel möchte ich verdeutlichen, dass eine Technologie allein nicht immer gleich den Erfolg eines Produkts hervorbringt, es gehört noch viel mehr dazu als eine vielversprechende neue Technologie. Manchmal sind es auch Grundbedürfnisse von Menschen und das entsprechende gute Human-Centered-Design, das einem Produkt Erfolg beschert. Ein Beispiel hierfür waren die PDAs von Palm, die mit dem Feature „Hotsync" ausgestattet waren. Den Nutzern war es sehr wichtig, schnell und einfach ihre Daten sichern zu können, damit im Fall eines Verlusts oder Defekts des PDAs die Daten auch wieder schnell verfügbar und wiederherstellbar wären. Dieses einfache Feature sorgte damals für den Triumph von Palm gegenüber Microsoft.

Quellen

[1]   Buxton, B. (2010): „NUI – What's in a Name?: *http://channel9. msdn.com/posts/TechTalk-NUI-Whats-in-a-Name*

[2]   Golson, J. (2011): „Apple Denied Trademark for Multi-Touch: *http://www.macrumors.com/2011/09/26/apple-denied-trademark-for-multi-touch/*

[3]   Han, J. (2006): „Jeff Han demos his breakthrough touchscreen: *http://www.ted.com/talks/lang/en/jeff_han_demos_his_breakthrough_ touchscreen.html*

[4]   *http://www.rollingstone.com/culture/news/steve-jobs-in-1994-the-rolling-stone-interview-20110117*

7.2   Gartner Hype Cycle

Von Bill Buxton kennen wir „The Long Nose of Innovation", die aussagt, dass eine Technologie, welche in 10 Jahren 1 Milliarde Dollar Umsatz macht, mindestens schon 10 Jahre existiert. Den Weg, den eine neue Technologie nach ihrer öffentlichen Vorstellung beschreitet, beschreibt der Gartner Hype Cycle sehr gut. Geprägt wurde der Begriff des Hype Cycle von der Gartner-Beraterin Jackie Fenn. Möchte man auf eine neue Technologie setzen, kann es durchaus sinnvoll sein, vorher den Gartner Hype Cycle etwas genauer zu betrachten.

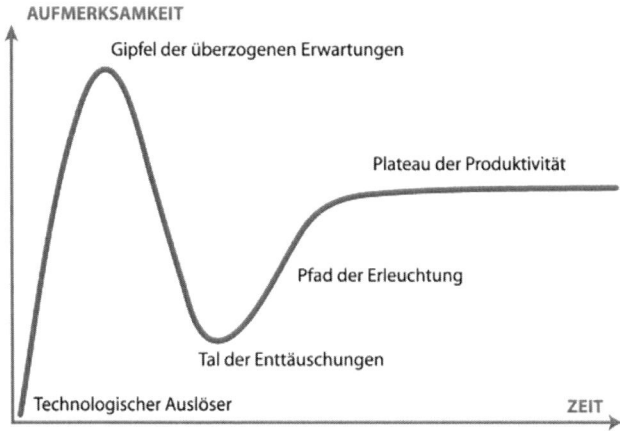

Abbildung 7.2: Auf der Y-Achse ist die Aufmerksamkeit (Erwartungen) für eine neue Technologie eingetragen und auf der X-Achse die Zeit seit der Veröffentlichung. (Quelle: https://upload.wikimedia.org/wikipedia/commons/c/c6/Gartner_Hype_Zyklus.svg)

Wie auf der Abbildung zu sehen, ist der Hype Cycle in fünf Abschnitte unterteilt:

- Technologischer Auslöser (Technology Trigger): Ein Ereignis, das auf ein großes Interesse der Öffentlichkeit stößt. Viele Trittbrettfahrer steigen auf.

- Gipfel der überzogenen Erwartungen (Peak of Inflated Expectations): Es folgen viele Berichte, und daraus resultieren oft ein übertriebener Enthusiasmus und unrealistische Erwartungen. Es gibt zwar schon bereits erfolgreiche Anwendungsfelder, aber diese haben oft noch zu viele Kinderkrankheiten.

- Tal der Enttäuschungen (Trough of Disillusionment): Es konnten nicht alle Erwartungen erfüllt werden, und über die Technologie wird schnell nicht mehr in der Fülle gesprochen und berichtet wie zuvor.

- Pfad der Erleuchtung (Slope of Enlightenment): Es wird zwar nicht mehr so viel über die Technologie berichtet, aber langsam beginnen die realistischen Einschätzungen. Die Menschen beginnen, die Vorteile, eine praktische Umsetzung, aber auch die Grenzen der neuen Technologie zu verstehen.

- Plateau der Produktivität (Plateau of Productivity): Eine Technologie hat ein Plateau der Produktivität erreicht, wenn die Vorteile akzeptiert und anerkannt wurden. Die Technologie wird immer solider. Sie entwickelt sich in einer zweiten oder dritten Generation weiter.

In der folgenden Abbildung ist der Hype Cycle zu sehen, mit den aktuellen Technologien von 2012, und in welcher Phase sich diese befinden.

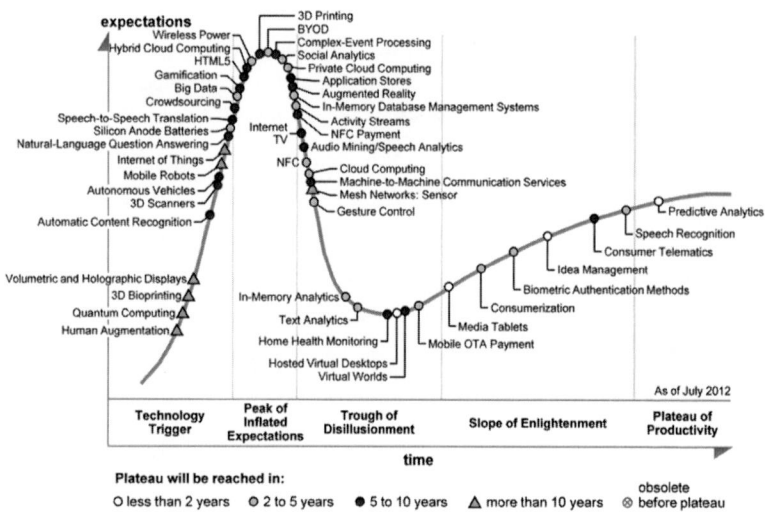

Abbildung 7.3: Gartner Hype Cycle 2012. Wo sind die Tablets zurzeit?

Wie auf dem Hype Cycle von 2012 zu sehen, befinden sich Tablets momentan auf dem Pfad der Erleuchtung (Plateau of Productivity). Die Öffentlichkeit hat also begonnen, die Vorteile, aber auch die Grenzen der

Tablets zu verstehen. Zudem kann sie sich jetzt einen praktischen Nutzen von Tablets vorstellen. Zum Zeitpunkt 2012 waren Tablets davor, in weniger als zwei Jahren auf die letzte Stufe das Plateau der Produktivität (Plateau of Productivity) aufzusteigen. Heute, im Jahr 2013, kann man sagen, dass Tablets schon auf dieser Stufe oder nur sehr knapp davor sind.

Quellen

[1] *https://de.wikipedia.org/w/index.php?title=Hype-Zyklus&oldid=117145708*

[2] *http://www.floor.nl/ebiz/gartnershypecycle.htm*

[3] *http://www.gartner.com/technology/research/methodologies/hype-cycle. jsp*

7.3   Singularity University

Was kommt nach dem Web 2.0? Wie sehen die Maschinen der Zukunft aus? Und wie lässt sich das in Zukunft vermarkten? Auf diese Fragen versucht die Singularity University Antworten zu geben.

Die Singularity University in Mountain View, Kalifornien, ist keine eigenständige Universität, die typische akademische Abschlüsse anbietet. Vielmehr bietet sie eine berufsbegleitende Ergänzung zu einer normalen akademischen Ausbildung. Der Intensivlehrgang, der immer im Sommer stattfindet, dauert neun Wochen und kostet 25 000 Dollar.

Die Dozenten kommen unter anderem von der Universität Stanford. Der Rest der Dozenten besteht aus anderen Vordenkern aus Wissenschaft und Wirtschaft, etwa dem Erfinder und Nobelpreisträger Ray Kurzweil („The Singularity is Near"), der zu den Gründern der Universität gehört.

Die Singularity University kann man als Sommerschule für zukünftige Weltenlenker ansehen. Möchte man sich während des Berufs weiterbilden, etwas über neue Technologien erfahren und wie man sie einschätzen sollte, und wenn man zudem das nötige Kleingeld hat, kann man einen Blick auf diese Universität riskieren.

Quellen

[1]   *http://singularityu.org/*

[2]   *https://en.wikipedia.org/wiki/Singularity_University*

[3]   *https://www.youtube.com/user/singularityu*

[4]   *http://www.stern.de/wirtschaft/news/maerkte/singularity-university-sommerschule-fuer-weltenlenker-1522143.html*

7.4   :zukunfts|institut

In Deutschland und Österreich bietet das :zukunfts | institut mehrere Sparten an, über die man sich über zukünftige Technologien und Trends informieren kann. Beim :zukunfts | verlag findet man einige Trend- und Branchenstudien, die :zukunfts | veranstaltungen halten jährlich einen :zukunfts:kongress, der in der Regel in Frankfurt am Main und in Wien stattfindet. :zukunfts | referenten bieten unter der Marke futureworks Referenten an, die zukunftsorientierte und innovative Workshopformate veranstalten.

Das :zukunfts | institut bietet also diverse Möglichkeiten, um sich über neue Technologien, Trends und die Zukunft zu informieren.

Quellen und Informationen zum :zukunfts | institut unter:

- *www.youtube.com/user/zukunftsinstitut*
- *www.zukunftsinstitut.de/*
- *www.zukunftsinstitut.de/veranstaltungen/zukunftskongress.php*
- *www.zukunftsinstitut.de/veranstaltungen/index.php*

- *www.zukunftsinstitut.de/verlag/index.php*
- *www.futureworks.eu/*

7.5 Digital Life Design

Ein ganz besonderes Schmankerl liefert Hubert Burda Media mit der jährlich in München stattfindenden Digital-Life-Design-(DLD-)Konferenz- und Innovationsplattform. Neben der Pariser LeWeb gilt die DLD-Konferenz als die wichtigste europäische Konferenz für Investoren und Internetunternehmen.

Die Themen auf der DLD haben eine sehr große Spannweite. Die Referenten sind digitale Vordenker wie Mark Zuckerberg (Facebook) oder Sean Parker (Napster), Manager wie James Murdoch (News Corporation) oder Eric Schmidt (Google), aber auch Politiker, Wissenschaftler, Autoren und Künstler. Um einen Einblick in aktuelle und zukünftige Trends zu bekommen, eignet sich die DLD-Konferenz also perfekt.

Quellen

[1]   *http://dld-conference.com/*

[2]   *https://de.wikipedia.org/w/index.php?title=Digital_Life_Design&oldid=117315427*

7.6 Akademische internationale Konferenzen

Akademische Konferenzen eignen sich gut dafür, um einen aktuellen Einblick in die Forschung und in neue Zukunftstechnologien zu bekommen. Solche Konferenzen sind aber nicht zu vergleichen mit Konferenzen und Kongressen, die direkt auf die Wirtschaft zielen und einen starken wirtschaftlichen aktuellen Fokus haben. Viele der vorgestellten Technologien werden es meist nicht zu einer marktreifen Version schaffen. Oft handelt es sich bei vorgestellten Themen auch um Grundlagenforschung.

Hier finden Sie einen Überblick über diverse internationale akademische Konferenzen

- CHI: Conference on Human Factors in Computing Systems

- ASSETS: ACM International Conference on Computers and Accessibility

- CSCW: ACM Conference on Computer Supported Cooperative Work

- DIS: ACM Conference on Designing Interactive Systems.

- ECSCW: European Conference on Computer-supported Cooperative Work. (Alle zwei Jahre)

- GROUP: ACM conference on supporting group work

- HRI: ACM/IEEE International Conference on Human Robot Interaction

- ICMI: International Conference on Multimodal Interfaces

- ITS: ACM conference on Interactive Tabletops and Surfaces

- IUI: International Conference on Intelligent User Interfaces

- MobileHCI: International Conference on Human Computer Interaction with Mobile Devices and Services

- NIME: International Conference on New Interfaces for Musical Expression

- Ubicomp: International Conference on Ubiquitous computing

- UIST: ACM Symposium on User Interface Software and Technology

- i-USEr: International Conference on User Science and Engineering

- INTERACT: IFIP TC13 Conference on Human Computer Interaction

Quelle: *https://en.wikipedia.org/w/index.php?title=Human%E2%80%93 computer_interaction&oldid=549258905*

7.7   Web Trend Map

Um einen aktuellen Überblick über aktuelle Webtrends zu bekommen, ist die Web Trend Map von den Information Architects um Oliver Reichenstein sehr zu empfehlen.

In der Web Trend Map 4 wurde der U-Bahn-Fahrplan von Tokyo genommen, um die aktuellen, am meisten besuchten Webseiten darzustellen. Designtechnisch ist es ein kleines Meisterwerk geworden und als Poster im Büro ein echter Blickfang.

Quellen

[1]   *http://vimeo.com/8253034*

[2]   *http://store.ia.net/category/web-trend-map*

7.8   Science Fiction

Schon seit Jahrzehnten prognostiziert Science Fiction in Film, Fernsehen und Buch, wie eines Tages Technologien in unserer Welt aussehen könnten. Oft waren diese Zukunftsvisionen auch gar nicht so weit davon entfernt, wie heute Technologien designt sind und wie wir sie heute benutzen. Bei vielen Fiktionen hätte man sich allerdings gewünscht, dass ein User Experience Designer als Berater hinzugezogen worden wäre. Mehrere Speaker und digitale Vordenker sind sogar der Überzeugung, dass diese Technologien junge Wissenschaftler dazu animieren, genau diese Technologien zu erfinden und so nachempfinden, wie sie z. B. in einem Film dargestellt wurden. Manchmal sind aber die Technologien, wie sie im Film dargestellt sind, gar kein Science Fiction mehr, sondern im Einzelfall nur eine Bestandsaufnahme, die nur etwas „aufgehübscht" wurde. Das trifft im Fall von der Gestensteuerung, wie sie in Minority Report gezeigt wurde, zu. An deutschen Universitäten gab es Forschungen und bereits existierende Gestensteuerungen schon Jahre vor dem Zeitpunkt der Dreharbeiten von Minority Report.

Aaron Marcus gilt als einer der ersten digitalen Grafik Designer der Welt. Auf Konferenzen hält er gerne Vorträge wie „Back to the Future: UX in the Past 100 Years of Science-Fiction" und „Science Fiction and HCI/ CHI: Past, Present, and Future". Sollten Sie einmal die Möglichkeit haben, Aaron Marcus als Speaker auf einer Konferenz hören zu können, dann sollten Sie diese Chance auf jeden Fall wahrnehmen.

Auf jeden Fall ist es lohnenswert, sich mit Science Fiction näher auseinanderzusetzen, wenn Sie etwas über Future UX erfahren und lernen möchten.

Hier finden Sie einige Links zu dem Thema, unter anderem auch einen Vortrag als Video von Aaron Marcus auf der „Mensch und Computer 2011" in Chemnitz:

- *www.cio.com/article/678298/Tech_We_Took_From_Science_Fiction*
- *https://en.wikipedia.org/wiki/Technology_in_science_fiction*
- *www.pervasive.jku.at/Teaching/_2009SS/SeminarSEMMK09/Begleitmaterial/Schriftliche%20Ausarbeitungen/G03-Hollywood.pdf*
- *uebermedien.org/retrospektive/video-keynote-aaron-marcus/*
- *www.userfriendly.org.cn/Newsletter/20121217/images/4_1.pdf*
- *www.amanda.com/wp-content/uploads/2012/10/AM+A.SciFI+HCI. eBook_.LM10Oct12.pdf*

7.9 Webseiten

Auf folgenden Webseiten finden Sie schöne Beispiele von zukunftsweisenden aktuellen Technologien, Trends, Designstudien und Zukunftsprognosen. Außerdem sind hier Webseiten gelistet, mit denen Sie sich auf dem aktuellen Stand zum Thema User Experience Design halten können.

- *http://thenextweb.com/*
- *http://nerdcore.com*
- *http://www.engadget.com/*
- *http://creativity-online.com/*
- *http://www.smashingmagazine.com/*
- *http://sixrevisions.com/user-interface/the-future-of-user-interfaces/*
- *http://uxmag.com/*
- *http://usability.com/*
- *http://www.user-experience-blog.de/*
- *www.soziotech.org/alternative-moeglichkeiten-zur-interaktion-mit-grossen-vertikalen-displays/*
- *http://www.microsoft.com/de-de/windows/enterprise/products-and-technologies/mdop/ue-v.aspx*

7.10 Checkliste

- Bleiben Sie immer auf dem aktuellen Stand der Zeit
- Wagen Sie einen Blick in die Zukunft
- Der Blick in die Zukunft sollte mit Bedacht geschehen

- Denken Sie an „The Long Nose of Innovation"

- Wo befindet sich die Technologie Ihres Interesses auf dem Gartner Hype Cycle?

- Für Zukunftsdenker könnte die Ausbildung an der Singularity University eine gute Möglichkeit der Weiterbildung darstellen.

- Das :zukunfts|institut bietet in Deutschland und Österreich viele Möglichkeiten, sich über Trends und die Zukunft zu informieren.

- Buchen Sie einen Platz auf der DLD-Konferenz

- Finden Sie auf einer akademischen Konferenz eine neue Technologie, die sie und Ihre User begeistern wird

- Sie sollten noch einmal alte Science-Fiction-Filme und -Bücher aus den Regalen holen und aus einem anderen Blickwinkel begutachten

- Erschaffen Sie sich Ihre eigene Vorstellung der Zukunft!

Epilog

Dieses Buch ist ein Produkt unseres digitalen Lifestyles, jederzeit, überall mobil und online arbeiten zu können, wenn man dies möchte. Es wurde auf einem iPhone, iPad, MacBook Air und zum größten Anteil auf einem MacBook Pro verfasst. Ich nutzte auch zu Testzwecken neben Tastatur und Touchscreen ein Laserkeyboard, Siri und Sprachnotizen. Zum Leid meines Lektors verweigerte ich mich Word und nutzte Pages auf allen Geräten. Ich testete Word dafür, und die UX war meiner Auffassung nach schlecht.

Geschrieben wurde in: Hanau, Offenbach, Frankfurt, München, Berlin, Porto und Esmoriz (Portugal), Angresse und Lorqai (Frankreich), Rotterdam (Holland), Cala Ratjada (Mallorca), Canggu und Lembongan Island (Bali, Indonesien). Beim Auto fahren, Fliegen, Zug fahren, Arbeiten, Fernsehen, auf Konferenzen, Workshops und im Geiste, zu einem nicht zu unterschätzenden Teil beim Sport, Surfen, Wandern, Yoga und in der sitzenden Meditation, dem Zazen.

Danksagung

Ich möchte so vielen für die Unterstützung und Mitwirkung danken und hoffe, keinen dabei übersehen zu haben. Danke an alle Gastautoren und leidenschaftlichen (UX-)Designer, Webentwickler, IT-Professionals, Querdenker und Zen-Philosophen, die ihre Ideen und Erfahrungen teilen. An Julia, meine Familie, Freunde, Mitarbeiter, Kunden und Bekannte, die auf meine Anwesenheit oder andere Gesprächsthemen verzichten mussten. Ich danke meinen Eltern für ihre Weitsicht, mir einen C64 und Freiheit zu geben. Ich danke ferner Jörg Rentrop für Markenpositionierung mit Aha-Erlebnis, Siegfried Bickert für seine Speaker-Trainings und „Energie, die der Konzentration folgt", Caroline F. Bachmann für Yoga-Praxis im „Hier und Jetzt". Miguel und Soraya von Surfivorcamp danke ich für die tolle Zeit zum Schreiben in Portugal. Ein besonderer Dank gilt der Künstlerin Andrea Beusch. Sie malte für uns die 7 Kapitelgrafiken im japanischen Pinselstiel (*www.andreabeusch. de*) und meinem Mitarbeiter Simon Klees für die Illustrationen in diesem Buch.

Danke an Tom Wießeckel und Sebastian Burkart von S&S Media und entwickler.press für die Geduld, Förderung und Ermutigung zum Schreiben. Großer Dank gebührt allen Lektoren für das Ausbügeln meiner schlechten Rechtschreibung. Als Legastheniker habe ich mich lange Zeit nicht an das Schreiben gewagt.

Danke an meinen ersten Surfcoach Mark Shanks für das alles verändernde, einmalige und gewichtige Aha-Erlebnis, eine Welle zu surfen, „Endless Good Vibration".

Gastautoren

Prof. Wolfgang Henseler

ist Managing Creative Director von SENSORY-MINDS, einem Designstudio für neue Medien und innovative Technologien mit Sitz in Offenbach am Main sowie Professor für digitale Medien, Usability und elektronisches Kundenbeziehungsmanagement (eCRM) an der Hochschule Pforzheim – Fakultät für Gestaltung. *http://www.sensoryminds.de*

Andreas Witt

ist Autor, akademischer Mitarbeiter an der Fachhochschule Brandenburg und unter dem Stichwort Webmanagement als selbstständiger Webprojektmanager tätig. Außerdem engagiert er sich als Vorstandsmitglied im

webEdition e.V. bei der Weiterentwicklung des Open-Source-CMS web-
Edition. *http://www.andreas-witt.net*

Annika Brinkmann

hat Kommunikationsdesign an der (F)HTW in Berlin studiert. Sie konzipiert und gestaltet seit 2004 App- und Internetprojekte für mobile
Plattformen und ist seit 2007 selbstständig tätig. Neben ihren Projekten
veröffentlicht sie Artikel über ihr Fachgebiet und führt Workshops für
Designer und Konzepter durch. Auf ihren Webseiten *http://www.absicht-
bar.de* und *http://www.mobile-knowledge.de* finden sich viele interessante
Infos zu mobilem Web und Design.

Boris Fründt

hat Wirtschaftsinformatik im dualen Studium an der Hochschule für
Wirtschaft und Recht in Berlin studiert. Zurzeit arbeitet er in Hamburg
als Senior Web Developer bei Jung von Matt/next. Neben seiner Tätigkeit und der Arbeit mit aktuellen Frontend-Technologien organisiert er
die JavaScript Usergroup Hamburg.

Heiko Stiegert

stammt aus Berlin, arbeitet seit mittlerweile knapp fünfzehn Jahren als
Webentwickler und hat sich der Einhaltung von Webstandards, der Accessibility, der Usability und der Suchmaschinenoptimierung von Webanwendungen verschrieben. Als Betreiber des seit 2005 bestehenden
Webstandard-Blogs veröffentlicht er dort regelmäßig aktuelle Beiträge
zu den genannten Themen. Zudem veröffentlicht er Fachartikel in Zeitschriften wie dem „Webstandards-Magazin", „ScreenGuide" oder „Der
WebDesigner" und ist Autor der Fachbücher „CSS-Design – Die Tuto-
rials für Einsteiger" und „Modernes Webdesign mit CSS – Schritt für
Schritt zur perfekten Website". *http://Webstandandard.info*

Fabian Dicke

hat an der Paris-Lodron-Universität in Salzburg studiert und das Diplom in Psychologie erlangt. Er betreibt privat den Blog *www.psyxpedia.de*, den ich trotz seiner wenigen Artikel nur empfehlen kann. Zudem besitzt er einen ebenfalls noch neuen Twitter-Account (*@psyxpedia*) über den er Neues zu den Themen Psychologie und Webdesign mit seinen Followern teilt.

Jan Preßler

studiert an der Universität Würzburg Mensch-Computer-Systeme und ist Tutor für „Mobile User Experience Design". Sein Studiengang ist ein Mix aus Psychologie, Informatik, Usability und Ergonomie. In seiner Freizeit beschäftigt er sich mit dem Thema User Experience und besucht viele Konferenzen und Workshops. Schon lange ist er von Tablets begeistert und hatte z. B. sein erstes Windows-„Convertible-Notebook" mit Pen und Touch noch bevor der Hype um Tablets mit dem iPad begann.

entwickler.press